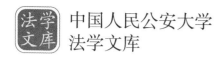

中国人民公安大学
法学文库

法院调解制度
改革研究

FAYUAN TIAOJIE ZHIDU
GAIGE YANJIU

周艳萍 ◇ 著

中国政法大学出版社

2020·北京

图书在版编目（ＣＩＰ）数据

法院调解制度改革研究/周艳萍著. —北京：中国政法大学出版社，
2020.12
　ISBN 978-7-5620-5237-1

　Ⅰ.①法… Ⅱ.①周… Ⅲ.①调解(诉讼法)－司法制度－体制改革－研
究－中国　Ⅳ.①D925.114.4

　中国版本图书馆 CIP 数据核字(2020)第 259634 号

出　版　者　中国政法大学出版社

地　　　址　北京市海淀区西土城路 25 号

邮寄地址　北京 100088 信箱 8034 分箱　邮编 100088

网　　　址　http://www.cuplpress.com (网络实名：中国政法大学出版社)

电　　　话　010-58908285(总编室) 58908433 (编辑部) 58908334(邮购部)

承　　　印　固安华明印业有限公司

开　　　本　880mm × 1230mm　1/32

印　　　张　8.5

字　　　数　240 千字

版　　　次　2020 年 12 月第 1 版

印　　　次　2020 年 12 月第 1 次印刷

定　　　价　45.00 元

序言

　　法院调解，是指在审判人员的主持下，对民事纠纷主体进行说服劝导，就争议的问题通过促进自愿协商，达成协议，解决民事纠纷的活动。新中国成立后，基于革命根据地时期法院调解的成功实践，以调解为主的马锡五审判方式成为民事司法基本政策，并在1981年颁布的《民事诉讼法（试行）》中得到正式确立，成为民事诉讼的一项基本原则，贯穿于民事诉讼活动的始终，并在司法实践中发挥举足轻重的作用。

　　在我国，法院调解作为一种诉讼活动，以及法院解决民事诉讼的另一种审理方式，与判决并存于民事诉讼当中。长期以来，我国奉行"调解为主、判决为辅""着重调解、判决补充"的司法政策，调解是比判决更为重要的审判方式，加之我国"调判合一"的审判模式，因此，我国的民事审判也被称为"调解型审判"。

　　由于司法实践中长期存在较为严重的强迫选择调解、以判压调、久调不决以及调解"和稀泥"等现象，并成为顽疾，法院调解备受诟病。随着改革开放带来的经济、社会、文化等方面带来的巨大变化，20世纪90年代开始审判方式改革，法院调解与判决间的关系调整为"调判并重""该调则调，当判则判"。1991年《民事诉讼法》修改时，确立法院调解必须坚持"自愿、合法"原则，"调解型审判"开始向"判决型审判"进行转变。但自进入 21 世纪以来，在案多人少等现实压力下，法院调解与判决间的关系再次调整，确立了"调解优先、调判结合"的司法政策，法院调解强势复兴，回到空前优先的位置。如何避免本次法院调解的复兴变成过去法院调解的简单轮回，避免长期伴随法院调解而存在的顽疾重现或者加重，成为本次法院调解复兴必须面对和解决的问题。为此，必须进行改革，建立现代型的法院调解制度。

2012 年《民事诉讼法》修改，确立了先行调解制度，法院调解改革迈开实质性的一步。此后，有关法院调解改革的司法解释密集出台。例如，委托调解与特邀调解等法院调解社会化改革、诉调对接、专职调解法官制度等。司法实践中，各地法院陆续探索形式多样的改革举措，与最高人民法院上下联动，法院调解改革逐渐展开，并取得了一些成果，但同时也存在一些问题。

笔者曾在法院有十余年的民事审判工作经历，当时恰逢民事审判方式改革。对于法院调解制度的运行状况，以及其后所经历的改变有实际的体会和感触，一直以来对法院调解改革怀有较浓厚的兴趣。法院调解向何处去？改革的方向如何？法院调解应当在什么样的司法政策以及原则指导下进行？如何平衡法院调解与判决间的关系，究竟是以调解为中心，还是以审判为中心，抑或是二者并重？以上问题都直接关系到我国民事审判改革的走向与能否顺利进行，关系到我国民事审判将采取什么样的模式，也是当前法院调解改革必须解决的问题。

《法院调解制度改革研究》一书，首先，以法院调解的历史为出发点，通过回顾历史，回到当前法院调解面临的形势、现状并剖析当下法院调解复兴的原因。其次，对其他国家与地区相关法院调解制度进行比较研究，寻找其在当今重视诉讼上的和解与司法 ADR 的原因，并对比我国法院调解制度，寻找可资借鉴之处。再次，在以上分析基础上，以法院调解应兼顾程序正义的理念为指导，结合我国法院调解实践中存在的问题，对我国当前"调解优先、调判结合"的司法政策进行分析与评价，提出应予调整为"该调则调，当判则判"的建议，并重申法院调解应当坚持自愿原则，正确理解事实清楚、分清是非原则，以及应当建立调审分立原则。又次，对法院调解改革的主要举措，即法院调解社会化改革，从立法层面到司法实践，运用案例分析、规范分析以及综合分析、比较分析等方法，展开探讨法院调解社会化中存在的问题以及完善建议。最后，将法院调解分为两大阶段，即立案前的先行调解和立案后的诉讼调解，进行具体的阶段性考察与分析，描述不同阶段法院调解样态，揭示不同阶段法院调解存在的问题，并提出有针对性的完善建议。

　　本书的特色在于，运用历史分析、比较分析、规范分析和实证分析等多种研究方法，力求全面深入剖析我国法院调解制度，并寻找完善之策。在宏观背景下，既有对我国法院调解制度的历史考察，又有对当前法院调解制度的现实分析；既有对其他国家和地区相关法院调解制度的考察，又有与我国法院调解制度的比较与借鉴分析；既有对我国法院调解制度的全面综合分析，又有分阶段的细致考察，尤其是对当前我国法院调解制度改革的实践、成果与对策，进行了详细的分析与论述。本书立足于本土，在彰显中国特色法院调解制度优势的同时，也对法院调解改革实践中存在的问题，力求以实事求是的态度进行分析与探讨。由于自己知识水平和视野所限，虽然力求予以理性分析与思考，以贡献自己一点绵薄之力，但终有不当之处，还请读者批评指正。

　　总之，从发展的角度来看，改革永远在路上。当今世界各国民事审判改革一直在进行当中，我国的法院调解改革亦不例外，对法院调解制度改革的研究也永远在路上。

作者
2020 年 8 月于北京

目　录
Contents

第一章 导 论

一、法院调解的含义

法院调解，是指民事纠纷诉至法院后，在审判人员的主持下，民事纠纷主体就争议的问题，通过自愿协商，达成协议，解决民事纠纷的活动。上述含义是对法院调解的传统理解。实际上，《中华人民共和国民事诉讼法》（以下简称《民事诉讼法》）经过 2012 年 8 月 31 日修正后，共规定了三种类型的调解：先行调解、庭前调解和庭审开始后的法院调解，三种类型的调解也是在诉讼不同阶段进行的调解。其中，先行调解是 2012 年《民事诉讼法》修改新增加的调解制度，是立案阶段进行的调解，也是一种新的调解类型，其性质尚未有定论，一般认为是介于诉讼与非讼之间，具有准司法性质。而庭前调解和庭审后的法院调解，是我国传统上所称的法院调解，也称诉讼调解，是一种审判方式。

随着法院调解改革，当前，法院调解的含义发生变化，其内容更加丰富。主要包括：一是调解时间前伸。如前所述的先行调解制度，使法院可以在立案前即对民事纠纷进行调解。二是调解主体的变化。随着法院调解社会化的发展，法院调解的主体不仅限于法官，还可以由法院特邀调解组织或者调解员协助进行调解，或者将纠纷委托特邀调解组织或者调解员进行调解。在诉前称之为委派调解，在诉后称之为委托调解。三是调解模式的变化，法院调解出现了新的模式。例如，诉前法院主导下，委派社会调解组织进行调解的法院附设模式，学界称为司法 ADR。

此外，在我国，法院调解是作为一项民事诉讼原则而加以强调的，并贯彻于民事审判的全过程，包括诉前。可见，法院调解在我国是诉讼行为、诉讼制度，也是一项诉讼原则。

二、民事纠纷及其多元化解决机制

因为法院调解所解决的对象是民事纠纷，因此，有必要对民事纠纷及其解决途径有一个基本认识。

纠纷，是人们因各种原因而产生的冲突，归根到底可归结到利益上的冲突。中国传统上对纠纷多持否定评价，认为纠纷是对秩序的破坏。但随着市场经济的发展，越来越多的人对纠纷转为持中性态度，认为纠纷是人类社会存续过程中的一种不可避免的社会现象，是一种社会常态，辩证纠纷观为更多的人所接受。[1]民事纠纷，是指平等主体间发生的，以民事权利义务为内容的社会纠纷，是最为普遍的一种纠纷。发生民事纠纷并不可怕，也无关荣辱，更不是洪水猛兽，重要的是如何寻求和选择有效的途径予以解决，从而使双方的权利得到维护、义务得到履行，新的合理秩序得以产生。显然，社会的发展以及法治的进步，已经不可能压制纠纷的解决。和谐不是静态的秩序，而是一种动态的秩序，内部包含着冲突与解决的不断重复、循环的动态过程，对纠纷宜疏不宜堵。

不同性质的纠纷，解决的途径不同。由于民事纠纷具有民事主体平等性、内容特定性以及民事权利可处分性和可平息性等特点，其解决的途径很多，包括和解、调解、仲裁和审判等，呈现出一种多元化的纠纷解决机制。

和解，指民事纠纷主体相互之间通过协商、妥协和让步，达成一致意见协议解决纠纷。和解不借助外部力量，而是由民事纠纷主体自行解决，属私力救济，具有较高的自治性。只要不违反法律禁止性规定和社会公共利益，只要是建立在民事纠纷主体自愿、真实的意思表示基础之上，双方均可以依据情、理、法等来协商解决民事纠纷。和解是最原始、最古老的解决民事纠纷途径，也是当今现实生活中民事纠纷的主要解决途径。我们日常生活中发生的绝大多

---

〔1〕 参见何兵：《现代社会的纠纷解决》，法律出版社 2003 年版，第 5 页。

数民事纠纷都是通过这种方式悄悄解决的。例如，一度沸沸扬扬的歌手汪峰与旭日阳刚因歌曲《春天里》翻唱版权问题引发的纠纷，最后就是和解解决的。和解包括民事纠纷诉讼到法院前纠纷主体间的和解，也包括起诉到法院后，在诉讼过程中，当事人双方所进行的和解。在我国，两种不同阶段所发生的和解，并没有本质上的区别，均属于纠纷主体的私力救济。和解所达成的协议，具有合同效力，但并无诉讼上的强制力。

调解，指由第三者根据一定的习俗、道德或者法律规范，对发生纠纷的当事人居间调处，促使双方在相互谅解和让步的基础上，达到协议最终解决纠纷。广义上的调解，包括非讼调解与法院调解，是两种性质不同的调解，二者之间在调解人、调解依据、所达成调解协议的效力等方面均存在区别。非讼调解是一种社会救济，主持调解的第三方为法院以外的社会力量，包括人民调解委员会、行政机关，各种行业或专业委员会以及个人等。其中，具有典型和代表意义的是人民调解委员会。人民调解委员会主持的调解，又称人民调解。现行的人民调解制度是人民群众在土地革命时创立，经过抗日战争以及新中国成立后几十年逐渐发展和完善起来的，是独具中国特色的调解方式。此外，一些情况下，行政机关参与民事纠纷解决，例如，公安机关对治安工作中接触的如轻微人身伤害和财产权益等民事纠纷以及道路交通损害赔偿民事纠纷所主持的调解等。由于调解相对诉讼来说成本低、自治性高、不伤和气，相对于和解又具有效力强的特点，所以成为一种重要的解决民事纠纷方式。而法院调解是一种诉讼活动，是本书的研究对象。

仲裁，指纠纷主体根据有关规定或者双方协议，将争议提交一定的机构以第三者居中裁决的方式解决纠纷。作为第三方的仲裁机构，是民间组织或者社团法人，因此仲裁属社会救济。与调解不同，可以选择提交仲裁解决的民事纠纷具有有限性，例如，限于合同纠纷以及其他财产权益纠纷，当事人必须达成仲裁协议。相比和解、调解，仲裁具有较强的规范性、专业性，仲裁结果的法律效力也较强。生效的仲裁裁决，当事人可以直接向法院申请强制执行。而与诉讼相比，仲裁具有程序简便、期限较短等优势。在国外，仲裁在解决商业贸易纠纷方面发挥着重要作用。而在我国，仲裁发挥的作用有限，但随着多元化纠纷解决机制的建立与完善，仲裁日益受到重视。

以上三种，都是非讼解决纠纷方式。而民事诉讼，是对民事纠纷的公力救济方式。它是由法院在双方当事人和其他诉讼参与人的参加下，依法审理和解决民事纠纷和其他案件的各种诉讼活动。"与其他争端解决方式不同，审判是法院以国家名义对有关各方已发生的权利、义务争议作出最终、权威解决的活动。通过审判，法院对各方的权利、义务进行重新分配，对他们因侵权或其他违法行为所应负担的责任从法律上加以确定，从而使争端从法律上得到解决。"〔1〕在多种民事纠纷解决途径中，民事审判是最正规、最权威的方式，通常理解为，民事审判是国家设立的具有最后一道防线性质的解决民事纠纷的机制。法院调解受《民事诉讼法》调整，是一种民事审判方式，属于诉讼活动。

需要强调的是，在以上多种民事纠纷解决途径中，基于司法最终解决原则，多元化纠纷解决机制应以民事审判为中心。多元化纠纷解决机制意味着：一方面，民事纠纷主体具有程序选择权。这是基于民事主体享有的意思自治，至于选择何种途径解决民事纠纷，国家不予干涉，尊重和保障当事人的程序选择权。另一方面，在多元化纠纷解决途径中，民事审判是核心的、典型的，也是最终的解决机制，是"最后一道屏障"。

司法不是万能的，但没有司法是万万不能的。这是因为：

1. 民事审判的特点决定了其在多元化纠纷解决机制中居于中心地位。从民事审判特点上看，法院的中立性，当事人及其他诉讼主体的有效参加性，开庭集中审理的方式，公开审判、合议制度、回避制度、审级制度等审判制度，以及科学严谨的审判程序和证据规则，包括当事人举证、质证，进行法庭调查和法庭辩论活动，以及

---

〔1〕 陈瑞华：《刑事审判原理论》，北京大学出版社 1997 年版，第 2 页。

严格依法定程序进行和严格依实体法要求作出裁判的要求等，可以最大限度地保障查清事实、分清是非，准确适用法律，作出公正裁判，也能够在程序上为当事人提供全面的程序保障。此外，生效裁判以国家强制力为后盾，有效保障其得到执行。可见，在各种纠纷解决方式中，审判是一种最为规范、形式效力最为明显的手段。虽然民事诉讼具有很强的刚性，使进入诉讼程序的当事人之间基本难有弹性回旋余地，但另一方面，严格依法定程序及严格依实体法进行审理和裁判，也使其具有过程和结果的公正性、结果具有强制力保障的优势。

2. 民事审判发挥的作用也决定了其在多元化纠纷解决机制中居于中心地位。从审判发挥的作用角度看，作为民事权利的最后一道防线的民事审判不仅发挥着纠纷解决的作用，还发挥着支撑、维持其他纠纷解决方式的作用。例如，调解协议需要通过法院司法确认程序，获得强制执行效力。民事审判是民事法律、政策终极作用的场所，是实现实体权利以及纠纷解决程序最基本的形态、样板。此外，民事审判对其他纠纷解决机制还具有示范以及发展法律规范、推动法治进步的作用，这也是调解所不具有的功能。例如，通过发布指导性案例和典型案例，可以对类似案例提供参照，尤其是在法无明文规定以及立法不明确的情况下，在先的司法判决实践可以推动立法规范的确立与发展。

因此，民事纠纷多元化解决机制，应当以民事审判为中心，民事审判是解决纠纷的最后一道屏障和防线。这是在当前强调重视非讼方式，尤其是调解解决民事纠纷的形势下，尤其要注意的问题。不能片面强调诉讼外纠纷解决机制的功能，忽视了审判在纠纷解决体系中的地位。当然，与调解相比，审判的确具有成本高，付出更多的时间、金钱、精力等劣势，但这并不能否定其在民事纠纷解决方式中的基础地位。同样，发展并重视法院调解外的其他多元纠纷解决机制作用的同时，必须看到司法是解决纠纷的最后一道屏障。

三、法院调解的性质

在我国，对于法院调解的性质，学界的观点有三种：一是审判行为说，认为法院调解属于诉讼活动，法院调解结束程序是一种结案方式。二是处分行为说，该种观点强调调解解决纠纷与判决解决纠纷存在根本性质上的不同，当事人的处分行为在法院调解中应居于主导地位，法院调解性质上仍然是当事人的合意解决。三是审判行为与处分行为相结合说，认为法院调解兼具诉讼解决与合意解决纠纷的特征。其中第三种学说即审判行为与处分行为相结合说，由于避免了处分行为说所面临的无法区分法院调解与和解的区别的困境，同时又避免了仅仅将调解视为审判行为，而忽视当事人合意所带来的片面性，为大多数学者所接受，成为通说。该种学说对法院调解诉讼性与合意性的双重定位，要求法院调解一方面应当符合程序正义的基本要求，体现对当事人的程序保障；另一方面在程序设计上要考虑协商过程的保密性、程序的可选择性等。[1]

笔者同意通说的观点。一方面，法院调解是法院主持的诉讼活动，生效的法院调解书具有同生效判决相同的效力，体现了这是法院的审判行为。但是另一方面，法院调解与判决却是两种具有明显差异的审判活动。法院调解基于当事人意思自治，涉及对实体权利的处分，当事人具有处分权，法院调解必须尊重当事人的自愿，从这一点上看，法院调解兼具当事人的处分行为性质。两种性质兼备，使法院调解既不同于普通的判决行为，也不同于普通的非讼调解，更不同于没有第三方介入的当事人间的和解。

正因为如此，法院调解与其他非讼调解不同，应当有自己的边界和原则。法院调解在遵循自愿原则的基本前提下，还应尊重基本事实清楚、分清是非原则。此外，法院调解还应有一定的规范性，不能为了片面追求调解的效益而忽略其作为司法程序的限制约束功能，模糊诉讼调解与一般调解的必要分界，甚至出现自我消解的倾向。只有尊重自愿原则，以及基本事实清楚、分清是非原则，并建立规范的法院调解制度，才能遵从其审判行为与处分行为相结合的

---

[1] 参见江伟主编：《民事诉讼法专论》，中国人民大学出版社 2005 年版，第 285~286 页。

性质，在调解中发挥不可替代的作用。[1]

四、法院调解的特点

法院调解区别于非讼调解，也区别于审判，具有如下特点。

（一）调解主体日趋多样性

过去，长期以来法院调解的主体仅限于法官。在当前的法院调解改革中，法院调解主体日趋多样化。例如，除由法官进行调解，或在调解不成时由该法官进行裁判外，有的法院实行由专职调解法官主持调解，该调解法官仅有调解权，而没有裁判权。此外，也可以由法官助理进行调解。在当前进行的调解社会化改革中，法院特邀的调解组织与调解人也可以进行调解，在诉前称为委派调解，在立案后称为委托调解。而民事审判的主体必须是拥有裁判权的法官，具有单一性和特定性。

（二）法院调解强调当事人的合意性

如前所述，法院调解兼具诉讼行为与当事人处分行为的性质，因此，法院调解具有当事人合意性特点。例如，是否选择调解，须当事人合意；调解协议是否达成，须双方当事人接受同意。而法院判决的作出，则严格依事实与法律，并不需要当事人的合意。

（三）调解主体的中立性

法院调解是一种诉讼行为，因此，应当遵从诉讼的基本要求，即要求调解法官，或其他受法院委托的社会调解主体保持中立。这种中立性，通常需要调解主体保持一定限度内的消极，以及调解主体与判决主体分开。此外，如果调解主体与案件存在利害关系或者有其他关系可能影响其中立立场的，当事人也有权提出回避。

（四）法院调解的能动性

富勒曾形象地指出："法院就像出了故障的闹钟，它们只在有人摇动时才能工作。"这说明法院审判的被动性特征，即"被动的

---

〔1〕参见洪冬英："论多元化纠纷解决体系中法院调解的定位"，载《苏州大学学报》（哲学社会科学版）2013年第1期。

司法权"。[1]而与民事审判不同，法院调解具有能动性特点。例如，法院会主动询问当事人是否同意调解，当事人不同意的，法官还会进行劝导。在调解过程中，法官会主动对双方进行说服劝导，以及主动提出调解方案，促成双方达成和解等。法院调解的能动性，需要保持在一定限度内，否则可能影响到法官的中立性。

（五）法院调解程序与方式的灵活性

法院调解并没有严格的程序规定，也不要求法官严格依程序进行，法官具有相当大的裁量权和灵活性。在调解方式上，法官也可以采取灵活的形式，例如，单独与一方当事人谈话，背对背进行调解，以及法庭内外各种晓之以理、动之以情的方式等。此外，法院调解以保密为原则，调解过程不公开，调解结果非经当事人同意也不得公开。而相比之下，法院判决有严格的程序规定和审判方式，法官必须严格依法定程序阶段和审判方式进行，除法定特殊情形外，法院审理须集中在法庭上公开开庭进行，且禁止法官单方私下接触当事人，判决结果一律公开。

（六）法院调解的依据没有严格限制

法院调解可以依据实体法，但并不局限于实体法，还可以依道德、人情、习俗等进行，在调解依据上具有开放性特点。而法院判决要求必须严格依实体法规定作出，且要求正确适用法律。

（七）法院调解对于事实查明的要求标准较低

虽然根据《民事诉讼法》第93条规定，法院调解要在事实清楚、分清是非的基础上进行，但由于法院调解分布在诉讼的任何阶段，客观上这一标准无法达到。例如，诉前先行调解以及审前阶段的调解，除非极其简单的、当事人无异议的纠纷，一般来说，还不具备达到事实清楚、分清是非的程序条件。因此，法院调解对于事实的查明，应当低于判决的标准，达到基本事实清楚、是非分明即可。此外，区分法院调解的先后阶段，对于事实查明的要求也依次

---

[1] Lon L, Fuller, "The Forms and Limits of Adjudication", in *American Court System*, 1978 by W. H. Freman & Company. 转引自陈瑞华：《刑事审判原理论》，北京大学出版社1997年版，第10页。

由低到高。正因为如此，法院调解书，并不要求如法院判决书一样必须写明查明的事实，而是仅要求把法院确认的调解协议写清楚。而法院判决，要求必须建立在事实清楚，证据充分的基础上，对案件事实，需要通过举证、质证的过程，并须达到优势证据的证据标准，才能进行认定。

五、法院调解与当事人和解的关系

与法院调解相近似的一个制度是当事人和解。在不同法律体系的语境中，当事人和解具有不同的含义和内容。如前所述，在我国，当事人和解，是指发生在诉讼前或者诉讼中的，当事人通过协商自行解决民事纠纷的一种解决纠纷的方式。和解强调的是没有外力即第三方力量的介入，属于一种当事人的自力救济，并以此与调解相区别。

发生在诉讼前的和解，属纯私法上的行为，与法院调解基本不发生交集。而发生在诉讼中的和解，由于与法院调解一样均是发生在诉讼过程中，故与法院调解发生交集。

理论上，诉讼中的和解与法院调解有以下区别：一是二者的性质不同。诉讼中的和解，被认为是当事人的私法行为，法院并不介入。而法院调解是法院主持下的诉讼行为。二是是否有法院参与不同。如前所述，诉讼中的和解法官并不介入，而法院调解是法院参与并促成的。三是所达成的协议的效力不同。诉讼中的和解达成的协议具有合同的性质，并不具有法律强制力。实践中，当事人在诉讼中达成协议后，可以向法院申请撤诉，法院经审查以准予撤诉裁定的方式结案。而若要使诉讼中的和解协议具有诉讼后果，当事人可以向法院申请对和解协议进行确认，由法官转化为以法院调解书的方式结案，从而获得与生效判决相同的效力。而法院调解所达成的调解协议，由法官直接以制作法院调解书的形式结案，生效调解书具有与生效判决相同的效力。

但是对于诉讼中的和解是否存在着法院介入、主持这一点，在实践活动中是非常模糊的。尤其是在我国当前"调判合一"的诉讼体制下，在司法实践中，许多诉讼中的和解实际上是在法官的参与及促进下达成的。在实际的运作上与法院调解并无区别，只是在最终的结案方式上，是以当事人的撤诉结案而已。例如，彭宇案在二审中，双方戏剧性地、出人意料地达成了和解协议，以上诉人同意赔偿、被上诉人减少赔偿请求数额并撤诉结束了本案诉讼。可以想象，一个双方争议激烈分歧巨大，事实非黑即白的案件，在经历一审法官的努力没有达成调解，双方均提起上诉，二审并无其他因素出现的情况下，双方达成和解的可能性极小。

六、法院调解与其他调解间的关系

在我国，法院调解是诸多调解中的一种。在广泛意义上的调解中，除法院调解外，还包括人民调解、行政调解、行业调解等非讼性质的调解，即统称的大调解。法院调解是大调解中的一员，因此，一方面法院调解具有调解所具有的一般特点，另一方面法院调解又与非讼调解存在诸多区别。

具体来说，法院调解与非讼调解间具有以下共同点，主要包括：一是调解均以促成当事人双方达成调解协议为目的，调解人均在其中发挥能动积极的作用。二是调解人调解依据不限于法律规范，也包括道德、习惯、风俗、乡规民约、人情等，调解协议的达成并不要求严格依据实体法的规定。三是调解程序与方式均比较灵活，与判决相比，调解程序较为宽松，没有严格的程序阶段，调解方式也较为灵活，可适时对当事人进行劝导，摆事实、讲道理等。四是均须尊重当事人自愿，即是否选择调解，作出何种实体权利处分和让步，达成何种调解协议等，均需尊重当事人意愿，不能强迫。

而法院调解与非讼调解间的区别，主要表现在：一是性质上的区别。法院调解是一种诉讼活动，是国家司法机关即法院解决民事纠纷的另一种审理方式，也是一种裁判结果；而其他调解是非讼性质，属民间调解或者社会调解范畴。二是调解主体不同。法院调解主要是在法官主持下进行的，调解人是法官；而其他调解的主体为社会民间组织或者个人，种类多样，包括人民调解委员会、行政机关，各种行业、专业委员会以及具有传统权威的个人等。三是调解所要遵守的原则不同。法院调解性质上是诉讼行为，在我国，是与判决并行的一种审判方式，因此，其应当遵守自愿原则，基本事实清楚、是非分清原则以及调审分离原则等；而其他调解除应遵守自愿原则外，对于基本事实清楚、是非分清的要求相对较低。四是所达成调解协议效力不同。法院调解达成的调解协议，会由法官制作法院调解书，具有与生效判决同等的法律效力；而其他调解达成的调解协议，相当于合同性质，没有强制执行效力。

应当强调的是，法院调解与非讼民间调解之间存在互助互补的关系。非讼民间调解发达，民间自治度高，涌向法院的纠纷就会减少，法院调解的压力也会有所减轻。此外，当前法院调解社会化改革能否顺利实施，很大程度上取决于民间社会调解的成熟度。即民间调解组织与力量是否健全，民间调解能力如何，直接关系到其能否有效配合法院进行委托调解，在多元化纠纷解决机制中发挥应有的作用。可见，非讼民间调解力量的培育与健全，对于法院调解制度改革具有重要意义。

七、法院调解与判决间的关系

在我国，法院调解作为一种诉讼活动和另一种审理方式，与判决并存于民事诉讼中。回顾历史可知，我国长期以来奉行"调解为主、判决为辅""着重调解、判决补充"的司法政策，调解是比判决更为重要的审判方式，加之我国"调判合一"的审判模式，因此，我国的民事审判亦被称为"调解型审判"。

20世纪90年代开始审判方式改革，法院调解与判决间的关系调整为"调判并重""该调则调，当判则判"，调解型审判开始向判决型审判进行转变。但自进入21世纪以来，由于法院面临案多人少的压力持续存在，民事纠纷的激烈性与复杂性增加，以及社会民众对民事诉讼质量要求提高的现实困难与挑战，法院将调解与判决间的关系重新调整，确立了"调解优先、调判结合"的司法政策。"调解优先"要求尽量用调解方式结案，能够以调解方式结案的，首先适用调解解决，而不是判决。当前，在"调解优先、调判结合"的司法政策下，法院调解强势复兴，回到了空前优先的位置。

2012年《民事诉讼法》修改，确立了先行调解制度，法院调解端口前移，通过诉前调解分流民事纠纷，这是调解优先司法政策的重要体现。此后，有关法院调解改革的司法解释密集出台，例如，建立多元化民事纠纷解决机制、建立调解协议司法确认制度、诉调对接、委托调解与特邀调解等法院调解社会化改革、专职调解法官制度等。司法实践中，各地法院陆续探索形式多样的改革举措，上下联动，法院调解改革逐渐展开，并取得了一些成果，但同时也存在一些问题。例如，调解过热、强迫调解、委托调解随意化、调解程序缺失规范、对当事人程序保障不力等，需要在法院调解改革中予以解决。

与此同时，如何避免法院调解成为历史上法院调解的简单回归，如何避免诸如强迫调解、以判压调、久调不决以及"和稀泥"等法院调解顽疾重演并加剧，是本次法院调解复兴必须面对和解决的问题。为此，必须进行改革，建立现代型的法院调解制度。

以上问题的解决，都离不开对法院调解与判决之间关系的认识与平衡。可见，法院调解改革首先要解决的问题是，如何平衡法院调解与判决间的关系。究竟是以调解为中心，还是以审判为中心，抑或是二者并重，这直接关系到我国采取什么样的审判模式的问题。

当前，对于如何解决当前民事诉讼面临的挑战，人们给出了截然不同的思路。一种思路是继续审判方式的改革，从制度、体制角度入手，借鉴现代社会解决纠纷的制度经验，并结合中国实际，解决日益增长的纠纷。另一种思路是推行非规范性的司法方法解决纠纷，从中国传统资源中寻找解决纠纷的路子，并加以改造。上述种种现象显示了我国现阶段各方面现实条件的制约下民事诉讼制度发展的复杂态势。正如有学者指出的，近年来，实务界和法学界之间关于民事司法的发展取向已开始出现"各说各话"的分离趋势。民事诉讼制度的变迁始终与我国社会、政治、经济、文化、法制的变化和发展紧密相连，如何避免运动式的改革是法院调解改革中应当注意的问题。[1]

───────────

〔1〕 参见张卫平："改革开放四十年民事司法改革的变迁"，载《中国法律评论》2018年第5期。

改革能否成功，能否取得成效，重要的问题在于，能否正确把握法院调解的本质与特点，合理对待法院调解与判决间的关系，以及清醒认识我国正处于传统社会向现代社会转型过程的现实国情。只有在理性对待本土法律文化的同时，合理借鉴国外民事诉讼制度和理论，对法院调解制度进行改革，才能使我国的纠纷解决制度和理论更加科学与合理。

八、本书的结构设计

以上笔者对法院调解的含义、性质、特点，法院调解与和解的关系、法院调解与其他非讼调解的关系以及法院调解与判决间的关系进行了梳理，在此基础上，对当前我国民事诉讼所面临的形势与挑战以及改革应对措施等进行了简易分析。作为诉讼的重要组成部分，一种重要的审判方式，法院调解应当发挥什么样的作用，其与民事审判间的关系如何定位，以及下一步法院调解应当坚持什么样的原则，法院调解自身如何进行改革得以完善等，是接下来本书将要着重探讨的内容。

本书第二章探讨的是法院调解制度历史演变与复兴。回顾法院调解从古至今的历史，从中了解法院调解存在及其在诉讼中所据地位的根源。通过历史考察分析，今昔对比，寻找法院调解改革对策。

本书第三章探讨的是法院调解的政策和基本原则。在现代程序正义理念指导下，结合法院调解实践中存在的问题，重新解读与构筑法院调解的政策与应当坚持的基本原则。这是法院调解制度改革的基础，也是首先要进行的改革。

本书第四章探讨的是其他国家和地区相关法院调解制度。通过对诉讼上和解制度以及法院附设调解制度的考察，运用比较分析方法，结合我国法院调解实际，找出可资我国法院调解制度改革借鉴之处。

本书第五章探讨的是法院调解社会化问题。法院调解社会化是当前法院调解改革的一个主要举措，代表了法院调解改革的方向。本章对当前两种主要的法院调解社会化形式——委托调解与特邀调解的具体内容、立法及其司法实践现状，取得的效果，以及存在的问题，进行了分析。同时，在比较研究的基础上，针对委托调解与特邀调解在实践中出现的问题，尝试提出完善建议。

本书第六章是对先行调解的理论与实践探索。先行调解是践行多元化解决纠纷机制的主要举措，法院审判端口前移，是当前民事审判的一个热点问题，值得研究与探讨。

本书第七章探讨的是诉讼调解，即立案后至诉讼终结前的调解，也是传统上所称的法院调解。通过对诉讼调解在开庭前与开庭后的分阶段考察，笔者认为，今后法院调解的主要阶段应集中在开庭前的审前准备阶段，而开庭后应致力于作出判决。

第二章　法院调解制度的历史演变与复兴

一、中国古代民事调解制度

法院调解制度的历史，可以溯源到遥远的古代。早在西周的铜器铭文中就有调解的记载。至汉代时期，调解已经十分发达。两宋时期，调解开始制度化。到明清时期，调解已趋于完备。发展至今，调解已有几千年的文明史。

在历史上，调解基本上是民间调解与官府并重，国家权力与民间力量"合作"，共同构成一个相对严密的多元化纠纷解决机制。一方面，在民间，调解是解决纠纷的主要手段，并以宗族调解为主要形式，形成一种"民间自治"。自给自足的自然经济、宗法社会、和谐无讼的理念以及政权体制的局限，是传统民间调解得以存续的深刻经济、社会、文化和政治原因。同时，也形成了其以强调平息争讼为目的，轻视当事人实体权利和诉权的压制型调解色彩。

另一方面，由于古代官府担负着解决社会纠纷、维持秩序稳定的职责，由地方官吏在诉讼中主持的官府调解在宋代以后一直是与审判密不可分的解决纠纷的手段。在民事审判中，地方官吏通常以调解为主，调解不成才进行判决。对此，日本学者滋贺秀三经过考察与实证分析，对我国传统官府调解得出了结论，认为"民事纠纷由听讼这样一种教谕式的调解来处理"。[1]基于对这一结论的广泛

---

〔1〕〔日〕滋贺秀三、寺田浩明等：《明清时期的民事审判与民间契约》，王亚新等译，法律出版社1998年版，第85页。

认同，学界也将我国传统民事诉讼称为调解型诉讼。

官府调解具有以下几个特点：一是调解在民事审判中占有优先地位。主要原因在于中国古代不存在私法，民事纠纷无法判决。二是调解的依据是理、法交融，更注重合乎情理和道德。其主要原因在于因私法缺失，司法长官解决纠纷的基准只能是"情理"，即"中国式的理智"。三是调解的过程以教化为主，力求达到定分止争的效果。四是调解的结果具有法律上的效力，与生效判决具有同等效力。

综上，传统的调解是现代调解制度的渊源，调解作为中国传统文化的重要资源，经发展入法，并承继古代官府调解的基本特点，成为中华法系的基本标志之一。[1]

二、边区革命根据地时期的法院调解

追溯历史可以发现，调解一直在解决争议方面发挥着十分重要的作用，而这一传统由于契合了中国人特有的伦理道德观念、心理和行为方式，从而延续下来，并被吸收进司法制度中，成为中国司法解决争议的一种重要方法。[2]

民国时期，调解制度以法院调解方式被纳入国家权力结构体系，使其从性质上区别于传统调解，体现了国家权力意图深入基层并建立现代秩序规范的努力，但其法院调解的实践却宣告了将传统调解作为一种社会治理机制的破产。与此相反，在同一时期兴起的革命根据地的法院调解却取得了成功，并催生出"马锡五审判方式"。革命根据地时期，伴随新民主主义革命的深入开展，国家权力渗入基层社会。这一时期的法院调解，突出了权力机制的生活实践性。[3]

马锡五审判方式，即深入群众、调查研究，调解为主，就地解

---

〔1〕 参见江伟主编：《民事诉讼法专论》，中国人民大学出版社 2005 年版，第291 页。

〔2〕 参见常怡、王德成："新中国诉讼调解制度的理论论争"，载《昆明理工大学学报》（社会科学版）2011 年第 1 期。

〔3〕 参见郑英豪："我国调解制度变迁中国家权力的角色承担与未来向度——基于法社会学的观察"，载《法学评论》2015 年第 1 期。

决。法院调解在与审判的关系中处于优先地位，即调解为主。其功能一方面是利用传统资源解决民间纠纷，另一方面又在积极补充法律空白。同时，在发展中又被赋予各种政治和意识形态功能。[1]著名的马锡五审判方式，以"着重调解"为最基本特点和主要标志，其作为一种司法裁判方式，被认为是对我国传统的调解解决纠纷方式的直接继承和发扬，[2]并成为新中国成立后诉讼调解的发端。

三、新中国成立后的民间调解制度

首先需要说明的是，新中国成立后的调解制度，同样是民间调解与法院调解并存。民间调解也称社会调解，为与法院调解相区别，也称为非讼调解制度。由于法院调解与民间调解之间存在互助互补的关系，即民间调解组织与调解人是否健全，是否能在多元化解决纠纷机制中发挥应有的作用，阻挡一部分民事纠纷涌向法院，尤其是法院调解社会化改革能否顺利实施，很大程度上取决于社会调解的成熟度，社会调解是否能够有效配合法院实施委托调解。因此，民间调解力量的培育与健全，对于法院调解制度改革具有重要意义。

（一）关于人民调解制度

新中国成立后，传统民间调解制度发展并演变为现代民间调解制度，并与诉讼调解并行，其中，以人民调解制度为典型。现行的人民调解制度是人民群众在土地革命时期创立，经过抗日战争以及新中国成立后几十年逐渐发展和完善起来的，是独具中国特色的民间调解方式，并具有比较系统的立法规范。与传统的宗族调解不同，人民调解是由人民调解委员会主持，以情、理、法和习俗为依据，通过说服、劝导方式，促使当事人在平等协商基础上自愿达成调解协议，解决民间纠纷的活动。人民调解制度的发展轨迹同法院调解发展轨迹一样，经历了由高潮到低落以及复兴三个阶段。

---

〔1〕　参见江伟主编：《民事诉讼法专论》，中国人民大学出版社2005年版，第292页。

〔2〕　参见张卫平："诉讼调解：时下势态的分析与思考"，载《法学》2007年第5期。

2010 年 8 月通过的《中华人民共和国人民调解法》（以下简称《人民调解法》），将人民调解制度上升到法律的高度予以调整，并对人民调解制度予以完善，其最大亮点是增强了人民调解协议的强制执行力。该法第 33 条第 1 款、第 2 款规定，经人民调解委员会调解达成调解协议后，双方当事人可以向人民法院申请司法确认，人民法院依法确认有效的调解协议，一方当事人拒绝履行或者未全部履行的，对方当事人可以向人民法院申请强制执行。

可见，与传统民间调解不同，现代人民调解重在对社会各种需求进行情景式的回应，其注重当事人的自愿性，其调解的过程和协议的达成，综合法律、道德、人情和习俗，具有向回应型调解演化的趋势。在当前国家转型时期，面对矛盾纠纷繁复杂，国家提出"大调解"的矛盾纠纷社会综合治理策略，把"大调解"作为维持社会秩序的主要手段。其中，对人民调解制度高度重视，对其在社会治理中发挥更大作用寄予厚望。

但同时应当看到，人民调解的民间调解属性发生了某种变化，其并不是单纯的民间调解，而是带有一定的行政色彩，主要表现为政府权力介入基层社会，是政府实施社会综合治理中的一环。

（二）其他民间调解组织

除人民调解外，我国尚存一些其他民间调解组织如单位内部工会、妇联等，其发展轨迹与人民调解大致相同。近年来，行业调解以及一些专业调解逐渐受到重视，处于建设阶段。总体来说，民间调解组织及调解人缺乏，寻求其解决的民事纠纷较少，实际解决的纠纷也有限，尚无法形成一种民间自治。

四、新中国成立后的法院调解制度

伴随着近现代司法制度的发展，司法从行政中分立出来，官府调解演变成为诉讼调解制度。新中国成立后，调解制度进入民事诉讼法，作为一种司法解决纠纷的方式而存在，亦称为法院调解。

新中国成立后，调解正式入法，最高人民法院颁布的若干司法政策以及 1982 年《民事诉讼法（试行）》（已失效）正式确立了法院调解制度，法院调解成为民事诉讼中最具特色的基本原则，成为中华法系的基本标志之一。由于各个历史时期司法政策的调整，作为司法制度的法院调解，经历了形成发展、弱化，复兴的"U"型发展过程。其在与判决的关系上，经历了从"调解为主"到"着重调解"，再到以自愿、合法为调解原则的"该调则调，当判则判"，以及近年来的"调解优先、调判结合"四个发展阶段。

（一）"调解为主"阶段（1949 年~1982 年）

新中国成立后，马锡五审判方式由于与当时的社会情境和政治要求具有内在的适应性，成为一种模范的司法行为模式。1964 年，最高人民法院提出了"依靠群众，调查研究，就地解决，调解为主"的十六字方针，法院调解成为一种主要的审判方式。1979 年《最高人民法院人民法院审判民事案件程序制度的规定（试行）》（已失效）将"调解为主"的政策上升为法律规范，指出处理民事案件应坚持调解为主，凡是可以调解解决的，就不要用判决，需要判决的，一般也要先经过调解。[1]

（二）"着重调解"阶段（1982 年~1991 年）

1982 年《民事诉讼法（试行）》确立了"着重调解"的基本原则，《民事诉讼法（试行）》第 6 条规定："人民法院审理民事案件，应当着重进行调解；调解无效的，应当及时判决。"实践中，法院调解是解决民事案件的主要方式。据统计，20 世纪 80 年代，法院调解结案率达 80%。[2]与此同时，由于对诉讼调解制度的过分强调，出现了较为严重的强制调解、以判压调、久调不决等现象。

对前述分析可见，"调解为主""着重调解"是对根据地时期马锡五审判方式的继承，并在较长时期内作为民事诉讼的一个主要司法政策而存在。这一司法政策不仅确立了我国民事诉讼判决与调解并存的二元诉讼结构，并且，由于对调解的重视与强调，法院调解在相当长的时期内成为我国民事诉讼的主要方式，对我国民事审判

---

〔1〕 参见江伟主编：《民事诉讼法专论》，中国人民大学出版社 2005 年版，第 293 页。

〔2〕 参见江伟主编：《民事诉讼法专论》，中国人民大学出版社 2005 年版，第 294 页。

方式产生深刻影响，塑造了我国独有的"调解型审判模式"。

（三）"该调则调，当判则判"阶段（1991年~2002年）

如前所述，伴随法院调解的重视与强调，司法实践中出现了严重的强迫选择调解、以判压调、久调不决等现象。此外，改革开放带来的经济、社会、文化等方面带来的巨大变化，法治建设以及权利意识的增强等，均使法院调解备受诟病。为此，针对法院调解制度实际运行中出现的这些问题，学者们纷纷对法院调解制度展开了思考和批判。例如，江伟、李浩指出：在市场经济体制下，被国外誉为"东方经验"的法院调解制度面临着新的社会条件和思想观念的挑战。随着法制社会基本要求的日益加强和民事、经济法律的不断颁行，偏重调解的负面效应逐渐显现，调解制度必须改革。[1]其后，李浩教授通过论述法院调解制度对实体法和程序法都有不同程度的"软化"现象，指出这一现象源于调解的性质，是内生于法院调解制度的，因而也是无法避免和克服的。因此认为，调解与严肃执法存在一种负相关关系，法院愈是偏重以调解方式处理民事、经济纠纷，就愈会偏离在民事诉讼中的严肃执法的目标。[2]随后，李浩教授进一步指出，将调解作为民事审判权运作的主导性方式，是我国民事诉讼制度目前仍存在的误区，为走出这一误区，需要按照依法审判的理念改造和重置民事审判权的运作方式，把判决作为人民法院处理民事诉讼的主导方式。为实现这一改革目标，需要把调解从审判程序中分离出去，使之成为与审判不同的另一种解决纠纷的制度。[3]

实践中强制调解、违法调解、片面追求调解率以及久调不决等问题严重，以及学界的批评，使立法者认识到，调解的实质是自愿不自愿的问题。此外，形势的发展变化在相当程度上改变了原来适

〔1〕参见江伟、李浩："论市场经济与法院调解制度的完善"，载《中国人民大学学报》1995年第3期。

〔2〕参见李浩："论法院调解中程序法与实体法约束的双重软化——兼析民事诉讼中偏重调解与严肃执法的矛盾"，载《法学评论》1996年第4期。

〔3〕参见李浩："论调解不宜作为民事审判权的运作方式"，载《法律科学》（西北政法学院学报）1996年第4期。

合于调解型审判方式的社会条件。包括：诉讼类型的扩展，使纠纷解决的重心转移到保持一般规则的普遍性；纠纷解决的目的转移到形成新的经济秩序；更为重要的是，社会对法官信任的整体缺失使建立在对法官个人素质高度依赖基础上的审判方式的正当化机制难以为继。[1]

在司法实践中，对法院调解制度的改革成为 20 世纪 80 年代末开始的民事审判方式改革的重要内容之一。在观念上，重视诉讼调解被视为传统审判方式的特点，民事审判方式改革作为一种以改革传统审判方式为己任的改革活动也自然会淡化诉讼调解，司法政策上强调"该调则调，当判则判"，一定程度上，纠纷解决以司法为中心的观念得到认可。

1991 年《民事诉讼法》修改，调整了着重调解原则，确立了法院调解必须遵守"自愿、合法原则"。《民事诉讼法》规定："人民法院审理民事案件，应当根据自愿和合法的原则进行调解；调解不成，应当及时判决。"此外，《民事诉讼法》增加了法院调解的程序性规定，诉讼调解制度开始弱化。法院调解制度的发展进入到强调自愿、合法原则的"该调则调，当判则判"阶段。

《民事诉讼法》实施以后，民事程序得到了进一步完善，尤其是在最高人民法院《关于民事诉讼证据的若干规定》出台后，由于证据规则方面更加细化，民事诉讼程序的刚性特征也得以强化，基于上述综合因素，诉讼调解弱化进入发展的低谷期。在司法实践中，诉讼调解结案率开始降低，各级法院调解结案率有所下滑。判决在诉讼中的比重逐渐上升，法院调解与判决间的关系得到平衡。但是司法实践中，调解仍然是一种重要的审判方式，尤其在简易程序中，调解结案是比较普遍的。由于长期着重调解的影响，法官对调解仍有较大的偏好。

（四）"调解优先、调判结合"阶段（2002 年至今）

仅仅经过十余年，法院调解政策再次出现变化。21 世纪初，重

---

[1]　参见江伟主编：《民事诉讼法专论》，中国人民大学出版社 2005 年版，第 294页。

新重视法院调解的呼声首先自实务界发出。2002 年最高人民法院出台《关于审理涉及人民调解协议的民事案件的若干规定》（已失效）的司法解释，标志着我国纠纷解决机制开始进行调整，诉讼调解走向复兴。之后，最高人民法院陆续颁布一系列司法解释，调整并确立了"调解优先，调判结合"的司法政策。2008 年 12 月，中央政法委发布《关于深化司法体制和工作机制改革若干问题的意见》，提出要推动建立人民调解、行政调解、行业调解、司法调解等相结合的"大调解"工作，按照多元化纠纷解决机制的框架，将司法置于党委政府主导的"大调解"格局中，并首次提出"调解优先"。2010 年 6 月 7 日，最高人民法院出台了《关于进一步贯彻"调解优先、调判结合"工作原则的若干意见》，提出将法院调解置于大调解的背景下，力争充分发挥诉讼调解在化解社会矛盾、维护社会稳定、促进社会和谐方面的作用。

与之相适应，最高人民法院《关于适用〈中华人民共和国民事诉讼法〉的解释》（以下简称《民诉解释》）对径行调解、法院调解原则、调解过程不公开及保密原则等进行了补充规定。其中，《民诉解释》第 142 条规定了立案后可以径行调解，即"人民法院受理案件后，经审查，认为法律关系明确、事实清楚，在征得当事人双方同意后，可以径行调解"。

实践中，各级法院高度重视运用调解手段化解矛盾纠纷。坚持"调解优先、调判结合"原则，全面推进民商事案件调解工作。同时不断创新调解方式，加强审判工作与人民调解、行政调解、仲裁等方式的衔接，合力化解矛盾纠纷，法院调解结案率迅速回升。例如，2008 年各级法院经调解结案的民事案件 3 167 107 件，占全部民事案件的 58.86%。[1]法院调解全面复兴。

在调解优先的司法政策引导下，在实践中，甚至一度出现了类似"零判决"、以调解率作为法官考核因素等的极端现象。学者发现，近年来，一些在诉讼调解方面走在前列的基层法院几乎是以每

---

〔1〕 数据来源于 2009 年最高人民法院工作报告。

年5%以上甚至10%的幅度在提高诉讼调解的结案率，调解结案率已经超过60%，个别法院甚至已经超过70%，从而成为诉讼调解的"先进"。2008年最高人民法院发布《最高人民法院关于开展案件质量评估工作的指导意见（试行）》，其中，将"调解率"，"撤诉率"（简称"调撤率"）作为审判效果指标，据此"调撤率"已经成为衡量法院工作业绩的一个"硬指标"，调解结案率高对工作业绩具有"加分"因素，是非常重要的"量化"指标。调解结案率同时也是衡量法官业务工作的一个"硬指标"，调解结案率高的法官不但可以得到更多的奖金，也可以在职务晋升方面处于优势。在这种激励机制下，诉讼调解进一步加热升温，如何提高法院的调解结案率成为各地法院重点研究的问题，几乎每一个基层法院都将诉讼调解以及相关问题作为最重要的调研项目和课题，以示对调解的重视。[1]对此，最高人民法院发文再次强调调解自愿原则，并于2011年3月下发修订后的《关于开展案件质量评估工作指导意见》，调整了案件质量评估指标，重视调解案件申请执行率，调解率才有所下降，过度追求调解结案的势头有所遏制。

本轮法院调解的复兴，也出现了新的特点，主要表现在法院调解社会化发展趋势，创新了委托调解与特邀调解等新的调解方式。法院调解社会化，即在大调解背景下，法院调解的主体不限于法官，而是联合人民调解、行政调解、律师等社会力量共同进行。调解方式主要表现为两种：一种是特邀调解，即将社会调解力量请进来，由法院特邀调解组织或者调解员共同进行调解；另一种是委托调解，即将案件送出去，由法院特邀调解组织或者调解员等社会调解力量进行调解。法院调解社会化，被认为是对传统法院调解的改造，既有利于弥补法院调解本身存在的力量不足，也有利于解决法院单独所无法解决的社会棘手问题。

综合以上法院调解的历史发展，可以发现以下规律与趋势：

---

[1] 参见张卫平："诉讼调解：时下势态的分析与思考"，载《法学》2007年第5期。

一是不同时期的法院调解司法政策，直接引领并决定法院调解制度的兴衰。法院调解司法政策的"U"型趋势变化，使法院调解呈现出相同的发展变化走向。在着重调解的司法政策下，法院调解受到重视，而在"该调则调，当判则判"的司法政策下，法院调解的作用相对弱化。经验表明，现代自由市场格局对于纠纷的解决，重心在于规则的建立、维护与完善方面。[1]

二是调解与判决的关系，呈现出相反的发展方向。当法院调解成为一种主要审判方式时，判决就呈现出弱势的表现。而当强调"该调则调，当判则判"，强调法院调解必须遵守自愿、合法原则时，审判程序审判制度以及证据制度等方面就得到重视与完善，判决成为主要的审判方式就得以发展，相应的，法院调解就会弱化。二者之间呈现出一种此消彼长的发展态势。因此，如何平衡法院判决与调解间的关系，是法院调解制度改革的一个关键。

三是总体来说，我国的法院调解在民事诉讼中占据重要地位。如前所述可见，从古代的官府调解到现代的法院调解，具有悠久的历史传承和影响。从新中国成立初期到《民事诉讼法》正式颁布前的较长时间，都是强调调解为主，调解是最重要的一种审判方式，判决始终处于式微状态。而审判方式改革后的"该调则调，当判则判"也并没有否定调解的作用，仅是弱化了过热的调解，相对提升审判的地位，实践中法院调解仍然占据着半壁江山。由于审判方式改革施行时间较短，我国审判型审判方式尚未建成，当事人主义的诉讼模式也尚未转型成功。在此情况下，司法政策再次调整为调解优先，使法院调解强势回归，并出现前所未有的发展。当前，先行调解的推行，法院诉前调解的普遍实施，以及诉前强制调解的扩大适用案均使调解型审判方式再度得到强化。

五、当前法院调解复兴的原因

如前所述，调解是我国历史传统中最重要的解决纠纷方式，更

---

〔1〕 参见郑英豪："我国调解制度变迁中国家权力的角色承担与未来向度——基于法社会学的观察"，载《法学评论》2015年第1期。

为人们所熟悉。通过梳理法院调解的历史发展可知，法院调解长期以来作为我国民事审判主要方式，影响深远，实践中法官普遍具有调解偏好。分析法院调解复兴的原因，除了调解本身所具有的解决纠纷的功能性价值，以及以上我国法院调解所具有的深厚历史传统的影响等原因外，其现实性的原因主要包括以下几个方面。

（一）转型时期法院案多人少的压力持续加剧

众所周知，我国自改革开放进入社会转型期以来，地方法院普遍出现"诉讼爆炸"，呈逐年上升趋势，并多年持续，使民事审判面临审判数量持续增加的挑战。从最高人民法院公布的 2010～2019年近10年来地方各级人民法院受理、审结案件数据（见表 2-1），清晰可见法院收案数量逐年上升趋势。例如，2010 年受理案件数突破千万，达 1170 万余件，同比上升 2.82%。以后每年以新增 100 余万件的速度稳步上升，2011 年为 1220.4 万余件，2012 年为 1324.3万件，2013 年为 1421.7 万件，2014 年为 1565.1 万件，同比上升10.1%。而到了 2015 年，则急速上升到 1951.1 万余件，比前一年新增 386 万余件。此后，收案数量每年以约 300 万件的增幅快速上升。例如，2016 年收案数轻松突破 2000 万大关，达 2303 万余件，比 2015 年新增约 252 万件。2017 年收案数为 2573.7 万件，2018年为 2800 万件，2019 年收案数突破 3000 万大关，达 3156.7 万余件，同比上升 12.7%。可见，自 2015 年起法院收案数量出现快速增长，增幅和前五年相比，呈较大幅度的明显上升。[1]从表 2-1 趋势分析，今后一段时间，法院收案数量和幅度的上升趋势仍然会持续。

以上数据反映的是法院受理案件增长的总体情况。在法院受理的案件中，民事案件数量是最多的，占到全部案件总数的一半以上，民事案件受案数增长也更快。因此，民事审判所面临的"诉讼爆炸"形势也更为严峻。[2]

---

〔1〕　参见最高人民法院工作报告 2020 年。

〔2〕　参考最高人民法院 2020 工作报告的审结案件数，2019 年审结民商事案件，占 55.74%。

表 2-1　2010~2019 年地方各级人民法院受理案件数量（万件）[1]

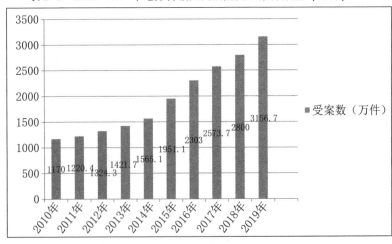

转型时期出现"诉讼爆炸"是必然的。一方面，市场经济的发展带来人们纠纷观念的转变，市场主体权利意识的增加，社会流动性的增强，法治建设使法院解决纠纷能力以及权威增加等原因，使大量纠纷涌入法院。另一方面，原有的许多纠纷处理机关和方式已不能适应新形势。如单位，以及人民调解解决纠纷作用日渐衰落，也使纠纷集中涌入法院。

面对诉讼激增，法官人数并没有同步增加。相反，作为司法改革的两个重要举措即立案登记制和法官员额制，反而加剧了法院案多人少的压力。

一是 2015 年法院立案登记制的改革。立案登记制解决立案难，保障当事人诉权，但同时也带来法院受案数量激增的后果。2015 年 5 月 1 日至 2017 年 3 月，全国法院登记立案数量超过 3100 万件、同比上升 3392%、当场立案率超过 95%。[2]从上图 2010~2019 年地方

〔1〕　数据来源于最高人民法院工作报告 2020 年。

〔2〕　据 2016 年最高人民法院工作报告统计，立案登记制实施首月，全国法院共登记立案 1132714 件，同比增长 29%，环比增长 4.93%。根据 2018 年最高人民法院工作报告，（2013 到 2017 年）各级法院审结一审民事案件 3139.7 万件，同比上升 54.1%。

各级人民法院受理案件数据图表上可以清楚地看到，2015 年以来，和以往的增长幅度相比，法院受理案件数量呈较大幅度明显攀升。2015 年受案数急速上升到 1951.1 万余件，比前一年新增 386 万余件。此后，收案数量每年以约 300 万件的增幅快速上升。例如：2016 年收案数轻松突破 2000 万大关，达 2303 万余件，比 2015 年新增约 252 万件。2017 年收案数为 2573.7 万件，2018 年为 2800 万件，2019 年收案数突破 3000 万大关，达 3156.7 万余件，同比上升 12.7%。可见，自 2015 年起法院收案数量出现快速增长，增幅和前五年相比，呈较大幅度的明显上升。[1]很显然，受理案件数量的明显上升，主要原因就是法院立案登记制的推行。当前，立案登记制改革作为司法改革的一项重要成果，正在稳步推进并得到进一步巩固。2018 年法院创新司法便民利民惠民机制，推行网上立案、自助立案等便民服务，推进"分调裁审"机制改革，福建等地法院优化升级跨域立案诉讼服务，巩固立案登记制改革成果。[2]可以预见，在此改革形势下，法院受理的案件数量只会逐年上升。

二是法官员额制的改革。与持续增加的案件数量相比，中国的法官数量并未如案件增数一般上升。例如，1982 年，我国法院共有法官 7.7 万人；1997 年，法官数为 17 万余人；2005 年，法官人数将近 19 万；2014 年，法官人数 19.6 万。通过非常粗略的计算，可以看出：在 1982 年，每个法官一年需办理一审案件 13.3 件；1997 年是 31.1 件；2014 年是 48.4 件。宏观上看，在 30 多年来，案件数增加 50 倍的情况下，法官人数仅增加 3 倍，说明法官个体的办案压力也越来越大。[3]

---

〔1〕 参见最高人民法院工作报告 2020 年。
〔2〕 参见最高人民法院工作报告 2019 年。
〔3〕 转引自陈卫东："诉讼爆炸与法院应对"，载《暨南学报》（哲学社会科学版）2019 年第 3 期。

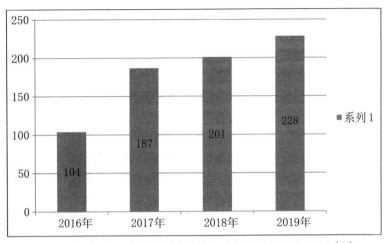

图 2-1　2016 年法官员额制改革以来法官人均办案量（件）[1]

司法改革没有采取增加法院编制的方式解决以上问题，相反，作为改革重大举措之一，法院系统开展法官员额制改革，各地均按规定在一定比例员额范围内遴选入额法官。实践中，担任领导职务的院长、庭长等高级法官优先入额，而一部分原本办案的法官未能入额，转为法官助理，承担审判辅助工作。员额制改革后，入额法官要承担之前全部法官所要承担的案件，人均办案数明显增加。为此，最高法院强调担任领导职务的法官均应办案，但实际上，由于院长、庭长等承担行政管理事务，不可能将大量精力投入到具体的案件审理中。

如图 2-1 所示，自 2016 年实行法官员额制以来，法官人均办案数量逐年上升。2016 年，全国法院法官人均办案 104 件，之后逐年上升，而截至 2019 年上半年，全国共有员额法官 12.6 万，[2]2019年全年，全国法院法官人均办案 228 件，同比增长 13.4%。[3]这一

---

〔1〕　数据来源最高人民法院工作报告 2020 年。

〔2〕　最高人民法院发布 2019 年上半年审判执行工作数据，载光明网，2019 年 8 月 1 日。

〔3〕　参见最高人民法院工作报告 2020 年。

数据在被用来说明法官员额制改革成效的同时，也说明法官承受的办案压力的加重。应当说，法官员额制改革，一方面，走向法官精英化道路是大势所趋，法官的综合素质得到明显提升，审判资源得到明显优化；但另一方面，实际办案法官数量减少，人均办案数量增加，进一步加剧法院案多人少的压力。

（二）民事纠纷的激烈性与复杂性增加

当前民事纠纷日趋激烈与复杂化。一方面，以利益争执为主要内容，且争执程度比较激烈。另一方面，新类型案件增加，疑难问题增加。例如，近年来，知识产权案件数量上升。2013 年至 2017年，各级法院审结一审知识产权案件 68.3 万件。[1]2018 年审结一审知识产权案件 28.8 万件，同比上升 41.8%；审结一审商事案件 341.8 万件；审结公司清算、企业破产等案件 1.6 万件；审结金融借款、保险、证券等案件 83.9 万件。[2]2019 年，审结专利、商标、著作权等知识产权案件 41.8 万件，审结检察机关和社会组织提起的环境公益诉讼案件 1953 件，审结破产重整等案件 4626 件，审结一审涉外民商事案件 1.7 万件，海事海商案件 1.6 万件。[3]这些案件在数十年前都是复杂到不可想象的。

分析 2019 年一审民商事案件构成（见图 2-2）[4]，可见，传统的婚姻家庭、继承纠纷，只占 13.28%，难度稍高些的侵权责任纠纷案件占 7.64%，而复杂程度更高些的合同、无因管理、不当得利纠纷占据 66.13%，属于主要民事纠纷类型。而海事海商纠纷，知识产权与竞争纠纷以及与公司、证券、保险等有关的民事纠纷，要么属于疑难复杂的，要么属于新类型案件，审判难度较大，这三类案件共占 5.23%，已经接近侵权责任纠纷案件类型。

而通过分析 2019 年部分民商事案件增长情况（见图 2-2)[5]，

---

〔1〕　参见最高人民法院工作报告 2018 年。
〔2〕　参见最高人民法院工作报告 2019 年。
〔3〕　参见最高人民法院工作报告 2020 年。
〔4〕　资料来源于最高人民法院工作报告 2020 年。
〔5〕　资料来源于最高人民法院工作报告 2020 年。

可见，增加较多增幅较大的案件如证券欺诈责任、融资租赁合同、著作权权属、侵权以及商标权权属、侵权案件等，均属较为疑难复杂，或者是新类型案件，相应增加了民事审判的难度。[1]

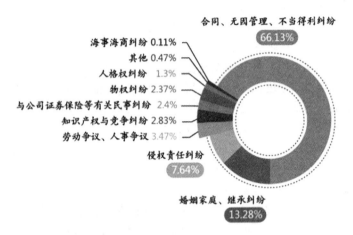

注：“其他”为适用特殊程序案件。

图 2-2 2019 年一审民商事案件构成[2]

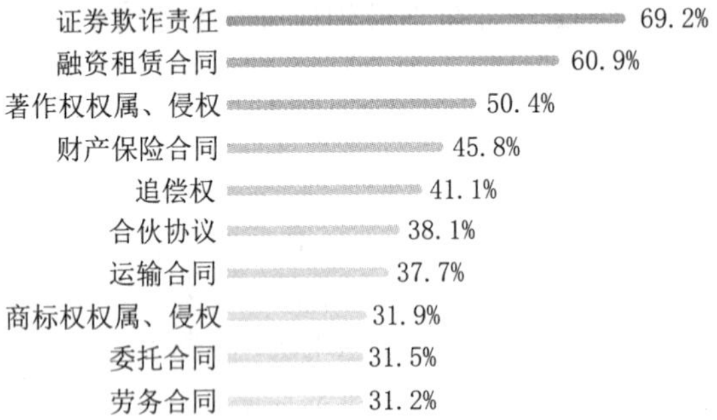

证券欺诈责任 ━━━━━━━━━━━━ 69.2%
融资租赁合同 ━━━━━━━━━━ 60.9%
著作权权属、侵权 ━━━━━━━ 50.4%
财产保险合同 ━━━━━━ 45.8%
追偿权 ━━━━━ 41.1%
合伙协议 ━━━━ 38.1%
运输合同 ━━━━ 37.7%
商标权权属、侵权 ━━ 31.9%
委托合同 ━━ 31.5%
劳务合同 ━━ 31.2%

图 2-3 2019 年部分一审民商事案件增长情况[3]

---

[1] 参见最高人民法院工作报告 2020 年。
[2] 图片来源于最高人民法院工作报告 2020 年。
[3] 图片来源于最高人民法院工作报告 2020 年。

当前，出现大量现代型民事诉讼，即从传统的以维护私人利益的民事诉讼发展到保护集团性利益或扩散性利益。例如，环境污染、医疗事故、公益诉讼等现代型纠纷增多。近年来，公益诉讼在民事审判中占据的位置愈发重要。2018 年，审结检察机关和社会组织提起的公益诉讼案件 1919 件。[1] 2019 年审结一审环境资源案件 26.8 万件，审结检察机关和社会组织提起的环境公益诉讼案件 1953 件。[2] 由于现代型民事诉讼尚处于探索构建阶段，处理起来较为疑难与复杂。

可见，当前纠纷的解决从质和量两方面对民事诉讼提出空前挑战。法院不仅面临着诉讼爆炸，受理案件数量的上升，同时还面临着纠纷复杂性的加大，法院受理纠纷的复杂性和难度亦加大。例如，许多社会发展进程中的利益冲突未经过滤即进入司法领域，以案件的形式集中于法院。法院成为各种纷繁复杂社会问题的压力疏导终端，由此导致基层司法机构无法承受之重。在"案多人少"的情况下，法官办理案件既要注重法律效果、维护公民的合法权益，又要追求社会效果、协调各方利益关系，还要面临上诉率、错案追究、涉诉信访等压力，工作难度可想而知。

此外，社会民众对民事诉讼质量要求提高。由于转型时期法治的进步，民众市场主体地位和权利意识的提升，社会民众对诉讼服务的需求也在不断提高。不仅体现在案件数量上，而且体现在民众对案件审理的质量，对于司法公正，尤其对程序正义提出了新的要求。而程序性法律的不断完善实际上对法院和审判者本身都提出了更高的要求。法院不仅要多办案、办好案，而且还要快办案。这也是法院调解受到重视的原因之一。

（三）对落实和谐社会的简单理解与对应

正如有学者指出的，2004 年以后，诉讼调解进一步升温。建立和谐社会在司法领域中被简单地理解为"复兴"民事诉讼调解，在司法者看来，似乎离和谐社会建构要求"最近"的制度就是诉讼调

---

〔1〕　参见最高人民法院工作报告 2019 年。
〔2〕　参见最高人民法院工作报告 2020 年。

解制度。[1]基于这一理解，最高人民法院出台一系列分化法院调解的司法解释，并在全国各级法院得到贯彻推行。

2006年10月《中共中央关于构建社会主义和谐社会若干重大问题的决定》出台，要求发挥和解调解的积极作用，继而，最高人民法院提出构建和谐司法，强化法院调解的作用。2008年12月，中央政法委发布《关于深化司法体制和工作机制改革若干问题的意见》，提出建立大调解机制。2010年6月7日，最高人民法院出台《关于进一步贯彻"调解优先、调判结合"工作原则的若干意见》，正式确立了"调解优先，调判结合"的司法政策。该文中强调力争充分发挥诉讼调解在化解社会矛盾、维护社会稳定、促进社会和谐方面的作用。[2]2011年中央社会治安综合治理委员会等16家单位联合印发《关于深入推进矛盾纠纷大调解工作的指导意见》。随之，最高人民法院出台了《关于扩大诉讼与非诉讼相衔接的矛盾纠纷解决机制改革试点总体方案》（以下简称《试点总体方案》）。实践中，各地法院积极探先行调解制度，并联合社会调解力量，创新委托调解、特邀调解等新形式，法院调解在新时期不断呈现出新特点新变化。

可见，在我国，司法机关在一些特殊场景下需要将诉讼纠纷解决放置在整体发展中去考量，尤其是涉及某些敏感性案件，如房屋拆迁、征地补偿、集体收益分配、农村土地资源流转等，必须预判其中可能涉及的社会后果，以确定自身所采用的法律裁判尺度。从这一角度，优先法院调解的同时，将法院调解与人民调解、行政调解等联合起来，推进法院调解的社会化发展，有利于法院解决处理结构性、现代型纠纷遇到的困难。

（四）司法机关对自身角色与司法功能认知的转变

如前所述，根据司法最终解决原则，司法是解决纠纷的最后一

---

〔1〕 参见张卫平："诉讼调解：时下势态的分析与思考"，载《法学》2007年第5期。

〔2〕 See Jieren Hu, "Grand Mediation in China: Mechanism and Application", *Asian Survey*, Vol. 51, p. 1072. 转引自郑英豪："我国调解制度变迁中国家权力的角色承担与未来向度——基于法社会学的观察"，载《法学评论》2015年第1期。

道屏障。但在民事司法改革受阻后，司法机关对自身在当代中国社会角色的校正，对司法社会功能的认知发生了转变。众所周知，由于各种原因，民事司法改革并不顺利，也没有取得预期的效果。随着 2002 年 4 月《关于民事诉讼证据的若干规定》的实施，民事司法改革的合法性危机逐步显现。主要表现在追求"通过程序实现正义"的民事审判方式改革超出了社会的理解和承受能力。本来意在防止诉讼突袭，构建当事人公平对抗机制的举证时限制度、举证责任分配规则，没有获得当事人和社会的理解，涉法涉诉信访数量急剧增加。[1]作为"最后一道防线"的司法陷入长期的困境中。

应当看到一个现实，即当前司法权威尚未真正树立，一些特定类型的纠纷，法院客观上也不具备帮助当事人实现权利救济的能力。因此，面对民事审判方式改革受阻以及审判的现实压力和困难，法院采取的策略是改变工作方式争取社会认同。在此同时司法机关发现，调解仍然是法院在最短时间内可以找到的摆脱困境方法，法院调解恰恰体现了中国式的纠纷解决策略和司法变通之道。法院调解不但弱化了裁判结果对证据和法律知识的依赖性，灵活地对待双方当事人的诉求，而且融合了传统道德观念、常识情理，满足了公众对于实体正义观的要求。于是宋鱼水、陈燕萍等一批优秀法官的事迹被大力宣扬。这些优秀法官都是"调解高手"，他们处理的案件大多以调解结案，很少发生上诉、再审或信访，当事人满意度高。于是，提倡和鼓励调解成为学习推广优秀法官经验的主要内容。可见，法院调解的强化，顺应了构建和谐社会和大调解的社会治理需要。这一方面是司法机关积极回应社会诉求，提升司法公信力、重塑自身合法性基础的一种努力，另一方面也是司法机关实现社会治理、寻求社会支持和提升社会地位的过程。[2]

〔1〕 参见陈洪杰："方向性错误：司法改革的围城之惑"，载《华中科技大学学报》（社会科学版）2009 年第 4 期。
〔2〕 参见吴英姿："转型社会中法官的角色紧张与角色认同"，载王亚新主编：《法律程序运作的实证分析》，法律出版社 2005 年版，第 452 页。

（五）法官回避错案追究及追求业绩等的功利考量

正如有学者指出的，对于下级法院与一线法官而言，调解在主动与被动两方面都会发生作用。主动方面，审判责任追究机制强化了法官的"避错"心理，使得法官在审判中尽可能回避直接通过裁判解决纠纷。近年来，司法改革推出法官责任制，要求法官对自己审判的案件质量负责，如果因为故意或重大过失导致严重的错误判决，法官将受到司法责任的追究。以往案件的审判要经法院院长、庭长审批，可能还需要审判委员会讨论。法官责任制事实上废除了这种类似行政审批的做法，审判案件的法官对案件的判决自己作出决定，不再向院庭长报批。应当说，法官责任制符合"让审理者裁判，由裁判者负责"的基本司法规律，有利于促进法官勤勉廉洁办案，但法官责任终审制、错案认定标准科学性以及缺少必要的职业豁免等问题，也加重了法官的职业风险。由于调解与裁判不同，诉讼调解结案的，不需要法官给出明确的法律根据和理由，因为调解处理是当事人之间的自由处分，法院调解由于在法律上被视为双方当事人对于纠纷法律关系协商一致的结果，不受实体法律规范限制，因此作为裁判基础和前提的案件事实也被模糊和淡化。正是由于诉讼调解在本质上是当事人自由处分的结果，不是法官的裁判行为，一般也不会产生上诉或错案追究的问题。因此可以很方便地作为一种制度上的"避风港"。在法官责任追究制的背景下，法官当然会趋利避害，尽可能促成调解的达成。在处理一些比较困难的案件时，即使当事人不愿意调解，法官为规避自身风险也会选择继续调解。所以这一制度背景是调解复兴的一个重要因素。[1]

被动方面，近年来下级法院与一线法官面临的考核压力也在。如前所述，2008 年最高人民法院发文将"调解率""撤案率"作为案件质量评估中的审判效果指标。在法院工作的排名排序、法官个人的年度考核、案件质量的判断评估中，调解率经常是一个非常重

---

[1] 参见张卫平："诉讼调解：时下态势的分析与思考"，载《法学》2007 年第 5 期。

要的数据标准。这种制度激励毫无疑问影响了法官的行为取向。"上有所好，下必甚焉"，为了彰显"调解优先"司法政策取得的成绩，越来越多的地方法院把调撤率作为一项重要的指标考核法院和法官。[1]虽然 2011 年最高人民法院对试行 3 年的案件质量评估指标体系做了调整，但重视调撤率的惯性仍在。

此外，法院司法公开化改革，也使法官更趋向于调解，以回避审判公开带来的监督和压力。近年来司法公开化改革卓有成效，打造了审判流程、庭审活动、裁判文书、执行信息四大公开平台。截至 2020 年 12 月，庭审公开网公开庭审总量突破 1000 万场；中国裁判文书网公开的文书数量已经超过了 10 700 万篇，访问总量超过了 524 亿人次。法院调解，过程不公开进行，法院调解书亦不公开，客观上使法官回避了公开审判的压力。

以上所述法院调解复兴的原因，同时也是当前法院调解面临的形势。通过以上分析可见，"调解优先"政策的提出具有复杂多元的背景。该司法政策提出的最直接驱动力是法院为了摆脱案多人少、矛盾复杂的现实压力，以及民事司法改革遇阻，法院司法裁判质量与其应有的公信力不对称等自身困境。在以上现实压力驱动下，法院顺应大调解的宏观背景，将目光再次投向具有浓厚传统特征的调解制度，以期利用其在调解事实上享有的主导权和控制力，高效快捷解决纠纷，实现案结事了，多办案、办好案、快办案。以上内因与外因并存，促使法院调整并推行优先调解政策。而从法官个体角度，在法官责任制以及对调撤率的考核之下，本就有调解偏好的法官基于职业安全趋利避害的功利考量，必然积极推动调解。由此，在调解优先的司法政策推动以及法官的积极响应下，调解制度受到空前青睐，出现了被称为"调解制度的复兴"的局面。

六、学界对法院调解改革的态度

当前，随着调解优先政策的强调，伴随法院调解复兴，许多从

---

[1] 参见蔡泳曦："民事案件'调解优先'政策再思考——以新《民事诉讼法》先行调解制度为视角"，载《现代法学》2013 年第 5 期。

前法院调解所固有的一些顽疾重新出现并有加重趋势。例如，调解与判决间关系严重失衡，强制调解愈加严重，事实清楚、分清是非原则弱化，法院调解规范性缺失等，片面追求调撤率，强制调解、以判压调、以拖促调以及"和稀泥""各打五十大板"等现象重新出现。此外，法院调解改革措施，如先行调解，以及法院调解社会化在推动形成社会合力解决民事纠纷的同时，也相伴产生了一些新问题。例如，先行调解中存在的调解纠纷范围、调节性质、调解主体、调解自愿性等问题，以及法院调解社会化即委托调解与特邀调解中存在的委托调解范围、如何有效诉调对接、法院如何有效监督特邀调解工作等问题。可见，当前我国法院调解存在的问题较多，且新旧问题叠加，较为复杂。如何正确把握法院调解与判决的关系，解决法院调解存在的问题，需要认真研究和思考。

学界对于我国的法院调解制度，一直存在较为激烈的理论之争，对当前的法院调解改革，表现出一种复杂的态度。[1]

（一）主张保留的肯定观点

一部分学者对当前强化法院调解持肯定态度。例如，有的学者认为，当前法院调解的回归是法院调解改革的开始，是在更高阶段上对调解价值的重新认识和肯定。强调法院调解是法院系统缓解司法困境、减轻司法压力、改善司法环境的现实选择，也是法院履行其政治职能的有力保障。当前转型时期，如果严格依法裁判可能会出现法律效果与社会效果的冲突，而调解可以使法官从困境中解脱出来，以合意求得当事人对判决的理解，确保审判的社会效果，维护社会稳定。总之，当前法院调解制度的回归，应当说是我国审判模式转变过程中，构建多元化、开放的纠纷解决机制，以适应社会需要、应对司法困境的理性选择。[2]

还有学者认为，民事诉讼中的法院调解原则和制度有实践经验

---

〔1〕 参见常怡、王德成："新中国诉讼调解制度的理论论争"，载《昆明理工大学学报》（社会科学版）2011年第1期。

〔2〕 参见江伟主编：《民事诉讼法专论》，中国人民大学出版社2005年版，第285~315页。

的基础，在原理上也并不违背当事人意思自治和处分原则，符合民事纠纷解决的特点和规律，并且与现代世界民事司法改革的趋势殊途同归，并无取消的必要。此外，应考虑修改有关调解的某些原则和制度，以便更好地发挥调解特性和程序价值。最后，民事纠纷的解决机制中缺少前置性的非诉讼调解程序，应当予以改革。例如，设立日本和我国台湾地区式的法院附设调解，制定专门的调解程序法，建立专门的、在法院指导下的调解机构。[1]

(二) 主张取消的否定观点

有一部分学者提出取消诉讼调解制度。例如，李浩教授早在1996年便旗帜鲜明地指出，调解不宜作为民事审判权的运作方式，将诉讼调解引入司法，是一种与法治严重对立的运作模式，主张取消法院调解，同时加强委托调解。[2]也有学者建议将诉讼调解隔离出司法程序，以诉讼外和解的方式替代。认为法官出于各种功利考量偏爱诉讼调解，而诉讼调解的运作与法治理念存在一定冲突。其进一步的负面效应是：法律的预测功能进一步降低，法官的权威不能很好树立，中国民众中本来就相对脆弱的法律信仰也就不可避免地再遭毁灭性打击。而这反过来却可能诱使法院进一步选择诉讼调解，于是，诉讼调解会进入新一轮恶性循环的怪圈之中。[3]

张卫平教授认为，在时下的民事诉讼中，人们在观念和心理上已经把诉讼调解率的提高和诉讼调解的运用作为一种实践中的强势命令。在这样的司法环境中，强制调解的情形必然会高频率发生。张卫平教授对司法实践中出现的过度调解倾向进行了批评，指出这种态势出现和发展的一个重要原因是司法政策对政治形势的简单对

---

〔1〕 参见范愉：《非诉讼纠纷解决机制研究》，中国人民大学出版社2000年版，第600页。

〔2〕 参见李浩："论调解不宜作为民事审判权的运作方式"，载《法律科学》（西北政法学院学报）1996年第4期。

〔3〕 参见周安平："诉讼调解与法治理念的悖论"，载《河北学刊》2006年第6期。

应和"过度反应"。这种导向影响了法律所规定的诉讼调解所应遵循的基本原则的实施，很大程度上偏离了诉讼调解的正确定位和运行轨道。因此，应当以实事求是的态度对待诉讼调解，使诉讼调解回归应有的定位。诉讼调解应当是根据每一个案件的实际情况，充分尊重当事人的意愿对调解处置和裁判处置予以选择，而不是违背当事人的意愿强制调解。[1]

章武生教授也提出了类似张卫平教授的观点，认为"需要强调的是，我们在高度重视并大力推进调解工作的同时，不应忽视调解固有的弊端和被滥用的可能性；否则，人类历史的发展就不可能有从非法律调整方式向法律调整方式的过渡。此外，我们更不能忽视审判的作用"。[2]

综合学界观点，不论对法院调解主张保留还是主张取消，有一点是共同的，即法院调解应当改革。即便是复兴，也不是马锡五审判方式的简单回归，而是建立现代法院调解制度改革的开始。对于法院调解改革的方案，学界大致提出了三种改革建议。一是将我国现有的"审理法官调解"回归为德国真正的"裁判法官促进和解"的模式。[3]审理法官未来仅应在庭审期日中，在遵守程序公开、制作笔录等法定程序要求的前提下调和当事人。二是彻底分离"调解"与"审判"程序。就此又存在两种改革模式：一种模式是拟完全取消法院调解，从而倚重当事人自行达成诉讼和解这一路径；[4]另一种模式则建议在取消法院调解的同时加强委托调解，也即未来将调解活动一律委托给法院外的机构或人员实施，一如法国委托调

---

〔1〕 参见张卫平："诉讼调解：时下势态的分析与思考"，载《法学》2007 年第 5 期。

〔2〕 章武生："论我国大调解机制的构建——兼析大调解与 ADR 的关系"，载《法商研究》2007 年第 6 期。

〔3〕 参见李浩："查明事实、分清是非原则重述"，载《法学研究》2011 年第 4 期。

〔4〕 参见张晋红："法院调解的立法价值研究——兼评法院调解的两种改良观点"，载《法学研究》1998 年第 5 期；章武生："我国法院调解的定位与发展方向"，载《郑州大学学报》（哲学社会科学版）2011 年第 6 期。

解员实施调解的设计。[1]三是在法院内部实现调审分离的方案。建议我国法院设置专门的调解机构或调解法官，将"法官调解"改革为"调解法官"，这一建议获得大多数学者的支持。[2]

以上观点为法院调解改革提供了多角度方案，有些是切实可行的，亦为司法实践所采纳，例如最高人民法院推行的"调解法官"制度。可见，法院调解制度可以通有改革使其存在具有合理性，并发挥其独特作用。

七、法院调解面对新形势的改革应对

西方国家面对多发的民事纠纷采取的应对措施，主要有两个方面。一方面，兴起非诉讼纠纷解决方式，即 ADR（Alternative Dispute Resolution）；另一方面，进行法院改革。通过比较研究发现，我国大致也是从这两方面入手，并且，在建立多元化纠纷解决机制方面，尤其强调调解的作用，并相应对传统法院调解制度予以改革。

我国采取的应对措施：一方面，自 20 世纪 90 年代开始以举证责任改革为突破口法院系统进行民事审判方式改革，主要包括确立当事人谁主张谁举证规则；庭审实质化改革；审前程序和证据制度的改革；扩大简化程序适用，确立小额诉讼程序；实行法官员额制；推行司法责任制；司法公开。应当说，审判方式改革取得了许多实质性的成果，推动了民事审判模式向当事人主义的转变，优化了诉讼制度和审判程序。但同时，基于名为"国情"或"社会转型期特点"等的许多复杂因素，对上述民事审判改革构成了明显的制约。[3]例如：一些程序制度很少运用，如证明责任的结果责任；一些程序规范水土不服，如举证时限制度。民事审判方式改革受阻，以及审判

---

〔1〕　参见李浩："论调解不宜作为民事审判权的运作方式"，载《法律科学》（西北政法学院学报）1996 年第 4 期。

〔2〕　参见李浩："调解的比较优势与法院调解制度的改革"，载《南京师大学报》（社会科学版）2002 年第 4 期；陈杭平："社会转型、法制化与法院调解"，载《法制与社会发展》2010 年第 2 期；汤维建、齐天宇："漂移的中国民事调解制度"，载《比较法研究》2012 年第 5 期。

〔3〕　参见王亚新："民事诉讼法二十年"，载《当代法学》2011 年第 1 期。

责任追究机制强化了法官的"避错"心理等诸多复杂因素，促成了以诉讼调解的复兴方式进行应对。

另一方面，建立多元化纠纷解决机制，着重发挥调解的作用。相应地，民事司法政策调整为"调解优先，调判结合"，并对法院调解制度进行改革。着重法院调解在诉讼效率方面所具有的比较优势，强化法院调解制度在诉讼中的作用。为此，采取以下法院调解改革措施。

（一）建立先行调解制度

先行调解，是指法院对前来起诉的民事纠纷，于立案前进行调解解决。学界一般将其概括理解为诉前调解，但实践中，先行调解特指诉前法院分流及人民调解组织独立进行的调解，而与纳入审判管理的，法院交由附设其下的特邀调解组织或调解员进行的诉前调解有所区别。先行调解使法院解决纠纷"端口前移"到起诉前，是近年来推行大调解和"能动司法"的主要举措。2012年，《民事诉讼法》修改增加第122条，即"当事人起诉到人民法院的民事纠纷，适宜调解的，先行调解"，于立法上正式提出先行调解。

先行调解制度的目的，是强化调解在诉前解决纠纷的作用，通过诉前分流机制减少法院受理案件数量，缓解法院的审判压力。由于立法规定较为原则，实践中各地法院展开形式多样的探索，通过上下联动，最高人民法院陆续出台了一些司法解释，先行调解制度逐渐完善。例如，2016年，最高人民法院下发《关于人民法院进一步深化多元化纠纷解决机制改革的意见》（以下简称《多元化机制改革意见》）和《关于人民法院特邀调解的规定》（以下简称《特邀调解规定》），加强诉讼与非诉讼纠纷解决方式的有效衔接，确立并规范人民法院先行调解的特邀调解形式。2020年最高人民法院出台《民事诉讼程序繁简分流改革试点实施办法》（以下简称《繁简分流实施办法》），强调人民法院应当建立特邀调解名册，按照规定的程序和条件，确定特邀调解组织和特邀调解员，并对名册进行管理。此外，推行优化司法确认程序，并具体规定了司法确认案件管辖规则。

（二）法院调解社会化

与先行调解制度相配套，是法院调解社会化改革，也是多元化民事纠纷解决机制的一部分内容。法院调解社会化，即在大调解背景下，法院调解的主体不限于法官，而是联合人民调解、专业调解、律师调解、行政调解等社会力量共同进行。调解方式主要表现为两种：一种是特邀调解，即将社会调解力量请进来，由法院特邀调解组织或者调解员共同进行调解；另一种是委托调解，即将案件送出去，由法院特邀组织或者调解员等社会调解力量进行调解。法院调解社会化，被认为是对传统法院调解的改造，既有利于弥补法院调解本身存在的力量不足，同时，也有利于解决法院单独所无法解决的社会棘手问题。

（三）建立调解协议司法确认制度

先行调解制度与法院调解社会化改革的另一项配套制度是调解协议司法确认制度。如前所述，非讼调解解决达成的协议，不具有司法效力。因此，对于非讼解决机制的建设，主要是强化调解在解决纠纷中的作用，为此，需要立法不断强化调解协议的效力，以配合法院调解制度改革。2010年《人民调解法》第33条第1款规定，经人民调解委员会调解达成调解协议后，双方当事人可以向人民法院申请司法确认。相应地，《民事诉讼法》专门设立了调解协议司法确认程序，并赋予经司法确认后的调解协议以强制执行效力。《民事诉讼法》第194条规定："申请司法确认调解协议，由双方当事人依照人民调解法等法律，自调解协议生效之日起30日内，共同向调解组织所在地基层人民法院提出。"此外，《民事诉讼法》第195条规定："人民法院受理申请后，经审查，符合法律规定的，裁定调解协议有效，一方当事人拒绝履行或未全部履行的，对方当事人可以向人民法院申请执行。"可见，调解协议经过司法确认，便具有与法院生效裁判同样的强制执行力，这极大地强化了调解的作用。

（四）强化诉讼调解提高审判效率

除先行调解诉前分流一部分民事纠纷，予以非讼化解决之外，近年来,在法院审理过程中,调整了调解与判决的相互关系。强化法院诉讼调解解决纠纷,成为另一种解决法院面临困难的策略。

如前所述,2004年以后,诉讼调解进一步升温,2009年"调解优先"被正式确定为民事司法的工作原则。2010年6月7日,最高人民法院出台了《关于进一步贯彻"调解优先、调判结合"工作原则的若干意见》,提出充分发挥诉讼调解在化解社会矛盾、维护社会稳定、促进社会和谐方面的作用。实践中,诉讼调解结案率大幅上升,诉讼调解成为重要的审判方式,在价值导向上,法院调解所具有的诉讼效率得到突出强调。

正如有学者指出的,近年来,由最高人民法院所引领,整个法院系统的司法政策有了若干重大的调整或变化。在意识形态层面,"马锡五审判方式"乃至司法的"大众化"等概念频繁出现。调解在司法中的重要性得到了反复强调,法院积极倡导"能动司法",主导整合诉讼外的人民调解等各种资源,推进多元化的纠纷解决并实施"诉调对接"。对于这新一轮司法政策推动的各种改革,法学界的一般态度显得颇为矛盾。如今,我们面临着司法实务和法学研究在民事诉讼制度发展的若干基本方面出现意见明显不一的局面。[1]

笔者认为,法院调解改革能否成功,重要的问题在于,能否正确理解法院调解的本质与特点,合理对待法院调解与判决间的关系,以及清醒认识我国正处于传统社会向现代社会转型过程的现实国情。法院调解改革要求一方面理性对待本土法律文化,另一方面需要合理借鉴国外的相关制度和理论。只有如此,才能建立起科学合理的法院调解制度。

学界的探讨为法院调解改革提供了有益的指引。笔者基本赞同李浩教授的观点,认为调解不宜作为民事审判权的运作方式,至少不应成为一种主要的民事审判方式。但是,基于我国法院调解根深蒂固的历史背景,囿于立法的限制,以及社会转型期矛盾高发复杂、涉诉信访增多、法院案多人少矛盾突出等现实,当前法院调解一定

---

〔1〕 参见王亚新:"民事诉讼法二十年",载《当代法学》2011年第1期。

程度上也具有存在的合理性，取消法院调解可能性极小，也并不可取。因此，笔者主张，当前可以保留法院调解，但是必须进行改革。改革的途径包括以下方面：

一是调整法院调解与判决间的关系。应当调整当前的优先调解司法政策，回归"该调则调，当判则判"的司法政策。在不同的案件类型中对调解与判决作类型化的区分适用。对适宜调解的案件，在发挥调解效率优势的同时，兼顾程序正义，以及调解自愿性的实质要求。当事人不同意调解的，以及不适宜调解的，及时判决，充分发挥判决的司法指引与示范作用，遏制法院对调解的过分追求。

二是实行调审分离，从人员、权力和程序三个方面实行调解与判决的分离，并将调审分离贯彻到立案、审前程序和庭审后各个审判阶段，作为法院调解的一项原则加以制度设计与贯彻。

三是重申坚持调解自愿原则，尊重当事人程序选择权以及调解协议内容自由处分权，处理好自愿调解与隐性强制调解的关系。

四是遵守基本事实清楚、分清是非原则，尤其是调解法官在立案后主持的调解，应当在基本事实清楚、分清是非的基础上进行，反对事实不清、是非不分的"和稀泥"。

五是规范法院调解程序、提高调解技术，使法院调解与传统民间调解和官府调解相区别，保障当事人在调解中的权利。

六是建立并推广法院附设调解模式，明确先行调解性质、范围及主体，法院与社会调解力量间的关系，以及完善诉调对接等。

七是推行法院调解社会化改革，吸收和健全更多、更强、更专业的社会调解力量作为特邀调解组织或调解人队伍，发挥律师的社会调解作用，规范委托调解与特邀调解制度，提高社会组织调解解决纠纷的能力与作用。

总之，笔者认为，由于改革开放引发的社会变迁已经彻底改变了总体性社会结构，应当坚持法治和司法最终解决原则，顺应现代契约社会本质。法院调解改革，需要转变对诉讼效率的一味追求，而兼顾程序正义的基本价值理念要求，结合我国法院调解的政策、立法与司法实践，重新思考法院调解与判决间的关系，以及调审分离制度设计和法院调解社会化等问题。通过对传统调解制度的扬弃和更新，将正当的法律程序理念贯穿于调解过程中，规范法院调解程序，坚持自愿原则，构建现代型的中国法院调解制度。以上观点，笔者将在本书后面内容中进一步具体阐述。

第三章　法院调解制度的比较研究

其他国家和地区与法院调解相关的制度，主要有两种：一种是诉讼上和解制度，另一种是法院附设调解制度。本章通过对几个具有代表性的主要大陆法系和英美法系国家和地区相关法院调解制度的考察，发现以德国为代表的诉讼上和解制度，以及以美国为典型的法院附设调解制度，均有一定可资借鉴之处。

一、其他国家和地区的诉讼上和解

世界其他国家和地区的法律体制中，比较尊重当事人在民事诉讼中行使处分权所达成的和解，一般都有诉讼上和解的规定。其类似于我国的法院调解制度，但又存在本质上的不同。

（一）诉讼上和解的含义与性质

1. 诉讼上和解的含义

诉讼上和解，是指在诉讼系属中，当事人双方于诉讼的期日，在法官的参与下经协商和让步而达成的以终结诉讼为目的的合意。其特点在于：一是由法官主持；二是当事人达成以终结诉讼为目的的合意；三是和解协议经法院确认，即产生确定判决的效力。

2. 诉讼上和解的性质

受司法消极主义理论影响，西方国家法官对当事人诉讼上和解一般持比较消极的态度，对于诉讼上和解的性质，认为是私法行为。例如，在美国的民事诉讼中，和解被认为是属于当事人间的契约，是以双方当事人间订立的新契约替代发生纠纷的旧契约。[1]在诉讼上和解中，法官的作用主要是为当事人在诉讼中的和解提供一种对话的渠道。

二战后，司法面临不断增加的诉讼数量和新的诉讼类型的挑战，在民事诉讼程序改革中，发生的一个变化是法官对诉讼上和解制度的态度开始由消极转向相对积极，把促进和解作为一个重要目标。法官趋向积极，根据案情为当事人提供和解方案，创造条件促成当事人和解。尽管如此，和解的本质仍被普遍认为在于当事人就纠纷的解决达成合意，法官坚守不代替当事人作出决定，也不强迫当事人接受和解的底线。

关于诉讼上和解的性质，有不同的学说。有的认为是纯粹的诉讼行为，例如德国。还有的认为它既属私法行为同时又是诉讼行为，[2]例如日本和我国台湾地区。我国台湾地区学者杨建华认为，诉讼上和解成立，在私法行为上，为民法上和解契约；在诉讼行为上，除终结诉讼外，并生与确定判决有同一效力。[3]

（二）诉讼上和解制度的比较法考察

1. 德国的法官促进和解

在德国民事诉讼法中，审判法官促进和解被认为是审判活动的一部分，"属于裁判法官的核心活动范围"，促进和解由裁判法官、受命法官或受托法官实施。法官促进和解目标是实现法和平、加速程序和降低费用。法官促进和解可依职权进行，实施积极主动的调和活动，并可在任何程序阶段（包括审前程序、主辩论日的证据调查开始前以及证据调查结束后）进行和解劝告。

德国法官劝告和解时，通常会向当事人提供和解方案并说明根据。但提供的和解方案要求体现该阶段法官对争议案件的判断，并

---

〔1〕 参见常怡主编：《比较民事诉讼法》，中国政法大学出版社2002年版，第582页。

〔2〕 参见常怡主编：《比较民事诉讼法》，中国政法大学出版社2002年版，第577~578页。

〔3〕 参见杨建华原著、郑杰夫增订：《民事诉讼法要论》，北京大学出版社2013年版，第303页。

考虑作出判决时的结论，要求法官提供最接近判决结果的方案。此外，还有一个要求，即劝告和解几乎全部是以法官的心证开示为基础。在诉讼和解中，心证开示被视为劝告和解的当然前提。因为只有通过心证开示，当事人在掌握了较全面的信息后，才能就是否和解自由地作出判断。

此外，德国法官劝告和解通常是在双方当事人对席时进行的，这可以看作是对诉讼上和解的程序保障。[1]劝告和解和解成立，诉讼终结；和解不成，就指定宣告判决日期。

可见，德国法官在诉讼和解中扮演相当重要的角色，从法官在诉讼上和解的作用来看，可谓是"法官主导型"。但对法官的劝告和解，有程序上的基本要求，以保障促进和解的公正。因此，德国民事诉讼中的法官促进和解制度，尤其是对诉讼上和解的程序保障措施，值得借鉴。

2. 日本诉讼上和解

日本存在诉讼上的和解与调停两种制度。诉讼上的和解规定于日本民事诉讼法中，而调停则由《日本民事调停法》专门规定。日本传统的和解观是消极劝告和解，近年来积极的和解观成为时代的主流。《日本民事诉讼法》第 89 条规定，法院不管在诉讼进行到何种程度，都可以尝试和解，或者使受命法官或受托法官尝试和解。[2]不过实务界更倾向在诉讼的早期进行和解劝告。20 世纪 80 年代后期，日本法院在实践中创造了一种"辩论兼和解"的程序，在非正式气氛中促进和解，1996 年《日本民事诉讼法》修改的辩论准备程序将这一做法制度化。[3]

此外，与德国法官劝告和解通常采取当事人对席方式不同，日

---

〔1〕 参见江伟主编：《民事诉讼法专论》，中国人民大学出版社 2005 年版，第 301~302 页。

〔2〕 参见［日］兼子一、竹下守夫：《民事诉讼法》，白绿铉译，法律出版社 1995 年版。

〔3〕 参见常怡主编：《比较民事诉讼法》，中国政法大学出版社 2002 年版，第 578 页。

本法官通常是在和解室通过交替传唤当事人进行商量的所谓交替面谈方式进行劝告和解。这种方式历来受到强烈的批评，它的主要问题是易产生合意诱导，剥夺当事人在诉讼中了解相关信息的权利。近年来，在劝告和解中重视对席价值的理论与实务受到广泛支持。

在诉讼实务中，法官在劝告和解之际也常常需要提供和解方案，并要求体现法官对案件的判断，"通过法院介入，劝告当事人和解时，法官应努力使接近实体真实的和解成立"。[1]"虽然和解的本质是当事人的合意，但不经过心证开示，就接受法院的劝说，即使合意成立，其合意也不得不认为欠缺法的基础。"[2]为此，法官开示心证成为劝告和解的前提。[3]关于和解的效力，《日本民事诉讼法》第 267 条规定，将和解或者放弃或承诺记载于笔录时，该记载具有与确定判决同等效力。[4]

可见，日本诉讼上和解与德国有许多相似之处。例如，对促进和解态度上从消极转为积极，法官提供和解方案均要求说明根据，出示心证过程，促进和解时通常采用对席方式等。

3. 美国的诉讼上和解

美国基于司法消极主义原理，在相当长的历史时间，对促进和解持消极态度。从 20 世纪 70 年代末开始，美国出现诉讼高峰，法院内形成了法官对案件促成和解运动，管理型法官应运而生。

1983 年美国修改《联邦民事诉讼规则》时，将促进和解作为审前会议的重要目的之一。按照修改后的《联邦民事诉讼规则》第 1

---

〔1〕 [日] 坦内秀介："法官劝告和解的法的规制"（一），载《法学协会杂志》，第 117 卷 6 号，2000。转引自江伟主编：《民事诉讼法专论》，中国人民大学出版社 2005 年版，第 305 页。

〔2〕 [日] 伊藤真：《民事诉讼法》，东京有斐阁出版社 2000 年版，第 403 页。转引自江伟主编：《民事诉讼法专论》，中国人民大学出版社 2005 年版，第 305 页。

〔3〕 参见江伟主编：《民事诉讼法专论》，中国人民大学出版社 2005 年版，第 305 页。

〔4〕 参见 [日] 兼子一、竹下守夫：《民事诉讼法》，白绿铉译，法律出版社 1995 年版。

款，在任何诉讼中，法院可以基于促进和解的目的依职权决定命令双方当事人的律师或未由律师代理的当事人到庭举行庭前会议。2007 年美国律协发布修订的《司法行为准则模板》中第 2.6 条（B）规定："法官可以鼓励当事人和他们的律师一起参与纠纷的和解，但不能强迫当事人达成和解。"[1]美国诉讼上的和解有三种形式：一是双方达成和解后，一方撤诉；二是所谓"合意判决"，即双方的和解得到法院以判决形式作出；三是被告对原告可申请基于自己意图的判决。

由于受证据开示制度的影响，美国的和解成功率非常高。在美国，大多数案件在审判（trial）前通过和解解决。[2]学界研究发现，在美国，97% 以上的民事案件在审前程序以和解解决，真正进入事实审理的不到 3%。[3]2017 年，这个比例降低到 0.9%。[4]

但也有学者指出，审判比例的下降，并不意味着和解率的相应上升。据此，有学者提出，我国学界根据美国学者格兰特教授文章得出的 97% 以上的民事案件在审前程序是以和解解决的结论并不准确。事实上，虽然美国正规的需要陪审团审判的案件下降到不足3%，但非正规的审理及裁判明显增多，尤其是即决判决等审前裁判显著增长。一项研究表明，在 1970 年到 2000 年之间，非全面庭审的裁决从 9% 上升到了 23%。由此可见，法官们的重心已经从全面庭审转移到了诉讼的更早阶段。综合美国学者的既有研究，大致可以得出结论，美国联邦法院民事案件的和解率最大值约为 70%，最

---

〔1〕　参见周建华："美国联邦法院附设调解的困境分析"，载《湖北社会科学》2019 年第 2 期。

〔2〕　See Stephen N. Subrin etc. Civil Procedure, *Doc-trine*, *Practice and Context*, 5th edition, Wolters Klu-wer, 2016.

〔3〕　参见江伟主编：《民事诉讼法专论》，中国人民大学出版社 2005 年版，第 301~302 页。范愉：《非诉讼纠纷解决机制研究》，中国人民大学出版社 2000 年版，第 297 页。

〔4〕　Judicial Business 2017, Table C‐4A, http://www. uscourts. gov/sites/default/files/data_ tables/jb_ c4a_ 0930. 2017. pdf. 最后访问日期：2018 年 12 月 26 日。转引自周建华："美国联邦法院附设调解的困境分析"，载《湖北社会科学》2019 年第 2 期。

低值则大约为 50%，而法官在和解上的贡献度是很低的。由此，也就仍然很难将美国的和解率混同于调解率。此外，美国和解法官的角色仅限于劝说，尽管和解法官可以就案件的实质问题表达意见，但是当事人并不受该意见的约束。如果当事人不同意和解，他们可以走向全面庭审。在美国，有调查显示，直接促成了和解达成的，主要是双方律师之间的、无第三者（法官、调解员或仲裁员）介入的直接谈判。[1]英美法院的庭外解决主要是当事人为了规避高昂的诉讼成本，而由双方律师主导的博弈或谈判行为。

4. 我国台湾地区的诉讼上和解

我国台湾地区的法官在诉讼上和解程序中，主要具有以下职能：一是试行和解。法院、受命法官或受托法官不问诉讼程序如何，如果认为有成立和解希望，可以随时试行和解。二是制定和解方案。当事人于试行和解时，如果无法达成合意，但和解意思已经非常接近的，双方当事人经法院许可或命参加和解的第三人可以申请法院、受命法官或受托法官于当事人表明的范围内，制定和解方案。

和解应经当事人同意，尊重当事人意愿。法院、受命法官或受托法官依前述规定提出的和解方案，应送达两方当事人，并限期表示是否接受。如两方当事人于期限内表示接受时，视为已依该方案成立和解，由书记员于 10 日内将和解内容及成立日期以书面通知当事人，以该通知视为和解笔录，而得为执行名义之证明文件。若双方当事人或一方于期限内表示不接受，或未为任何表示，则和解方案失去效力。[2]

（三）诉讼上和解的程序保障

由于法官既是作出判决的主体、又是劝告和解的主体这一制度性安排，诉讼上和解中法官的积极介入也似一把"双刃剑"。因此，

---

〔1〕 参见严仁群："'消失中的审判'？——重新认识美国的诉讼和解与诉讼调解"，载《现代法学》2016 年第 5 期。

〔2〕 参见杨建华原著、郑杰夫增订：《民事诉讼法要论》，北京大学出版社 2013 年版，第 294~298 页。

学者指出，需要对法官在诉讼上和解中的裁量权设定必要的限度，对法官的劝告和解予以程序规制。具体而言，其他国家和地区诉讼上和解的程序保障包括以下几个方面。

1. 受实体法拘束的和解方案

和解方案，基本是以预测的判决为基础，也即受实体法的拘束。首先，劝告和解是法官在国家审判程序中行使职权。其次，法官中立的表现就是要在审判程序中正确适用制定法。最后，市民对国家的司法请求权要求法官依法提示和解方案。

2. 当事人对席的和解劝告

法官能否公正、公平地开示相关信息，是当事人能否形成"自由合意"的关键，在西方各国诉讼上和解中，法官对信息的开示主要采取当事人对席方式。

3. 事实心证的避免

为防止法官因过早介入和解而可能形成事实心证的危险，各国设置了程序上的规制措施，如德国、日本均规定，不得将和解中的陈述作为判决中认定事实的根据。

4. 强制和解的事后救济

下列几种情况被认为是强制和解的典型：一是法官成为当事人的"助言人"；二是法官提示和解方案、进行劝告时没有给当事人陈述的机会；三是法官不向当事人开示心证。此外，采取与当事人单方接触及单独传唤证人的方式也因程序违法而被禁止。对于以上行为，在日本，可以提起再审之诉请求撤销，也可以提起无效确认之诉与异议之诉，还可以申请回避。[1]

二、法院附设调解（court-connected mediation）

（一）美国的法院附设调解

美国的法院附设调解富有特色，是其他欧美多国借鉴的对象。美国的法院附设调解，是指附设在法院的诉讼过程中的调解机制。

---

〔1〕 参见江伟主编：《民事诉讼法专论》，中国人民大学出版社 2005 年版，第 301~309 页。

1976 年著名的 "庞德会议" 后，美国司法部及美国律师协会开始探索替代传统法院解决纠纷的新机制，开启美国现代 ADR 运动和司法改革。[1] 现代 ADR 的适用范围极为广泛，纠纷解决依据也更加灵活，包括主体的社会背景、生活习惯以及未来关系的维系等内容，而不是相关的法律规则。

依据《统一调解法案》（Uniform Mediation Act）第 2 条，调解是指调解员推动当事人之间的沟通和协商，协助其就争议事项达成自愿协议的纠纷解决程序。调解员作为 "独立且中立的介入者"，不具备向当事人强制施加具有约束力裁判的任何权力，他 "帮助两个或更多正在谈判中的当事人，鉴别争议的事实，推动他们对各自形势的深刻了解，基于此理解促成相互认可的和解方案"。[2] 调解员在双方当事人的商谈中起促进双方的讨论作用，即 "促进式调解"（facilitative mediation）；有时会从客观中立的角度评估案件当事人的各自优势和劣势，即 "评估式调解"（evaluative mediation）。调解员一般为法院选取的编制外有志于从事调解的专业人士。法院通常会制定调解员名册，便于对调解员资质的审查和调解活动规范化的标准把控。[3]

1998 年美国《联邦替代性纠纷解决法》（the Federal Alternative Dispute Resolution Act of 1998）中要求美国联邦地区法院推行纠纷解决项目，鼓励法官帮助当事人和解，鼓励当事人利用替代性纠纷解决方式，以减少法院积案，降低当事人诉讼成本和时间耗费。2011 年，全美国 94 个联邦地区法院中的 2/3 以上，63 家法院配备了调

〔1〕 See Stephen N. Subrin, *Teaching Civil Procedure While You Watch It Disintegrate*, 59 BROOK. L. REV. 1993：58-1156. 转引自刘静、陈巍："美国调解制度纵览及启示"，载《前沿》2011 年第 4 期。

〔2〕 James J. Alfini etc, *Mediation Theory and Practice*, LexisNexis, 3rd edition, 2013, p. 2. 转引自周建华："美国联邦法院附设调解的困境分析"，载《湖北社会科学》2019 年第 2 期。

〔3〕 参见周建华："美国联邦法院附设调解的困境分析"，载《湖北社会科学》2019 年第 2 期。

解项目。[1]诉诸法院的案件可以通过多种方式进入替代性纠纷解决轨道，包括调解、仲裁、早期中立评估、小型审判或者简易陪审团审判，促使当事人达成和解协议。若当事人无法通过这些程序达成和解，案件将恢复至诉讼程序。附设法院的调解有自愿的，也有强制的。有些州的程序规则或法院规则授权法院强制当事人参加调解，有些州的制定法要求某些类型的案件必须进入指定的替代性纠纷解决程序，有些州的制定法要求所有存在争议的监护案件必须进行调解，调解成为儿童监护权、探视权纠纷案件的法庭庭前程序。这些调解无法律拘束力，调解的目标是促成诉讼和解。[2]

据学界考察，美国联邦法院附设调解的适用具有差异性。主要包括：

1. 调解程序的启动方式不同

地区法院调解程序启动存在三种方式：一是强制适用。二是必须经当事人同意。三是由法院决定，一般无须当事人同意或基于一方当事人的请求。据 2011 年统计报告，适用调解的 63 个地区法院中，12 家法院采取强制适用，11 家法院必须经当事人同意，46 家法院采取第三种方式，即由法院决定。[3]

2. 调解案件的范围也各有不同

有些法院几乎所有民事案件都进入调解，有些则随意挑选，还有的按照规定标准选择。一旦安排进行调解，当事人或其律师必须参与。调解会尽可能安排在诉讼的早期阶段，通常在案件被登记入册后会很快安排一次调解会议，且大部分的调解会议通过电话进行。调解不会影响诉讼程序的进程。

---

〔1〕　See Donna Stienstra. ADR in the Federal District Courts: An Initial Report. Federal Judicial Center, Nov. 16 2011, https://www.fjc.gov/sites/default/files/2012/ADR2011.pdf. 转引自周建华："美国联邦法院附设调解的困境分析"，载《湖北社会科学》2019 年第 2 期。

〔2〕　参见范愉：《非诉讼纠纷解决机制研究》，中国人民大学出版社 2000 年版，第 390 页。

〔3〕　See Donna Stienstra. ADR in the Federal District Courts: An Initial Report. Federal Judicial Center, Nov. 16 2011, https://www.fjc.gov/sites/default/files/2012/ADR2011.pdf.

3. 调解员的组成

联邦地区法院几乎都会制作本院的调解员名册（也称"中立者名册"），来掌握调解员的管理。据 2011 年统计报告，法院附设调解通常由法院调解员名册中成员承担；仅少数法院可能授权法官担任，或聘请专职人员承担调解等 ADR 任务。联邦上诉法院则倾向直接聘用律师进行调解，有些法院会由高级联邦法官和退休州法官进行调解。

由于受根深蒂固的对抗制诉讼文化传统影响，人们对 ADR 的接受和认同依然需要时间。报告表明，联邦法院系统中的大多数法院虽然会授权一种 ADR 程序的适用，其中以调解为主，但是适用 ADR 的案件依然只是法院案件总量中的小部分，甚至还不到 1/5。[1]

此外，据学者考察，美国法院附设调解也在不断完善中。主要表现在：一是随着调解逐渐被认同，越来越多的律师开始推动调解的适用，法院的调解员名册中大多数成员是律师。律师在调解中作用的增加，是调解发展取得新进展的显著特征之一。二是关于法院与民间调解组织的隔阂逐渐消除。早期，法院附设调解中存在法院和民间调解组织彼此不信任的问题。一方面，法院认为民间调解组织缺乏统一的资质规定，调解员水平参差不齐，于是法院自行制作调解员名册，亲自对调解员进行培训。另一方面，民间调解组织或民间调解员认为法院附设调解费用太低，参与调解的积极性不高。近年来，法院越来越注重与社区调解中心的合作，通过提供资金支持等方式获取后者的调解服务。关于调解员资质问题的解决，在实践中，美国有不少法院和私人调解组织确立了调解员资格认证的详细规则，通常包含：完成培训项目，旁观调解实践，在调解实践中担任共同调解员以及对培训者在调解中的表现进行评估等。三是加强立法，规范调解中的正当程序。美国现代调解的发展经过"试验阶段"和"快速推广阶段"后，于 21 世纪初进入"规范阶段"。在

---

[1] 参见周建华："美国联邦法院附设调解的困境分析"，载《湖北社会科学》2019 年第 2 期。

调解的规范化阶段，美国学者开始反思对于调解的热情，认为应"通过强调责任承担的合理需求而有所缓冲"。法院附设调解已经从"关注于加强公民个人的选择、控制和责任承担"转移至"让公民妥协或认可法院和诉讼的制度实践从而解决纠纷"。实践中，各州调解立法步伐逐渐加快。2002年统一州法全国委员会（NCCUSL）和美国律师协会（ABA）调解部共同合作出台了《统一调解法案》(Uniform Mediation Act)，作为各州调解立法的参照范本。比较美国各州适用调解的情况，通过《统一调解法案》的州通常在调解适用上取得的成功要明显大于未通过该法案的州。[1]

　　此外，在法院附设调解之外，美国存在较为发达的民间调解机构，在诉讼外发挥重要的解决纠纷作用，民间自治程度较高。一是社区调解。20世纪60年代中期以后，美国联邦政府资助了"邻里正义中心"，调解被广泛应用于解决社区纠纷。"邻里正义中心"成为当地政府、法院和律师协会建立非诉讼纠纷解决机制的有机组成部分。二是商业调解。其是向商业领域的纠纷当事人提供专业化的调解服务并收取费用的调解形式。美国有很多专业化的调解公司提供收费的纠纷调解服务。这些公司拥有专业程度很高、经验丰富的调解人，是专业调解的行家里手，擅于采取各种措施促使纠纷双方达成一致，高水平地解决商业纠纷，受到社会欢迎。美国目前有数百家私人开设的调解公司，此外，还有很多私人执业的独立调解人。独立调解人处理的大都是专业性较强的法律事务，这些案件在社区调解中心很难获得高质量的服务。三是公司、协会和专业团体资助设立的调解组织。[2]

　　可见，美国法院附设调解不仅富有特色，而且较为完善，一是由法可依，有统一、完备的调解法律规范，保证调解的正当程序，合理可控。二是法院与附设调解组织二者间角色定位清晰、合作顺畅。三是调解主体多样化、专业化，且由法院控制调解员名册，便

---

〔1〕　参见周建华："美国联邦法院附设调解的困境分析"，载《湖北社会科学》2019年第2期。

〔2〕　参见刘静、陈巍："美国调解制度纵览及启示"，载《前沿》2011年第4期。

于监督。但其也存在一些问题，例如，调解案件范围比较随意，可能带来法院附设调解的扩大适用。

（二）英国的法院附设调解制度

20 世纪末期，英国针对其民事司法中存在的程序缓慢、拖延，诉讼效率低、耗费大，案件不能及时获得裁判等问题，进行了一系列的改革。1998 年经修改颁布了新《民事诉讼规则》，之后又采取了一系列改革措施。新《民事诉讼规则》的重要变化之一就是鼓励人们采用 ADR 方式解决纠纷，促进当事人和解。规定对可以调解的诉讼案件，法官有权裁定中止诉讼，令当事人调解。法官不充当调解人，当事人申请或法官决定中止诉讼程序令当事人调解的，案件交由社会调解机构进行。调解过程中若一方当事人拒绝调解或无理由退出，法官可裁判其负担某些诉讼费用，作为惩罚。[1]

（三）德国的调解制度

2000 年 1 月 1 日，《德国民事诉讼法施行法》（EGZPO）第 15a 条生效，授权各州法院可以规定对下列案件当事人起诉前必须先向州司法管理机构或者其认可的调解机构申请调解：当事人之间财产争议低于 1500 马克的案件，不涉及经营活动的领地争议案件和没有经过媒体、广播报道的个人名誉损害案件。调解员由律师、公证人、退休法官及其他非法律专业人士担任。调解为有偿服务，由当事人交纳费用。经调解达成和解协议的，和解协议具有法律约束力，当事人可以按照《德国民事诉讼法》第 794 条的规定申请法院强制执行。[2]但该规定仅仅提供了一个模式，不要求德国各州必须规定强制调解。

（四）日本的民事调停制度

日本的民事调停制度，是指当事人在产生有关民事纠纷后，向法院提出调停申请，由调停委员会对民事纠纷进行调停的行为，属

---

〔1〕 参见齐树洁主编：《民事司法改革研究》，厦门大学出版社 2004 年版，第 418 页、第 419 页、第 431 页。

〔2〕 参见章武生、张大海："论德国的起诉前强制调解制度"，载《法商研究》2004 年第 6 期。

于法院附设的替代性纠纷解决方式。

依据《日本民事调停法》的规定，由设在法院的调停委员会或者调停法官调停那些当事人的权利义务具有可处分权性的纠纷。调停主体上一般为法院的调停委员会，但是法院认为适当时，法官也可以单独进行调停。调停委员会由1名调停主任和2名以上的调停委员组成，调停主任由地方法院在法官中指定，调停委员是法院中的非正式公务员。此外，修订后的《日本民事调停法》第一章第二节规定，民事调停委员由日本最高法院从任职5年以上的律师中任命，民事调停委员接受法院的指令处理调停案件。

调停的提出原则上由当事人向有管辖权的简易法院提出申请，或由当事人向他们共同协议的地方法院或者简易法院提出申请，或者受诉法院认为适宜时，可以依职权将当事人起诉的案件交付调停委员会调停。与我国的调解一样，日本的民事调停，不强调严格依照实体法规范。此外，调停在事实调查方面，实行职权探知主义。调停委员可以提出调停方案供当事人协商，而且可以说服当事人接受其方案。经调停当事人双方达成合意的，记载在调停笔录上则调停成立。该笔录同审判上和解具有同等法律效力。调停不成立的，案件进入诉讼程序。但法院在不违反双方所申请的旨意限度内，听取调停委员会意见，并权衡案件，可以依职权作出解决案件的必要的决定。如果当事人没有在接到该决定通知后的法定时间内提出异议，该决定就具有同审判上和解的同等效力。[1]

（五）我国台湾地区的法院调解

与我国大陆的法院调解不同，我国台湾地区各级法院设有调解委员会，聘任地方上有威望、社会经验丰富的公正、贤达、专业人士担任调解员，协助各级地方法院办理调解业务。这种调解与日本的法院调解属同一种类。我国台湾地区2007年3月修订的"民事诉讼法"规定，当事人向法院申请调解的，由简易庭法官主持，由选任

---

〔1〕 参见〔日〕小岛武司、伊腾真编：《诉讼外纠纷解决法》，丁婕译，中国政法大学出版社2005年版，第3页。

的调解员 1-3 人调解，或者根据具体情形由法官调解。若调解成立，调解协议与诉讼和解具有同一效力。若调解不成立，则根据具体情况，案件进入诉讼程序。调解分为强制调解和任意调解两种，适用于不同性质的案件。[1]

三、比较与思考

（一）诉讼上和解与法院附设调解受重视的背景

综上可见，无论大陆法系还是英美法系国家和地区，近年来对诉讼上和解均持较为积极的态度。其实，法官转变态度促进和解也只是近几十年的事。究其原因，主要是对其"判决中心型"审判制度的理性反思。其他国家和地区发达的形式主义与理性主义的"判决中心型"审判制度，自身不可避免地呈现出某些缺陷，主要包括：诉讼案件不断增长，法院积案增加；对抗制的诉讼方式司法程序漫长，诉讼程序的延迟；诉讼费用高涨，当事人诉讼负担加重。在此背景下，由于法官参与诉讼上的和解，具有与判决相类似的纠纷解决功能，此外，还具有降低诉讼费用、更富有弹性、有助于修复受损的关系等独特功能，因此受到重视。

我国转型时期法院面临诉讼案件增加以及案件日趋复杂的问题，这一方面与其他国家和地区重视诉讼上和解与调解的背景相同。但是，也仅这一点背景相同，在其他方面均有所不同：一是我国民事诉讼法制度与程序尚不发达。我国的民事审判方式改革在 30 年前刚刚开始，虽然取得了一些成绩，但是至今为止，西方国家发达的形式主义与理性主义的"判决中心型"审判制度尚未形成。二是我国民事审判程序相对来说比较简单，整体上来说，诉讼周期比较短，诉讼拖延与积案问题也并不严重。三是我国由于并未实行律师强制代理，因此，相比之下，诉讼成本相对较低。四是我国法院调解具有浓厚的历史渊源，历来受到重视。

以上区别决定了我国对待法院调解的态度上不能再追随潮流而

---

〔1〕参见杨建华原著、郑杰夫增订：《民事诉讼法要论》，北京大学出版社 2013年版，第 294~298 页。

过于追求和强调，而是应当从本国实际出发，在保持法院调解现有优势的同时，注意平衡法院调解与判决的关系。更为重要的是，针对我国法院调解存在的问题，要借鉴其他国家和地区的相关合理制度经验，对我国法院调解制度进行改革，使其扬长避短、升级换代，发挥其应有作用。

（二）诉讼上和解与我国法院调解制度的比较分析

其他国家和地区的诉讼上和解制度，是在立案后诉讼过程中发生的，亦均在法院主导下而为之，这些与我国法院调解相同，故可以与我国诉讼调解制度进行比较分析。

1. 诉讼上和解所具有的共同特点

由上可见，不同国家和地区对诉讼上的和解性质认识不同。但是，均把诉讼上的和解视为当事人在诉讼程序中合意解决纠纷的行为，即是在诉讼程序中，当事人对自己实体权利和诉讼权利的处分。此外，诉讼上和解尽管以体现双方当事人合意的形式结案，但作为诉讼程序的一环，其合意的形成是以与诉讼若即若离的形式在法官的参与下进行为特征，和解协议的达成与法官的促进作用分不开。

此外，纵观上述诉讼上和解制度，还具有如下共同点。

（1）法官的主要作用是正确、公正地开示相关信息。诉讼和解中，法官的作用主要在于为当事人提供沟通的契机，正确、公正地开示有关预测判决的信息。法官的作用虽然不可或缺，但并不发挥主导作用。尤其是美国的诉讼上和解主要由双方律师主导谈判，法官发挥的作用有限。近年来，法官介入和解，从传统的较为消极，到近年来较为积极，但这种积极也是在有限的范围内。虽然法官介入程度有所不同，但都局限于劝导，且以尊重当事人自愿为前提。

（2）法官提供和解方案，以法官的心证开示为基础。例如，德国和日本均规定了法官提供和解方案时，公开心证过程，要求其提供最接近判决结果的方案。此外，我国台湾地区规定，在当事人申请下法院提供的和解方案，必须双方明确表示接受方为成立。

（3）法官劝告和解须遵守程序规则。即对法官和解均予以程序上的规制，以保障程序正义，例如，要求法官证据开示以及对席调解等。

（4）和解的结果意味着纠纷的解决和诉讼的终结，和解协议产生诉讼终止和既判力的效果。

可见，其他国家和地区诉讼上的和解，与我国诉讼上的和解是两个不同的概念，虽与我国的法院调解近似，但又存在明显不同。

2. 我国法院调解与诉讼上和解间的相似之处

通过比较可见，我国法院调解与诉讼上和解间的相似之处主要表现在以下方面：

（1）本质上都是通过当事人合意解决纠纷，均有当事人处分的私法性质。只不过其他国家和地区将这种当事人处分的私法性质作为诉讼上和解的本质特征。而我国过去偏重于将法院调解的性质视为诉讼行为，近年来，其当事人处分的性质予以逐渐认可，并认为二种性质兼具。

（2）法院调解与诉讼上和解协议的达成都是法院诉讼行为与当事人诉讼行为相互作用的结果，即同时又兼具审判行为的公法性质。只不过强调的侧重点有所不同。

（3）法院调解与诉讼上的和解过程，都有法官与当事人参加，法官在其中发挥重要作用。只不过我国法官在调解中历来发挥较为强势的主导作用，其他国家和地区法官历史上对诉讼上和解均持消极态度，近年来转为相对积极，但发挥的作用有限。

（4）法院调解与诉讼上的和解达成协议成立后，均与确定判决效力相同。[1]

3. 我国法院调解与诉讼上和解之间的区别

我国法院调解与其他国家和地区诉讼上和解二者在运行效果上有相当大的差异，概括地讲，其他国家和地区诉讼上和解虽有法院的参与，却由当事人主导。虽然法院也会对和解抱积极态度，但参与有限，并不改变当事人主导的性质。而我国法院调解，是在法院

---

〔1〕 参见江伟主编：《民事诉讼法专论》，中国人民大学出版社 2005 年版，第 288 页。

主导下进行的，法官对调解抱有非常积极的态度，并会想方设法促成调解协议的达成。这种对调解的追求，也是导致长期以来，我国法院调解中强迫调解问题严重的一个原因。

具体来说，以我国法院调解与德国诉讼上和解为例。虽然德国法官在诉讼上和解中扮演相当重要的角色，可谓是"法官主导型"，这与我国法官调解在形式上十分相似，但我国法官调解的设计与德国裁判法官促成和解的程序存在实质差异。

（1）德国的试行和解辩论属于言词辩论的一部分，必须公开进行。德国的劝告和解以法官的心证开示为基础，在诉讼和解中法官心证开示成为重要，甚至是当然的前提。而我国法官调解，并不要求法官公开心证。

（2）德国法官劝告和解通常是在当事人对席时进行的，法官应当命令各方当事人亲自出席和解辩论，并可对不出席的当事人处以违警罚款，且应当在双方当事人均不出席时命令程序休止。而我国虽然强调各方当事人在调解时应当同时在场，但更注重当事人的自愿，只离婚案件要求无特殊情况必须本人到场参加调解，亦未设定强迫当事人出庭的措施，

（3）德国法官在和解辩论中可动用一切积极主动的调停技术，但也不得与当事人进行个别谈话，不得超出正当限度追求争议的消解。而我国审理法官的调解活动大大超出了庭审活动的范畴，允许法官采取"背靠背"等灵活方式在调解中更为积极地介入。

从以上区别可见，德国法官劝告和解具有明显的程序规范性保障。而我国法官调解脱离审判活动范畴，偏离程序公开、法定听审等基本程序要求。

4. 诉讼上和解借鉴

通过以上对诉讼上和解与我国调解制度的比较分析，笔者认为，诉讼上和解中有以下几点做法值得借鉴。

（1）坚守调解自愿原则。如前所述，德国、日本、美国对促进和解的态度上，虽然近年来由消极转为积极，但均坚守当事人自愿的底线。因为调解本质上是当事人处分行为，法院虽可以促进达成

调解协议为目的，但是否接受调解，是否达成调解协议以及是否接受法官提出的调解协议，均应尊重当事人自愿。我国历来重视调解，强迫调解问题突出，因此，虽然在当前形势下仍应重视调解，先行调解、诉前调解等法院职权启动调解的现象普遍，但仍应注重坚守当事人自愿这一底线。

（2）法官调解方案应在心证开示的基础上提出。如前所述，德国、日本等国家均规定法官提供和解方案时，公开心证过程，并提供最接近判决的结果。此种做法利于保证调解的实质公正，也有利于促进和解达成，美国和解率高的原因之一就是受心证开示的影响。

（3）调解应以当事人对席为原则。如前所述，德国法官劝告和解通常采用双方当事人对席的方式，日本近年来也改变以往交替面谈方式进行劝告和解的做法。而我国"背对背"调解方式备受诟病。经验证明，采用对席方式利于避免"背对背"方式易产生的合意诱导、当事人信息不对称等问题，保障程序公正。

（三）对于法院附设调解制度的比较思考

其他国家和地区法院附设调解，是将当事人诉诸法院的案件根据需要或可能，借助调解组织的力量帮助他们达成和解协议，以诉讼和解方式结束诉讼。其他国家和地区法院附设调解，对于我国先行调解制度模式，以及法院调解社会化改革，即委托调解与特邀调解制度的建立与完善，具有启示意义。从最高人民法院司法解释中有关委托调解、协助调解、特邀调解的规定，以及地方法院在实践中创造的诉前调解等，可以看到对欧美国家法院附设调解和日本法院诉前调解的借鉴。当前我国进行的法院调解社会化改革，主要借鉴美国法院附设调解制度。

经过比较分析，笔者认为，其他国家和地区法院附设调解制度中以下几点做法值得借鉴。

1. 调解主体上，诉前调解不宜由法官担任

其他国家和地区法院附设调解中，调解通常不是案件审判法官的诉讼行为，他们认为中立的审判法官不应当为调解行为。例如，美国法院附设调解通常由法院调解员名册中成员承担，德国的调解

员由律师、公证人、退休法官及其他非法律专业人士担任。我国的诉前先行调解，可以借鉴这一做法。实践中，许多法院诉前调解特邀人民调解员、律师以及其他专业人士进行调解，法官主要负责指导，就是借鉴了这一做法。

2. 法院建立专门调解员名册

例如，美国联邦地区法院几乎都会制作本院的调解员名册（也称"中立者名册"），来掌握调解员的管理，而不是向民间 ADR 组织直接寻求帮助。我国随着特邀调解制度的发展，司法解释发布要求，以及实践中已开始建立特邀调解组织和调解人名册制度，值得肯定。

3. 发挥律师在法院附设调解中的作用

例如，美国联邦上诉法院倾向于直接聘用律师进行调解。在我国，特邀调解员主要是人民调解员，律师在法院调解中的作用于司法解释中虽已有所体现，但在实践中尚未发挥出来，仅有少数地方法院特邀律师能诉前调解。

4. 建立调解员教育与培训体系

与传统调解不同，现代调解应当是专业化、职业化的，调解技能的培养需要系统训练。在我国，调解知识与技能未被纳入法官和律师等法律职业群体的专业知识体系培养计划中，调解技能的发展更多靠实务经验的积累。当前，美国调解法学教育体系初具规模，为实务提供了大量专业的、高素质的调解人员，而我国的调解法学教育体系还处于萌芽前阶段，调解员素质较低。

5. 消解法院和人民调解组织合作间存在的症结

可以借鉴美国解决法院和民间组织间症结的做法，解决我国委托调解中在法院和人民调解组织间存在的要么不合作，要么法院的主导性过强，忽视人民调解的独立性和社会性的问题。包括：扩大特邀调解员队伍，设立专职调解员；建立人民调解员调解的长效激励机制；对于入选人员，联合调解组织开展培训；通过立法修改完善特邀调解的操作，重塑法院和特邀调解员的关系，保障调解员的相对独立调解。

6. 进一步完善相关调解立法

如前所述，当前美国对于调解正在加大立法规范化。实践证明，调解规范化取得了较好的效果。我国的民事调解立法也存在诸多亟待完善之处。例如，特邀调解自2004年最高人民法院《关于人民法院民事调解工作若干问题的规定》（以下简称《调解规定》）开创，到2016年最高人民法院《特邀调解规定》的系统规范，依然停留在司法解释层面，而未上升至立法层面。对于实践中法官在特邀调解中的主控和调解员的独立性欠缺局面，立法的缺失是一个重要原因。[1]

---

〔1〕 参见周建华："美国联邦法院附设调解的困境分析"，载《湖北社会科学》2019年第2期。

第四章　法院调解政策、价值理念与原则

一、法院调解政策

通过追溯法院调解的历史可以发现，我国法院调解的政策，对于法院调解制度的实施、民事审判模式以及法院判决与调解的关系等，均产生着深刻的影响。由于各个历史时期民事司法政策的调整，法院调解经历了形成发展、弱化，复兴的"U"型发展过程。其在与判决的关系上，经历了从"调解为主"到"着重调解"，再到以自愿、合法为调解原则的"该调则调，当判则判"，以及近年来的"调解优先、调判结合"四个发展阶段。

（一）当前法院调解政策

不同时期，法院调解政策不同。当前法院调解政策为"调解优先，调判结合"，这一司法政策引领了法院调解的复兴。2002年最高人民法院出台《关于审理涉及人民调解协议的民事案件的若干规定》的司法解释，开始对我国民事纠纷解决机制进行调整。2010年6月7日，最高人民法院出台了《关于进一步贯彻"调解优先、调判结合"工作原则的若干意见》，调整并确立了"调解优先，调判结合"的司法政策。与之相适应，《民诉解释》对径行调解、法院调解原则、调解过程不公开及保密原则等进行了补充规定。其中，该解释第142条规定了立案后可以径行调解，即"人民法院受理案件后，经审查，认为法律关系明确、事实清楚，在征得当事人双方同意后，可以径行调解"。在以上法院调解司法解释引导下，实践中，各级法院高度重视运用调解手段化解矛盾纠纷，坚持"调解优

先、调判结合"原则，全面推进民商事案件调解工作，并不断创新调解方式，加强审判工作与人民调解、行政调解、仲裁等方式的衔接，合力化解矛盾纠纷，法院调解结案率迅速回升。[1]

(二) 当前法院"调解优先"司法政策存在的问题

应当看到，在"调解优先"司法政策下，法院调撤率明显提高，快速解决了一些纠纷，缓解了法院的诉讼压力。但另一方面，司法实践表明，"调解优先"司法政策也造成了调解与判决间关系失衡的问题。它一定程度上改变了审判方式以来所致力达到的"审判型"民事审判方式，使我国民事审判方式重新回到"调解型"审判模式。具体来说，当前法院"调解优先"司法政策存在以下问题。

1. 法院调解过度使用，调解与判决间关系失衡

"调解优先"司法政策下，一些法院过度使用法院调解，使调解与判决间关系失衡，这是当前法院调解存在的最主要问题。

在我国，法官对调解存在固有的偏好。在如前所述法院调解复兴各种因素的作用下，尤其是在当前优先调解的司法政策引导下，法官调解偏好得以顺势复燃。此外，现实压力也促成法院对调解的过度使用。一些地方法院面对不断增长的"案多人少"的压力，采取大幅扩大调解的使用范围与力度的办法，将调解看作是比判决更有优势、社会效果更好的结案方式，调解率也被认为是案件质量考核、衡量法官和法院工作的指标。法官投入更多的时间、精力，选择调解的方式来处理案件。由此，法院调解过度使用，严重挤占判决的空间，调判结合中的判决被弱化。这是当前法院调解存在的一个突出问题。

如前所述，近年来，各级法院经调解结案的民事案件不断上升，自2005年开始，全国法院民商事案件的一审调解率稳步上升，2007年达到57.2%，2011年最高上升到67.3%，之后虽略有回调，但2014年仍达到了57.04%。[2]在实践中，甚至一度出现了类似"零

---

[1] 参见2009年最高人民法院工作报告。
[2] 数据来源于2006年、2008年、2012年、2015年最高人民法院工作报告。

判决"的极端现象。由于实践中强迫调解等问题严重，法院对于调撤率的考核指标有所调整，近年来调解率有所下降。2018 年各级法院审结一审民事案件 901.7 万件，以调解方式结案 313.5 万件，调解率下降至 34.8%。[1] 2019 年审结一审民事案件 939.3 万件，其中，仅基层法院人民法庭调解审结案件即为 473.1 万件，其调解结案数量占全部一审结案数的 50.4%。[2]

可见，法院调解的过度使用，导致调解与判决间的关系失衡，而"该调则调，当判则判"的实际意义则大打折扣，案件的审理又自然回到了"着重调解"的时代。这使得诉讼调解在法律上的实效性和规范性问题居于次要地位，而所达到的社会效果则成为主要追求。这必然影响到法律所规定的诉讼调解所应遵循的基本原则的实施，在很大程度上偏离了诉讼调解的正确定位和运行轨道。

2. 强化调解态势的直接后果

一是法律规定被进一步"软化"和"虚无"，导致人们法律虚无主义意识的扩展和蔓延。调解技术的强调也就成了如何将"强制"转化为"自愿"的技术和艺术。诉讼调解本身具有模糊证据的作用，诉讼调解可以柔化法律规则化和形式化所带来的一些弊端，但这种作用依然只是次要的和补充性的，强化调解并将其上升为主导方式是其主要问题所在。

二是强化调解也将影响裁判水平的提高。由于可以通过调解将事实认定和法律适用的问题模糊化，因此也就导致法官无需在诉讼中努力地查明事实，追究事实的真相，在法律适用方面也不需要探究法律规定的精神、法律适用的最佳状态和法律适用的科学性。[3]

如前所述，通过追溯法院调解的历史发展，可以发现，不同时期的司法政策，直接决定法院调解制度的兴衰。在调解与判决的关

---

〔1〕　数据来源于 2019 年最高人民法院工作报告。
〔2〕　数据来源于 2020 年最高人民法院工作报告。
〔3〕　参见张卫平："诉讼调解：时下势态的分析与思考"，载《法学》2007 年第 5 期。

系上，二者的发展态势呈现出相反的方向。当法院调解成为一种主要审判方式时，判决就呈现出弱势。而当强调"该调则调，当判则判"时，审判程序、审判制度等方面就得到重视与完善，判决成为主要的审判方式就得以发展。当前，法院调解过度，包括实践中各级法院大力推行的诉前调解，极大地减少了法院判决的适用，弱化了法院判决的作用，因此，如何平衡法院判决与调解间的关系，是法院调解制度改革的一个关键。

（三）调整"调解优先"，回归"该调则调，当判则判"的调解政策

如前所述，当前法院调解存在的最大问题就是调解过度使用。在优先调解的司法政策引导下，中国法官本固有的调解偏好，加之解决"案多人少"的现实需要，以及回避司法责任、社会矛盾等功利需要，还有调撤率考核指标的助燃，各地法院已将调解看作是比判决更有优势的结案方式，严重挤占判决的空间，"调判结合"中的判决被严重弱化。因此，必须以程序正义理性态度对待诉讼调解，适当调整"调解优先"司法政策，平衡判决与调解的关系，重回"该调则调，当判则判"，使诉讼调解回归应有的定位。

1. "调解优先"与法院的基本定位相悖

要回归诉讼调解的应有定位，必须首先坚持法院在民事诉讼中的基本定位，即中立、消极地进行事实认定和裁判，这是法院作为司法机关的基本定位和应有的性质。如前所述，审判具有中立性、被动性，这是审判活动区别于行政活动和立法活动的一项重要标志，即"被动的司法权"。这种中立性、消极性，不仅体现在司法权的启动上，也体现在司法权的行使方式上，法院作为处置个案解决纠纷的司法机关，其基本姿态应是被动性的，这是司法规律的要求，不能违背。

法官中立性源于"自然正义"的程序公正标准，也是正当程序的基础性原则。它要求裁判者应当在发生争端的各方参与者之间保持一种超然和无偏袒的态度和地位，而不得对任何一方存在偏见和歧视。美国学者戈尔丁认为，自然公正实际包含以下九项内容：第

一，与自身有关的人不应该是法官。第二，结果不应包含纠纷解决者个人的利益。第三，纠纷解决者不应有支持或反对某一方的偏见。第四，对各方当事人的意见均应给予公平的关注。第五，纠纷解决者应听取双方的论据和证据。第六，纠纷解决者应只在另一方在场的情况下听取一方意见。第七，各方当事人都应得到公平机会来对另一方提出的论据和证据作出反应。第八，解决的诸项条件应以理性推演为依据。第九，推理应论及所提出的所有论据和证据。[1]可见，自然公正所包含的九项内容中，前七项均涉及法官中立性。当今一般认为，法官中立原则的具体要求如下：一是与案件有牵连的人不得成为该案的裁判官；二是法官不得与案件结果或争议各方有任何利益上或其他方面的关系；三是裁判者不应存有支持或反对某一方参与者的偏见。而调解优先促使法官热衷于调解，当当事人不愿意调解，或者不配合法官调解，以及不接受法官提出的调解意见时，法官自然会因对其追求目标的影响而对当事人产生看法，严格说起来就是喜恶偏见。因此，调解优先的政策首先是使法官失去了其消极、中立的立场，违背了程序正义的基本要求。

当前民事司法政策强调能动司法。一方面，能动司法具有积极意义。应当说，社会的法治需求，无论是就经济发展还是社会稳定而言，都需要法院进一步发挥功能上的能动作用。但是另一方面，能动司法应当在必要的限度内。法院的活动是司法活动，应当注意遵循司法的规律。中立、消极是司法的共同规律，是我们所公认的，是任何诉讼法和理性的法治实践都需要遵循的。法院能动司法应当是有所为，有所不为。正如有学者指出的，法院在司法的功能上，可以发挥更主动的作用，但在司法的方式上，应当保持中立、消极的姿态，但目前的现实正相反。近年来法院在司法功能上，意识到自己能力和权威的有限性，在司法权的范围上，比较注意采取"克制主义"态度，消极被动限缩。例如，各地法院在对涉及群体性纠

---

〔1〕　参见［美］戈尔丁：《法律哲学》，齐海滨译，三联书店1987年版，第240~241页。转引自陈瑞华：《刑事审判原理论》，北京大学出版社1997年版，第56页。

纷案件的受理上，都十分谨慎，在一定时期内，使大部分甚至绝大部分可诉争议不进入司法范围。但是在司法方式上，马锡五审判方式的提倡以及"诉源治理"等积极配合"大调解"等工作的推进，则显示出较强的能动主义倾向。[1]

可见，调解优先与法院的中立地位存在冲突。在调解优先的司法政策下，法官对于调解的追求，本质上使法官在案件中产生个人利益，从而与纠纷案件的解决存在利害关系，这就使法官在某种程度上丧失了中立性。

2. "调解优先"与法院应以判决为主要解决纠纷手段的要求相悖

众所周知，法院是裁判机关，它存在的意义本来是裁判纠纷，因此，法院解决纠纷的主要手段应当是依法裁判。

调解与判决是两种性质不同的纠纷解决机制。如前所述，审判所具有的独特构成要素和特点决定了其是公正解决民事纠纷的典型方式，也是法院的主要裁判方式。判决所要求审判必须做到的法官中立、当事人及其他诉讼人的有效参加、公开开庭审理以及当事人举证、质证，进行法庭调查和法庭辩论活动等必须严格依法定程序进行，判决严格依实体法规定作出等，可以最大限度地满足法院查清事实、准确适用法律的要求，为当事人提供全面的程序保障，在实现程序正义的同时，实现实体正义，使纠纷得到公正解决。此外，判决具有的示范和引领作用，以及判决促进立法完善推进法治进步等功能，都是调解所不具备的。例如，"彭宇案"在二审中，双方戏剧性地达成了和解协议，以上诉人同意赔偿，被上诉人减少赔偿请求数额并撤诉结束了本案诉讼。可以想象，一个双方争议激烈分歧巨大，事实非黑即白的案件，在经历一审法官的努力没有达成调解，双方均提起上诉，二审在并无其他因素出现的情况下，双方自行达成和解的可能性极小，二审法官在其间应当是进行了大量调解

---

[1] 参见龙宗智："关于'大调解'和'能动司法'的思考"，载《政法论坛》2010年第4期。

工作的。从诉讼结果上看，和解撤诉，对法院来说，是一个圆满的结局，但对于本案，社会更期待的是一个真相，期待法院通过判决还原一个事实，并作出是非分明的裁判，对类似案件作出示范与引领。对此，《南方周末》该篇专题报道指出："对于这个本来就没有赢家的官司，和解，也许是个皆大欢喜的结局，尽管，唯一不能和解的是真相。"正如学者指出的，"彭宇案"演变为复杂多元的社会案件。对于案件的社会性，我们习惯于用过去的政策解决方式处理。在我国，诉讼调解更多是作为一种特定社会转型时期中的政策处理方式，以模糊转型中的矛盾，实际上是一种具有很强政策性的普遍措施。运用调解所特有的折中方式的确有助于模糊矛盾，例如，法律规范缺失，法律法规、政策相互冲突等，但从长远来看，这种普遍政策化运用调解将不利于法治社会的形成。在这个意义上，坚持通过透明、公开的程序审理，按照法律规范和法律技术要求处理"彭宇案"才是一种更好的选择。用法律方法解决、应对和回应社会问题，这也是法治社会的一个特点。〔1〕

法治的基本条件，就是有一个强有力的裁判机构。如果脱离了裁判，法院必然会丧失权威性。正如张卫平教授指出的，只有司法过程和司法裁判才是我们最好的"老师"，没有或弱化了这一功能，也就谈不上真正的、充分的法治，以及法治的实现。法院存在的主要价值是裁判，依据事实和法律进行裁判，通过裁判赋予形式法律生命。调解虽有助于化解纠纷，但无法达到司法的这一功能。就法院的本性而言，法院当然不是、也不应当是国家的调解机构。〔2〕调解优先，弱化法院判决的作用，必然损害审判权威和司法公信力。

有学者指出，调解充其量只能算作是法院的照管司法活动，其不应侵蚀法院的核心任务——审判。德国学者施蒂尔纳（Stürner）教授指出，"要警惕广泛且归根到底毫无秩序的调解程序将现代民

---

〔1〕 参见张卫平："司法公正的法律技术与政策——对'彭宇案'的程序法思考"，载《法学》2008年第8期。

〔2〕 参见张卫平："诉讼调解：时下势态的分析与思考"，载《法学》2007年第5期。

事诉讼的成果破坏殆尽"。[1]唯有审判才能维护与实现个体权利并创设实体正义。大陆法系和英美法系国家的一个共识是：和解或调解在各国绝非质量堪忧的审判程序的替代方式。高和解率或调解率依赖于高质量的判例积淀，反映了当事人对可能的诉讼结果存在基本的预期。在此意义上，我国民事司法改革的重点在于构建起公平、高效与集中的审理程序。因此，适当调整"调解优先"的政策，回归"该调则调，当判则判"的理性司法政策和司法状态更加符合我国处于"建立法治"阶段的诉讼状况，更有利于弥补我国当前程序正义保障欠缺的实际需求。[2]

3. "调解优先"与法院重视判决的法治要求相悖

正如学者指出的，应当充分注意我国社会转型的法治需求，通过解决纠纷的司法活动建立规则，促进法治。从而清醒地认识到，我国与发达国家面临着不同的法治任务不能盲目随波逐流。当前，我们正处于传统社会向现代社会转型的过程，没有规则需要建立规则。对构建和谐社会，实现国家长治久安而言，强化社会法治意识，建立依法运作的社会机制，是防止和解决纠纷的最有效手段。而建立防范纠纷发生和解决纠纷的长效机制，就是建立法治。应当注意司法程序的正当性，维系和发展这些年司法改革的成果。在纠纷解决中，调解虽有诸多积极意义，但如果过分强调调解或者对调解适用不当，将可能导致负面的效果，例如，弱化诸项程序规则，妨碍程序公正，影响诉讼效率等。[3]

我国的审判方式，固有"调解型审判"的弊端。从法院调解制度的历史发展上也可以看出，不仅古代官府调解入法演变为法院调解的长期历史影响深远，而且近代自根据地时期延续下来的"调解

──────────

〔1〕 [德] 罗尔夫·施蒂尔纳："当事人主导与法官权限——辩论主义与效率冲突中的诉讼指标与实质阐明"，周翠译，载《清华法学》2011年第2期。

〔2〕 参见周翠："调解与审判的关系：反思与重述"，载《比较法研究》2014年第1期。

〔3〕 参见龙宗智："关于'大调解'和'能动司法'的思考"，载《政法论坛》2010年第4期。

为主""着重调解"民事司法政策，上升为民事立法，长达 40 余年，持续塑造了我国调解型审判方式，判决一直居于弱势的补充地位，也伴随着强制调解、和稀泥等顽疾长期存在。直到改革开放进入社会转型时期，强调法治建设，民事审判方式改革，强调规则之治。反思以往重调解轻判决的错误，确定了"当调则调、当判则判"的民事司法政策。1991 年《民事诉讼法》规定法院调解必须坚持"自愿合法原则"，就是作为修正和克服"着重调解"原则而产生的。在坚持自愿合法原则调解的要求下，实践中强制调解以及以判压调、和稀泥等不正当调解现象有所减轻，调解率有所下降，判决的地位受到重视，法院的裁判者形象和权威有所树立，法官的专业素质得以提升。这些成果来之不易。

可见，必须清醒地看到，我国与发达国家面临着不同的法治任务。我们正处于传统社会向现代社会转型的过程，没有规则需要建立规则。民事诉讼体制转型，强调的是民事诉讼体制应当树立当事人主导的观念，与此相应不断弱化法院的职权干预，这无疑是一条正确的改革方向和思路。应当看到，几十年来的民事审判方式改革虽然步履艰难，但是也取得了一些可喜的成果，尤其是在程序正义方面，例如，初步树立了程序正义的理念，确立了一些程序正义的规则，对我国司法长期存在的"重实体、轻程序"弊病带来了冲击和改变。民事审判方式更趋理性。至于转型时期法院面临空前案多人少、矛盾复杂的压力，以及改革遇到阻力，法院司法裁判质量有待提升，其应有的公信力不足等问题，也是预料之中的事情。其实，即使不进行民事司法改革，这些问题也会存在，因为这些问题本来就有。所以现在依然存在，或者突出存在这样那样的问题，导致上访增加等，并不是改革本身有错误，而是需要如何进一步深化和推进的问题，不能以此否定民事审判方式改革，而是需要进一步深化民事审判方式改革。

而仅仅十余年的时间，司法机关因为遇到以上困难，便调整了司法政策和改革的方向，重新确立了"调解优先"的司法政策。"调解优先"司法政策比"着重调解"司法政策在对调解的强调上走得更远，实践中大量显性或者隐性强制调解现象的产生，以及大量调解协议进入强制执行程序便是例证。可见，所谓"调解优先"，实际上是法院为了摆脱压力和困境，出于效率和功利的考量所提出的政策，是法院期望利用其对调解事实上享有的主导权和超强控制力单方面推行的政策，是对"当调则调，当判则判"司法政策的颠覆。

4."调解优先"加剧强制调解、和稀泥等法院调解顽疾

判决的弱化导致法律的预测功能进一步降低，法官的权威不能很好树立，冲击司法权威，中国民众中本来就相对脆弱的法律信仰也就不可避免地再遭毁灭性打击。而这反过来却可能诱使法院进一步选择诉讼调解，使强调调解、和稀泥等法院调解弊端加剧。

有学者指出，"调解优先"在"着重调解"原则基础上进一步走向极端，从而导致大量显性或者隐性强制调解现象的产生，明显是对历史经验的颠覆。如果没有调解优先、调解指标等错误机制的干扰、司法实务中严格贯彻"自愿合法"调解原则，强制调解的现象就会大量减少。[1]在优先调解，调撤率考核指标的司法政策引导下，"事实清楚、分清是非"原则也必然受到冷落，呈现边缘化倾向。一些法官在基本事实未查清的情况下就进行调解，"和稀泥""各打五十大板"，调解数量上去了，质量却下来了，导致当事人对调解结果不满、反悔，影响调解协议的履行，进而造成近年来法院调解结案申请强制执行偏高。抛弃事实清楚、分清是非原则进行的调解，违反了调解的规律，颠覆了调解的比较优势，损害了债权人的权益，削弱了调解本应具有的"案结事了"功能，使诉讼调解进入新一轮恶性循环的怪圈。我国经过长期审判方式改革和司法改革所取得的成就，如程序公正原则、当事人自治原则、合法原则、社会参与原则以及由此所形成的逐步走上正轨的司法审判机制等，也

---

[1] 参见田平安、杨成良："调审分离论：理想图景与双重背反——兼与李浩教授商榷"，载《湖南社会科学》2015 年第 5 期。

将大受影响。〔1〕

5. "调解优先"政策是对社会和谐政治要求的简单化对应

以上分析可见，只有调整"优先调解"政策，实现诉讼调解的正确定位，才能回归"该调则调，当判则判"。其实诉讼调解与社会和谐并不能直接画等号，社会和谐的达成与诉讼调解的结案率之间并没有直接联系。防止和消除司法政策对宏观政治的简单对应和庸俗化，防止进一步扭曲司法的应有特性。司法政策的考量必须首先坚持司法的基本要求，坚持法治的基本要求。而只有坚持法治，才能从根本上实现社会和谐。

正如有学者指出的，中庸不意味着和谐，无讼也不是和谐的表现。所谓中庸文化心理，不应当成为诉讼调解强化这一司法政策的理由。时代已经发生变化，适宜调解的社会经济、文化、法律土壤均已发生很大变化。司法实践中，强化调解所带来的当事人抵触，调解结案的高执行率，从一个侧面说明"调解优先"政策已不适宜当前的需要。在私法领域中，只有在当事人自愿的前提下对自己权利的处分才是正当的，只有充分实现和尊重当事人的权利才能满足法律的要求。忽视案件基本事实，抛弃法律的规定而一味追求调解结案无疑是对法治的伤害。目前的调解强势已经使法院对当事人处分的干预走到了极端，民事诉讼的处分原则再次面临被架空的危险。〔2〕

实际上，仔细分析发现，最初的"调解优先"是置于构建多元化纠纷解决机制的目标下提出的，是从调解与诉讼关系角度上提出的，其中的"调解"主要是指人民调解、行政调解、行业调解等非诉讼调解。但在最高人民法院后续提出的"调解优先、调判结合"的司法政策中，没有将非讼调解与诉讼调解加以区分，给人以"在诉讼过程中也要贯彻调解优先原则"的理解空间。由于在政策解读中存在歧义，将调解优先扩大化，延续到诉讼调解，造成了无论诉

〔1〕　参见李浩："当下法院调解中一个值得警惕的现象——调解案件大量进入强制执行研究"，载《法学》2012年第1期。

〔2〕　参见张卫平："诉讼调解：时下势态的分析与思考"，载《法学》2007年第5期。

讼前的非讼调解，还是立案后的诉讼调解，以及调解在与判决的关系上，均是调解优先的解读。这一思路导致法院将调解在诉讼中的地位拔高到极致，体现在最高人民法院后续出台的一系列司法政策上，并在实践中引发连锁反应，使具有良好初衷的改革走形。这不仅背离了调审分离的初衷，而且大大提高了审判过程调解的难度。因为经过诉前分流的案件往往是当事人不愿意调解，或者经过诉前调解、立案调解当事人仍然无法达至合意的"骨头案"，其难度可想而知。在审判庭法官看来，法院要求法官在诉讼过程中仍然"调解优先"，而且与立案庭法官一样用调解结案率来考核评价审判庭法官，显然是不公平的，结果是引发了审判庭法官的抵触情绪。调查结果显示，对于诉前调解，有 29.1％的法官评价"效果一般"，25.5％的法官认为"效果不太好"，还有 8.6％的法官选择"效果很不好"。同时，过度调解、强迫调解、不调不立、以判压调、以拖促调的现象再度泛滥，调解的负功能已经在消减改革的功效。[1]事实上，诉前对于民事纠纷的解决，应当响应大调解的社会综合法理要求，积极寻求调解解决，即调解优先，以促进社会和谐，这是非讼调解。而对于诉讼调解，应当贯彻"调判结合"的原则，即该调则调，当判则判。

6. "调解优先"强化了司法行政化倾向，不利于司法体制的转型

调解优先的司法政策代替法律，体现了我国高度行政化的司法体制。司法行为非司法化，加剧了法院调解过热以及判决的弱化。强化指令的执行，例如各种考评和组织评价机制的建立，以及法官"错案追究制"，一定程度上限制了法官按照司法活动的规律进行司法活动，也因此强化了法官通过调解规避"错判"的心理趋势。法院和法官都希望获得较高调解率，一方面可以减少上访、上诉和申请再审给法院造成的压力，减少当事人对判决上诉引发的发回重审、

---

[1] 参见吴英姿："'调解优先'：改革范式与法律解读 以 O 市法院改革为样本"，载《中外法学》2013 年第 3 期。

改判的风险；另一方面也可以彰显本院在贯彻"调解优先"司法政策上取得的成绩。所以，只有调整调解优先政策，弱化司法的行政化，才能使调解回归应有的位置。

其实，调解率不能反映调解的质量。正如有学者指出的，法院调解率的攀升并未真正提高案件解决的实效性，调解协议的高强制执行率反衬出其与法院"案结了事"目标之间的落差：要么高调解率被异化为社会治理中治安承包的绩效目标，成为法院实现形式上的"案结事了"数字游戏；要么深陷"群众与法院裁量权的讨价还价"的人民满意度困境，沦为道德话语系统下压力型司法。这些差强人意的改革，始终未能真正带来法院调解的复兴。因此，理性地对待调解率还要求在对法院和法官调解工作进行评估和考核时，采用调解率与调解的自动履行率并重的方法，通过这种方式促使法官在调解时注意调解协议的履行问题。[1]

实际上，对于"调解优先"司法政策在实践中所引起的问题，最高人民法院已经有所觉察和意识，并作出了一定的自我修正。例如，作为对调解过热以及强制调解等问题的矫正，2011年1月，最高人民法院发布《关于新形势下进一步加强人民法院基层基础建设的若干意见》要求正确理解"调解优先，调判结合"原则，正确处理调解与判决的关系，根据个案情况，合理选择调解或判决；坚持调解的自愿合法原则，避免脱离实际定调解率指标，不能强调硬调、以拖促调，以自动履行率为核心指标，完善调解效果考核指标。[2] 2011年3月最高人民法院调整案件质量评价指标，强调调解案件进入执行率，重视调解质量，取消了调撤率，实践中法院调解的比例有所下降。可见，最高人民法院也已经意识到了调解过热的问题，需要降温退烧，这也可以视为是对调解优先政策的调整，尽管是一次微调。但仅仅微调是不够的。如前所述，着重调解的惯性巨大，

---

[1]　参见李浩："当下法院调解中一个值得警惕的现象——调解案件大量进入强制执行研究"，载《法学》2012年第1期。

[2]　参见吴英姿："'调解优先'：改革范式与法律解读　以O市法院改革为样本"，载《中外法学》2013年第3期。

近年的调解率依然较高，调解案件进入执行率也偏高，以上种种问题均表明，必须通过调整"调解优先"的司法政策，才能真正实现诉讼调解"该调则调，当判则判。"

7. 在我国法院调解从未被真正弱化

从法院调解的历史发展可见，其实，在我国，调解一直在民事审判中处于较强势的地位。即使是在强调"该调则调，当判则判"，强调调解"自愿合法原则"的阶段，调解依然在实践中占据半壁江山。在我国简易程序以及小额程序中，适用调解解决非常普遍。即便是在第一审普通程序以及第二审程序中，很多法官亦偏好以调解方法解决纠纷。这是传统影响造成的法官本身对调解的偏好，不是短短十几年的审判方式改革所能改变的。以笔者在法院工作的切实体会，许多法官偏好调解，是因为比较判决方法，调解结案标准低、风险低。例如，调解不像判决那样要求事实查明、是非分清，一定程度上可以"和稀泥"；调解书也简单，不像判决书那样写明事实，明白说法，公开法官心证；调解程序很多也可以省略；而调解结案，当事人没有上诉权，法官也免了如判决进入二审后可能带来的改判、发回重审的错案风险；等等。调解本身所具有的种种便利优势，加之法官趋利避害的本能，决定了司法政策及立法上只要不是限制法院调解，司法实践中的法院调解就不可能弱化到比判决更弱的程度。相反，判决解决纠纷标准高、风险高、难度大，如果不被鼓励，反而会弱化。

可见，在我国法院调解其实从未被真正弱化过，相反，判决一直处于较为弱势的地位。而在当前调解过热的现实下，是时候对"调解优先"的司法政策适当调整了。

8. 其他国家和地区对调解的重视与我国背景不同

从比较分析的角度来看，其他国家和地区重视诉讼上的和解以及司法 ADR 的兴起，其历史背景与我国不同。如前所述，其他国家和地区法官转变态度促进和解也只是近几十年的事。究其原因，主要是对其"判决中心型"审判制度的理性反思。其他国家和地区发达的形式主义与理性主义的"判决中心型"审判制度，自身不可避免地呈现出某些缺陷，例如诉讼案件不断增长，法院积案增加；对抗制的诉讼方式司法程序漫长，诉讼程序的延迟；诉讼费用高涨，当事人诉讼负担加重等。总之，其他国家和地区民事司法的主要问题是诉讼过胖需要减肥。

而我国转型时期法院虽然在面临诉讼案件增加以及案件日趋复杂这一方面与其他国家和地区重视和解与调解的背景相同，但在其他方面，均有所不同。一是我国民事诉讼法制度与程序尚不发达。审判方式改革30年前刚刚开始，程序正义的观念与制度刚刚萌芽，形式主义与理性主义的"判决中心型"审判制度尚处于建立阶段，远没有达到西方国家发达的程度。二是我国民事审判程序相对来说比较简单，诉讼周期较短，诉讼拖延与积案问题并不严重。尤其是简易程序、小额诉讼程序的适用范围越来越大，加之司法实践中推行的"简案快审"，即速裁案，使民事审理日益呈现出一种"快餐化"的趋势。三是由于并未实行律师强制代理，诉讼成本相对较低。而在这种情况下，赶世界重视调解的潮流，甚至有过之而无不及，使原本就处于强势地位的调解更强，而判决更弱，正如张卫平教授指出的"无异于瘦子跟着胖子减肥[1]。"

需要指出的是，调整"调解优先"，并不是取消法院调解，而是回归调解应有的位置，回归"该调则调，当判则判"的司法政策。这既尊重司法规律，也符合现实国情。所谓"该调则调，当判则判"，就是区别不同情况，有所为有所不为。有些地区、有些情况、有些纠纷适合调解的，依然优先适用调解解决。例如，从现实国情看，我国的经济、社会存在很大的不平衡，不同区域之间、城市与农村之间差异极大，因此，农村地区发生的纠纷比较适合法院调解。再如，群体性纠纷，包括企业改制、农村征地、城市拆迁、山林土地水利权益纠纷以及各种利益群体为实现利益诉求引起的纠纷等，发生数量大、参与人员多、行为比较激烈以及负面影响较为严重，以及转型时期出现的一些新类型法律适用比较困难的纠纷，

---

[1]　参见张卫平："诉讼调解：时下势态的分析与思考"，载《法学》2007年第5期。

由于中国法治资源与司法能力、司法权威的有限性，对这部分案件，尤其是涉及各种非常规性纠纷的处理，以强行裁判的方式，社会效果不一定好，甚至难以被有效执行，运用法院调解解决的效果通常好于裁判。

同样，调整"调解优先"，回归"该调则调，当判则判"的司法政策，也并不反对"繁简分流"、先行调解，更不与"大调解"的社会综合治理相悖。简单案件、适宜调解解决的，仍应优先调解解决。而诉前对简单的、适宜调解的案件进行分流、交由特邀调解组织或调解员调解解决，也有利于缓解审判压力，使审判力量"好钢用在刀刃上"，只是哪些适宜诉前调解，范围上需要斟酌，不宜过大。而"大调解"提倡调动的重点是社会力量，非讼调解，法院积极参与应当体现在运用专业知识对社会调解进行指导，以及做好调解协议司法确认、做好诉调对接上。而不是变裁判机关为调解机构。

综上所述，正如有学者指出的，将法院调解作为行使审判权的主要方式，将对民事审判程序的正常推进造成正面冲击，以至于损害程序机能的保障，妨碍其功能的有效发挥。我国民事诉讼中审判与调解同质化现象，对诉讼程序机能造成了极大的损害，使当事人的程序性利益与实体性利益之间的关系处于严重失衡状态，损害了诉讼程序的安定性。在我国，法院对当事人的案件纠纷进行调解所得出的结果，并非是以案件事实的客观性为基础，更多地反映从主观上对于利害关系的认识，存在着许多变量和不确定因素。它无法显示法律上的公平与正义，也无法体现司法程序的公正性。因此，这也注定了调解终究不能替代通过公正审判伸张法律正义的法院，而仅仅是解决纠纷的可替代方式而已。在法律上将法院调解作为行使审判权的一种方式，具有运用非司法手段回避司法问题的倾向。而法院过分热衷于庭审调解则体现了功利主义色彩和动机，是患上了靠调解政策推动以提高调解率、从而增强司法解决纠纷能力的"调解依赖症"。究其源头，我国民事调解迷局的根本症结在于调解优先的司法政策偏误。在"调解优先"的前提下，"调判结合"实际上变得可有可无，我国诉讼调解面临的强制调解等诸多问题的根源也在于此。调解改革的正确出路在于回归"调判结合"的司法观,让"调判结合"回归本位;抛弃调解依赖,让调解回归常态。调解依赖固然有应对社会转型期矛盾高发、涉诉信访增多、法院案多人少矛盾突出等现实需要的原因,一定程度上也具有合理性。但是过分依赖调解甚至是运动化调解必然偏离法治的正常轨道,必然产生物极必反的效果。[1]

二、法院调解价值理念

法院调解的原则、制度构架等,都是建立在法院调解价值理念的思想指导之下的。笔者认为,我国法院调解在实践中之所以长期存在强迫选择调解、"以判压调"、"以拖促调"以及"和稀泥"等问题,备受社会与学界诟病,以致学界出现取消法院调解的呼吁,根本原因在于法院调解的制度理念以及在其指导下确定的政策、原则存在问题。如前所述,法院调解是民事诉讼的一部分,兼具诉讼行为与当事人处分的性质,是一种审判方式,因此,在强调法院调解特色的同时,诉讼所应坚持的一般价值理念和原则,法院调解原则也应当有所体现,不应当偏离太远。

关于诉讼价值的内容,国外探讨较早,并在不断的发展中形成了较为成熟的诉讼价值学说和体系。例如,早期以功利主义理论鼻祖边沁为代表的绝对工具主义程序价值理论认为,"程序法的唯一正当目的,则为最大限度地实现实体法"。[2]而以美国学者德沃金为代表的相对工具主义程序价值理论则认为,绝对工具主义过分夸大了程序的工具性价值,但忽略了权利。在他看来,没有任何一种审判制度能够保证从不误判,因而,不能过分夸大程序的工具性,而应该通过对审判程序施加一些特定的非工具目标的限制来克服绝

---

[1] 参见田平安、杨成良:"调审分离论:理想图景与双重背反——兼与李浩教授商榷",载《湖南社会科学》2015年第5期。

[2] J. Bentham, *The Principles of Judicial Procedure*, in 2 Works of J. Benthaml, 6 (J. Bowring ed. 1838-1843). 转引自陈瑞华:《刑事审判原理论》,北京大学出版社1997年版,第28页。

对工具主义的缺陷。[1]而在许多英美学者中盛行的程序本位主义价值论，则强调诉讼程序的内在价值，主张把诉讼程序视为其自身价值的内在运作和互动，这样诉讼程序就具有程序公正、程序自由、程序效益等独立价值。该理论认为，评价审判程序的唯一价值标准是程序本身是否具备一些内在的品质，而不是程序作为实现某种外在目的的手段的有用性。[2]而于20世纪70年代，以波斯纳为代表的西方经济分析法学派提出的程序效益主义价值论认为，所有法律制度和司法活动都以有效利用资源、最大限度地增加社会财富为目的，司法审判也不例外，因此，审判程序首要而唯一的价值目标就是效益。[3]

我国学者在对国外程序价值理论进行研究后，提出了我国民事诉讼程序价值理念的内容。概括起来，我国学界普遍认为，民事诉讼程序的价值准则应当是多元的，而不是单一的。民事诉讼是民事实体法和民事诉讼法共同作用的领域，对民事诉讼程序价值的定位也不应脱离其中任何一方而孤立考察。一方面，审判的结果是否保证了实体法的贯彻、实施，也即是否实现实体公正、维护了实体法秩序，必然会成为构建和运作民事诉讼程序的一个价值标准，同时也必定会成为评价和衡量诉讼程序制度的优劣及司法行为好坏的一个价值标准。另一方面，在实体法内容不变的条件下，不同的诉讼程序制度往往会产生不同的甚至截然相反的实体法律后果，或者虽然达到了相同的实体法后果，却在投入的时间、精力、金钱等方面存在很大的差别，因此，民事诉讼程序本身必然具有某些不依赖于诉讼结果的独立价值。[4]

---

〔1〕 参见陈瑞华：《刑事审判原理论》，北京大学出版社1997年版，第31~32页。

〔2〕 参见陈瑞华：《刑事审判原理论》，北京大学出版社1997年版，第31~32页。

〔3〕 参见波斯纳：《法律之经济分析》，美国Little Brown公司1972年版，第1页。

〔4〕 参见江伟主编：《民事诉讼法专论》，中国人民大学出版社，第49~59页。

因此，评价和构建民事诉讼程序时实际有三个方面的价值标准：一是看它作为一种手段能否产生好的结果；二是看它能否具有一些独立于结果的优良品质；三是看它在投入与产出的效益方面是否经济。

综上，通过分析借鉴国外民事诉讼程序价值理论，以及我国学者所提出的相关理论，结合我国民事诉讼程序理论与制度的实际，笔者认为，我国的民事诉讼程序价值内容应当包含以下内容。

1. 民事诉讼程序的内在价值

民事诉讼程序的内在价值即程序自身符合正义要求。这是我们判断一项民事诉讼程序本身是否具有善的品质的标准，是民事诉讼程序价值中最重要的内容。这是因为内在价值是民事诉讼程序具有独立性的基石。此外强调程序内在价值，有利于塑造现代民主诉讼品格，纠正我国长期存在的"重实体、轻程序"的司法顽疾。

2. 民事诉讼程序的外在价值

民事诉讼程序的外在价值即程序因具备产生公正结果的能力而具有工具性。这是评价和判断一项民事诉讼程序在形成某一公正裁判结果方面是否有用和有效的价值标准。毋庸置疑，程序法对于实体权利义务的实现应当具有有用性，这也是人们对程序价值的早期认识。但在这一工具价值被绝对夸大以后，程序的内在价值凸显，程序正义成为首要价值。

3. 民事诉讼程序的效益价值

民事诉讼程序的效益价值即程序符合经济效益的要求。这一价值标准相对于前两者而言居于次级地位。法律的生命在于公正，对于司法裁判活动来说，尤其如此。不同于行政行为效益优先，司法活动永远将公正放在核心地位。陈瑞华教授将效益作为审判程序次级价值，笔者认为，这一观点同样适用于民事诉讼程序。对于民事审判来说，公正地解决纠纷永远是首要的价值目标。

综上，民事诉讼程序价值三个方面的内容之间有主次之分。首先是内在价值，即诉讼程序本身所具有的程序正义是最重要的价值；其次是外在价值，即诉讼程序在实现实体正义方面所具有的工具价值；最后是效益价值。三个方面价值内容的重要性呈梯次递减。当三者之间发生冲突的时候，应当按照重要性的主次不同而有所取舍和平衡。

关于程序正义具体内容，我国学者在对国外相关理论进行分析与比较研究后，提出了我国诉讼程序的最低限度程序正义标准。例如，陈瑞华教授认为，最低限度公正标准主要有以下六项：程序参与原则、中立原则、程序对等原则、程序理性原则、程序自治原则、程序及时和终结原则。[1]张卫平教授认为，民事诉讼程序公正包括以下内容：裁判者应当是中立的；程序确保利害关系人参加；当事人平等地对话；保障当事人充分地陈述主张；平等对待当事人；程序能为当事人所理解；充分尊重当事人的处分权；维护当事人的人格尊严；当事人不致受到突然裁判。[2]肖建国教授认为，民事诉讼程序公正包括法官中立原则、当事人平等原则、程序参与原则、程序公开原则和程序维持原则。[3]常怡教授认为，民事诉讼程序公正包括法官中立性、当事人平等性、当事人的参与性、程序的民主性、程序的公开性和程序的效益性。[4]

在分析借鉴国外与国内关于民事诉讼程序正义标准的理论基础上，结合我国民事诉讼程序制度现实，笔者认为，我国民事诉讼程序公正应当包括法官中立性、当事人平等性、程序参与性、程序的民主性、程序的公开性。程序及时和终结原则归属于程序的效益性，而程序的效益性，应当列在民事诉讼程序价值中的第三个梯次。

如前所述，法院调解是一种诉讼行为，其应当遵循民事诉讼的一般程序价值理念。但基于法院调解同时兼有的当事人处分的性质，

〔1〕 参见陈瑞华：《刑事审判原理论》，北京大学出版社 1997 年版，第 60~73 页。

〔2〕 参见张卫平："民事诉讼基本模式：转换与选择之根据"，载《现代法学》1996 年第 6 期。

〔3〕 参见肖建国：《民事诉讼程序价值论》，中国人民大学出版社 2000 年版，第 177~190 页。

〔4〕 参见常怡主编：《比较民事诉讼法》，中国政法大学出版社 2002 年版，第 100 页。

有些一般程序价值并不适用于法院调解，例如，程序的公开性。此外，法院调解亦有其独特的价值理念，例如，法院调解对诉讼效益的追求是其首要价值理念与目标，这与审判以程序正义为首要价值理念有所不同。但是，不可否认的是，法院调解在追求诉讼效益的同时，也不能违反程序正义的基本要求，对程序正义的价值理念应当兼顾。实践中，法院调解突出其效益价值，例如省时省力、程序简便灵活、案结事了等，而较为忽略对公正的追求，例如，重视调解协议的促成，而对调解过程的程序保障不力等。这些问题反映了对法院调解价值理论认识上的偏差，应当予以矫正。

三、法院调解原则

法院调解改革，需要重新思考法院调解应当坚持什么样的原则。基于以上对法院调解价值理念的探讨，法院调解制度的改革，应当在坚持程序正义与效率的平衡间，根据法院调解司法行为与处分行为兼而有之的性质，结合法院调解与判决间的关系，对法院调解原则进行重新解读与构建。

（一）自愿原则

1. 自愿原则的内容与意义

自愿原则，是指诉至法院的民事纠纷，无论是立案前还是立案后，是否选择调解以及调解协议的达成，都应当尊重当事人意愿。自愿原则，基于法院调解主要具有的当事人处分性质，以及对于程序正义中当事人程序参与性、充分尊重当事人的处分权的要求，是法院调解要坚持的底线，也是法院调解具有合法性的基本来源。从根本上说，是否调解、是否达成调解协议以及达成何种调解协议，属于当事人处分的范围，是当事人行使处分权的表现。毕竟调解处分的是当事人的实体权利，而民事实体权利的处分依当事人自治原则，需要尊重当事人的意思。因此，法院调解必须尊重当事人的自愿，不能强迫或变相强迫调解。民事诉讼法赋予当事人调解自愿以原则性的效力，我国学界近乎一致地认为自愿原则是法院调解有效运行的核心和基础。学界对"自愿原则"核心内容的把握近乎一致，即法院调解中的"自愿原则"不仅是当事人程序选择权的自愿，也是当事人实体处分权的自由。就程序而言，是否选择调解作为纠纷解决方式，应该由当事人自主决定；就实体而言，关于民事实体权利的行使及调解协议的接受亦应基于当事人的自愿。[1]

2. 自愿原则在实践中长期贯彻不力

值得注意的一个现象是，法院调解的存在，似乎伴生了强迫调解的问题。长期以来，法院调解在司法实践中存在的最大问题就是违反当事人自愿原则，审判权介入超出必要的限度进行强制或者变相强制调解而导致正当性受到质疑，这也是学界长期以来存在关于法院调解存废抑或改革之争的主要原因。例如，当事人不同意调解或调解期望值与法官设定方案相左，法官便利用"背对背"空间，分别对原告与被告施加带有强制意味的忠告，使当事人基于对判决的错误预测而接受调解。

此外，自愿原则要求不能久调不决，即调解不成的，应及时判决。久调不决是一种变相强迫调解，同样违反调解自愿原则。在追求高调解率的情况下，久调不决是实践中通常出现的一种法官变相强迫调解的手段。例如，某离婚案，一对夫妻两地分居达 20 年之久，男方认为双方已毫无感情，曾多次提出与女方离婚，但女方不同意，于是在其 60 多岁时向法院起诉，坚决要求离婚，但法院仍然进行调解，几次调解无结果后，就让当事人慢慢和解。案子拖了近 2 年的时间。男方为此多次上访，劳民伤财，也给法院造成了负面影响和负担，最后，在有关机关过问下，法院判决离婚。虽然离婚案件适宜调解，实践中，采用拖一拖的方法，也有助于让当事人冷静下来，搁置矛盾，平静情绪，促成调解。但拖得太久，这个时间度没有掌握好，显然事与愿违，物极必反，也有违当事人的自愿。

3. 强制调解产生的原因

强制调解是我国法院诉讼调解中长期存在的问题，其背后的原因错综复杂，根深蒂固的根源在于诉讼体制因素。

---

[1] 参见李喜莲、唐海琴："法院调解自愿原则的实现路径"，载《湘潭大学学报》（哲学社会科学版）2017 年第 4 期。

（1）调审合一的诉讼体制，是强制调解产生的根本原因。

我国调解型的审判模式，调审合一，法官的职权主义色彩过重。在调审合一模式下，从事调解的法官同时也是调解失败后对案件进行审理和判决的法官，法官的这一双重身份使得调解中的强制或变相强制成为可能。法官对运用调解方式还是判决方式结案，拥有较大的选择权。调解中法官多是扮演主宰者角色，忽视当事人的诉讼权利和实体权利。在这种诉讼体制下，当事人的自主性和合意被异化，司法调解也呈现出强制调解的潜在模式。根深蒂固的诉讼体制因素，在强化调解的司法政策推动下，必然会使强制调解愈演愈烈。实践证明，越是强调调解，强制调解的问题就越严重。1991年《民事诉讼法》强调调解自愿合法原则，就是基于司法实践中强制调解的问题而提出的。"当调则调，当判则判"也是对以往"调解为主、着重调解"等司法政策的校正。从根本上说，调审合一的诉讼体制不改变，就很难从根本上抑制强制调解的产生，而民事司法政策起的是助推作用。

（2）调解为主、着重调解、调解优先等司法政策，也是强制调解产生的原因。

从法院调解的历史考察发现，强调调解的强度随司法政策的变化而变化。在新中国成立初期随着调解为主，着重调解等司法政策的确立与延续，强制调解问题逐渐加重，以至于引起社会不满，成为司法的一个痼疾。在学界几乎一致批评，甚至出现要求取消法院调解的建议的情况下，法院调解政策进行了调整。1991年《民事诉讼法》确立了"自愿、合法调解"原则，司法政策上改为强调"该调则调，当判则判"。这一司法政策调整在观念上改变了人们对诉讼调解的依赖，而同时开展的民事审判方式改革，作为一种以改革传统审判方式为己任的改革活动，自然会淡化诉讼调解，诉讼调解被视为传统审判方式的特点。随着《民事诉讼法》实施以后，尤其是在最高人民法院《关于民事诉讼证据的若干规定》出台之后，民事程序得到了进一步完善，证据规则方面更加细化，诉讼调解弱化并进入低谷。在司法实践中，诉讼调解结案率大幅度降低，强制调解问题也逐渐减轻。

21世纪初年，法院调解制度的复兴大幕开启。最高人民法院陆续颁布司法解释，调整并确立了"调解优先，调判结合"的司法政策。在此司法政策引导下，法院调解结案率迅速回升。在实践中，甚至出现了类似"零判决"、以调解率作为法官考核因素等极端现象。而与此同时，强制调解问题也愈发严重。可见，强制调解与相关司法政策是密切相关的。

（3）调解程序规范的缺乏也是强制调解产生原因。

众所周知，调解合意的获得需要具备两个条件：一是合意的表示是在得到充分信息的基础上作出的；二是当事人之间以及当事人与第三者之间进行了真正的对话。程序保障的重点为法官在调解活动中认定必要的限度。而我国立法上对于调解原则的规定过于空洞，没有在程序上通过具体规范逐一落实。在实务中，法官调解更倾向采取背对背做工作，法官独占相关信息，对当事人信息公开与传递没有程序上的要求，法官提出的调解方案也不要求充分说明依据的事实和理由，信息传递与心证公开是否进行，以及进行的程度由法官裁量，个案差异较大，极为灵活。总体上看，法官是以管理者的姿态进行调解。从技术角度上说，调解程序的灵活性也极易造成法官的调解行为的失范。[1]

而正如有学者指出的，所谓的"讲究方式方法"很多时候是规避强制调解的"艺术"处理。尤其是在强化诉讼调解具有了政治意义时，其他的限制都会形同虚设。比较典型的是，法官通过法律上认可"背靠背"的方式，为了促成调解，通过向当事人分别传递不同的信息，从而形成一种"囚徒困境"。在这样的"囚徒困境"中，当事人博弈的"纳什均衡"就是让步。[2]

---

〔1〕 参见江伟主编：《民事诉讼法专论》，中国人民大学出版社2005年版，第285~315页。

〔2〕 参见张卫平："诉讼调解：时下势态的分析与思考"，载《法学》2007年第5期。

4. 当前强制调解问题突出

有学者总结了在当前司法实践中，我国法院调解自愿原则正面临着极大的现实操作困境。具体而言，主要体现在以下三个方面：

（1）在调解方式的选择上难以落实当事人自愿。有法官总结出司法实践中法院调解的忌语："我不妨告诉你吧，在这起纠纷中，证据方面对你很不利，合议庭可能会做出对你不利的判决，如果以调解结案，你们反而可能争取到更好的结果。""你们不愿意接受调解也可以，那就排期开庭吧。你问我什么时候，我也不知道，你看我手头的案件这么多，总得等个三五个月吧。当然，案子不会超审限的，实在不行还可以延长审限嘛"。[1]在法官或明或暗的"压制"下，当事人自主选择调解方式的权利丧失殆尽。

当前，司法实践中普遍推行诉前调解，而诉前调解涉及的一个突出问题，便是在调解方式的选择上限制当事人，尤其是原告的自愿问题。根据笔者的观察，实践中基层法院对于绝大多数诉至法院的纠纷，分流至诉前调解程序解决，而分流的决定由法院根据内部标准，依职权作出，并不需要征求起诉人的同意。只在纠纷进入到诉前调解程序后，才征询被起诉人的意见。这种做法，实际上限制了当事人，尤其是原告对于是否选择调解的选择权，违反了调解自愿原则。

（2）在调解协议的达成上难以落实当事人的自愿。近年来，尽管司法高层已经意识到过度重视调解的种种弊端，并适时废除"调撤率"等作为考核法官业绩的指标。但是，市场经济改革所带来的案件数量的"井喷"现象，固若金汤的"上诉率"之评价指标，以及司法责任终身制等，难以改变法官对调解方式的偏爱。特别是在立案登记制、员额制改革加剧法院"案多人少"矛盾的背景下，努力追求调解协议的达成，以调解结案似乎成为法官消解案件必然和无奈的选择，而这种追求在我国调审合一的诉讼体制，以及缺乏调解程序保障，重结果达成缺形式正义的调解制度和观念之下，势必

---

[1] 黄鸣鹤：《调解员培训简明教程》，中国法制出版社2014年版，第30页。

导致调解协议的达成上对当事人具有某种程度的"强迫"。

在调审合一的诉讼体制下，法官在调解中具有调解者和裁判者双重身份。如果法官希望以调解方式处理案件，即使当事人本来不愿意调解，在法官的不断劝说下，也不得不转变态度迎合法官。因为裁判者的身份使法官具有事实上的强制力，当法官集调解权与裁判权于一身时，当事人就处在强制的阴影下，他们往往因为担心受到不利的裁判而违心地同意调解和接受法官提出的调解方案，由此，调解中的强制也就在所难免，《民事诉讼法》规定的调解自愿原则自然虚化。审判实务中久治不愈的"以判压调""以拖促调"，其根源正在于此。

（3）调解协议的履行难以彰显自愿。客观地讲，在如今大调解的司法环境下，违背当事人意愿进行强制调解的现象层出不穷，有的法院过分强调调解，追求所谓的"零判决"。[1]近年来，大量调解案件重新进入执行程序，就是一个值得反思的问题。李浩教授通过观察后指出，调解结案的民事案件大量进入强制执行是近年来法院调解中出现的新动向。一些法院调解案件进入强制执行的比例已经接近甚至超过了判决案件进入强制执行的比例。造成这一调解行为异化的主要原因就是强制或变相强制调解。调解案件进入执行比例畸高违反了调解的规律，颠覆了调解的比较优势，损害了债权人的权益，削弱了调解本应具有的"案结事了"的功能。[2]

5. 完善法院调解自愿原则的对策

自愿是调解的合法性根源，也是程序正义的基本要求，法院调解改革目标是建立现代调解制度，而当事人的自治性和主导性是现代调解制度的首要特征。在现代调解制度下，当事人是调解程序的主导者，纠纷双方对于要不要调解、在何时调解、由何主体来主持调解、是否同意委托调解等事项具有决定权。这是因为，现代调解

---

〔1〕 参见李喜莲、唐海琴："法院调解自愿原则的实现路径"，载《湘潭大学学报》（哲学社会科学版）2017 年第 4 期。

〔2〕 参见李浩："当下法院调解中一个值得警惕的现象——调解案件大量进入强制执行研究"，载《法学》2012 年第 1 期。

制度承认当事人对与其利益攸关的纠纷具有处分权，承认纠纷首先涉及的是纠纷主体之间的私人利益。处分原则贯穿调解程序的全部过程，对于调解过程中出现的各种各样实体利益和程序利益，当事人均保留最终的处置权。[1]此外，由于调解协议难以履行，调解失去效率优势，法院调解的效率价值追求也将落空。如前所述，受有关司法政策的过度影响，加之法院案多人少压力，以及法官避错心理等因素，当前，强迫调解的问题突出，大量调解协议进入强制执行程序。因此，必须重申坚持法院调解的自愿原则，并采取措施，落实调解自愿原则。

（1）调整调解优先，回归"该调则调，当判则判"的调解政策。

如前所述，当前法院调解存在的最大问题是调解过度使用，这也是导致强制调解问题严重的主要原因。在优先调解的司法政策引导下，中国法官本固有的调解偏好，加之解决"案多人少"的现实需要，以及回避司法责任、社会矛盾等功利需要，必然加重强迫调解。因此，必须以程序正义理性的态度对待诉讼调解，取消调解优先，重回"该调则调，当判则判"，使诉讼调解回归应有的定位。

（2）转变对法院调解价值的认识。

如前所述，作为诉讼法的法院调解，应当遵循司法活动的一般价值理念，而不应与行政行为和普通的社会调解价值理念相同。在对效益追求的同时，必须重视程序正义。因此，对我国法院调解制度进行完善时，必须在价值理念上进行转变。

（3）实行调审分离。

关于调审合一与调审分离的论争在法学界由来已久。调审分离论以李浩教授为代表，主张以调审分离为目标来改造诉讼调解。笔者认为，调审分离有利于自愿原则切实有效的实施。在调审合一之下，由同一法官或者合议庭采用先调后审的方式处理民事案件，调

---

〔1〕 参见汤维建、齐天宇："漂移的中国民事调解制度"，载《比较法研究》2012年第5期。

解不成的才转为判决；并且调解并无独立的程序，是作为诉讼程序的一部分而存在的。在同一个案件中，法官具有双重身份，既是调解人又是裁判者。调解被打上了审判的印记，审判所具有的强制力就会渗透到调解中，造成自愿原则扭曲、变形。强制调解在法院调解产生初期即存在，并在诉讼实务中长期存在，问题的根源就在于调审合一的制度设计和程序结构。当我们把调解与审判置于同一程序中，由同一个合议庭或者同一位法官先调后判时，法官为了调解成功，会情不自禁地利用手中的裁判权要求当事人接受其提出的调解方案，当事人则担心拒绝调解或者拒绝法官建议的调解方案会得罪法官，会遭到不利裁判的报复，就会成为一道永远无法破解的难题。

（4）完善法院调解的基本程序规范。

不同于非讼调解，法院调解是一种诉讼行为，因此，应当以程序正义理念为指导，构建基本的法院调解程序规范。如前所述，法院调解中存在的强迫调解等违法调解，原因之一即法官在调解中享有极大的权限，缺失基本的法院调解程序规范对其进行制约。例如，应当限制法院"背对背"调解，确定双方均在场的公开调解程序规范。

但应当注意的是，法院调解不同于判决，程序规范不宜过于严格。因此，仅限于构建与完善基本的程序规范，以保障当事人自愿处分，维持最基本的程序正义为底线。

综上所述，调整调解优先司法政策、转变对法院调解价值的认识以及实行调审分离、完善法院调解基本程序规范、加强程序保障等，均是遏制强制调解的有力举措，也是改革法院调解制度，建立现代调解制度的关键。取消调解优先的司法政策，使调解回归应有的位置，该调则调，当判则判。而实行调审分离，调解权与裁判权两权分离，调审人员分离以及程序分离，调解者因不再同时具有裁判者的身份，使其调解不再具有事实上的强制力，对当事人产生不了心理压力，有利于从制度上切断强迫调解产生，对"以判压调"釜底抽薪，也是减少强迫调解的有力措施。适当增加调解程序规范，限制法官调解中的恣意，有利于保障当事人在调解中的权利。

6. 坚持法院调解自愿原则的具体措施

除以上改善法院调解自愿原则的政策与体制、制度上的对策外，针对实践中存在的一些强制调解做法，笔者认为，坚持法院调解原则，还体现在以下具体环节的完善措施上。

（1）如何在调解方式的选择上坚持当事人自愿

当前，学界主张对调解启动运用合意诱导，以利益诱导、制度安排和程序保障等促使当事人理性选择调解程序并达成解决纠纷的合意。[1]还有的提出采用强制启动，或者采取合意诱导与强制启动相结合的方式。[2]实践中，法院花费大量时间劝导当事人采用调解解决。尤其是诉前调解，在当事人明确提出反对诉前调解，直接正式立案判决解决的情况下，立案法官要么劝导当事人同意接受诉前调解，要么不予立案，带有某些强制性地诱导。正如有学者所指出的，与其说法院调解的启动权取决于当事人，"毋宁说法院调解实质上还是由法院发动的"。[3]当下的法院诱导型调解，是法官在各种外在因素的影响下，基于裁判不良后果的判断，为规避这种风险，而由法官主导并灵活运用各种手段和策略而与双方当事人进行博弈，最后诱导双方妥协自愿达成合意，从而化解矛盾，实现法律效果和社会效果的统一，当事人和法官之间达成合意的过程。法官在调解中主要使用情理法并用、软硬兼施、分而治之、寻求合力等策略。它是监管型体制压力、法官高风险的生存状态、基层法院不出事的逻辑、当事人机会主义行为几个因素共同作用的结果。诱导型调解在法院中的大量运用正是当前司法陷入两难困境的一种体现，虽然可以通过它来调适法律与事实之间的冲突，但有可能造成对社会秩序基础的破坏。[4]

针对实践中法官们或明或暗地"诱导""压制"当事人调解，

---

〔1〕　参见唐力："诉讼调解合意诱导机制研究"，载《法商研究》2016 年第 4 期。

〔2〕　参见赵毅宇："法院专职调解员制度：根据、实践与完善"，载《法律适用》2019 年第 5 期。

〔3〕　赵旭东："理性看待法院调解的强制性因素"，载《法学家》2007 年第 6 期。

〔4〕　参见汪永涛、陈鹏："诱导型调解：法院调解的一个解释框架"，载《法制与社会发展》2016 年第 5 期。

使当事人自主选择调解方式的权利丧失殆尽的问题，必须明确调解自愿的内容，首先是当事人选择调解方式的自愿。诱导合意调解实际上并非是完全基于双方自愿的合意行为，而是一种变相的强迫调解。程序选择权是当事人的基础性权利，也是极其重要的权利。如前所述，多元纠纷解决机制是建立在当事人的程序选择权的基础之上的。在调解与判决等多种解决纠纷方式中，选择何种方式是当事人的程序选择权。是否选择调解，是当事人的权利。尤其是在我国，鉴于强制调解问题具有根深蒂固的历史背景以及较强的现实影响，亦是司法实践中长期得不到解决的突出问题，笔者认为，有必要采取较为强势的矫正措施，反对采取任何形式，以及在任何阶段强制当事人选择调解，法律明确规定调解前置的情形除外。关于调解前置，是当前学界较为关注的一个问题，实践中，诉前调解范围极大，没有法律明确限制，而且，诉前调解是法院依职权决定进入的程序，只在此后征询被起诉人意见，在被起诉人不同意，或调解不成时，才转为审判程序。因此，可以说，实践中的诉前调解，实际上就是强制性调解前置，但由于使用范围过宽，导致当前调解选择上出现突出的限制当事人自愿问题。这一问题亟需理论上、立法上以及实务部门引起重视，并予以研究和解决。

对此笔者认为，一是对于诉前调解的范围，立法上应予以明确限制。二是对于调解前置的范围，应当与诉前调解的范围分开，强制调解前置的案件范围应控制在更小的范围内。三是规范诱导调解行为。反对强制当事人调解，并不意味着一概否认法院引导当事人调解。例如，在诉前先行调解阶段，法院认为适宜调解的，可以引导当事人选择调解方式解决纠纷。但这里的引导，是理性的释明与有限诱导。例如，将调解与判决各自的特点、主体、程序、期限以及费用等，以格式方式列明，供当事人参考。再如，法院专职调解员可借鉴域外司法实务中的"试验性审判"，模拟审判的结果，提高当事人对正式审判结果的可预测性，促进调解合意的形成。再如，建立诉讼费用奖惩机制等，由当事人自己做出权衡判断。此外，诱导也应考虑诉讼阶段。立案后以及庭审前，在诉调分离的前提下，也可以引导当事人选择调解。但是，到了庭审后，应当以判决为主，不宜再引导当事人选择调解。

（2）如何在调解协议达成上尊重当事人自愿

调解作为当事人互谅互让解决纠纷的一种方式，应当在调解协议的达成上恪守当事人自愿原则是共识。笔者认为，为确保当事人在调解协议达成上的自主性，法官在调解过程中应当注意以下几点：

一是调解中调解法官工作重点，是向双方当事人传递案件事实、信息，以及进行法律适用上的释明。这种法官在调解中的作用地位，利于确保双方当事人在得到了充分信息的基础上展开谈判，同时，也有利于调解法官保持一种中立的地位。

二是把握尺度，避免过度积极。避免反复劝说，反复做工作。如前所述，西方国家诉讼上的和解，虽有法院的参与，却仍由当事人主导。虽然法院也会对和解抱积极态度，但参与有限，并不改变当事人主导的性质，法官局限于劝导，并且以尊重当事人自愿为前提。而我国法官对调解态度过于积极，法官习惯于想方设法促成调解协议的达成。实践中，当事人对于法官软硬兼施反复做工作，均表现出无奈与反感，并认为是法官对当事人施加压力造成强迫。应当说，在没有律师代理的情况下，法官适度释明、劝说是有必要的，但要把握尺度，避免过度。应当相信当事人是理性的，应当尊重当事人作为程序主体，有能力对自己的权利自主作出处分。

三是调解中法官一般不主动提出解决协议方案，除非当事人申请法院提出。如前所述，美国联邦法院民事案件的法官在和解上的贡献度是很低的，美国和解法官的角色仅限于劝说。尽管和解法官可以就案件的实质问题表达意见，但是当事人并不受该意见的约束。如果当事人不同意和解，他们可以走向全面庭审。在美国，主要是双方律师之间的、无第三者（法官、调解员或仲裁员）介入的直接谈判。[1]英美法院的庭外解决主要是当事人为了规避高昂的诉讼成

---

〔1〕 参见严仁群："'消失中的审判'？——重新认识美国的诉讼和解与诉讼调解"，载《现代法学》2016 年第 5 期。

本，而由双方律师主导的博弈或谈判行为。我国台湾地区当事人在试行和解时，只有在双方当事人无法达成合意，但和解意思已经非常接近的情况下，经双方当事人申请，法院、受命法官或受托法官在当事人表明的范围内，才能制定和解方案。

在一项实证调研中，当法官被问及"您认为法官对案件的态度在多大程度上影响当事人对调解的意见和判断"时，结果显示，法官对调解意见有"很大影响"和"完全左右"的占 84.4%。[1]事实上，一旦法官提出了调解意见，无论是否出于法官的意愿，其对调解协议内容的潜在影响都是客观存在的。[2]消除上述不良影响的对策之一便是调解法官一般不主动提出调解意见，除非当事人提出申请。

此外，即使提出，也应当向当事人说明调解方案的事实根据和法律根据，以及劝说当事人让步的情理所在，并尽量使提出的调解方案接近预测的判决，即法院调解不同于民间调解，应尊重基本案件事实，分清是非，并主要以法律为根据。

(二) 基本事实清楚、是非分清原则

1. 基本事实清楚、分清是非原则含义及意义

事实清楚、分清是非是公正解决民事纠纷这一程序正义的基本要求，也是实体正义的要求，同时，也是法院调解诉讼效益的价值要求。但是，应当强调的是，法院调解对于事实清楚、分清是非的标准，不同于法院判决所要求的标准，应当低于法院判决的标准，即基本事实清楚、分清是非。

在我国，事实清楚、分清是非作为法院调解的原则，经历了肯定、否定、否定之否定的过程。1991 年《民事诉讼法》将其作为法

---

〔1〕 有学者对西部某省中级、基层法院的民商事法官发放了 138 份问卷并和部分法官进行了座谈，收回有效问卷 135 份（其中基层法官 80 人，中院法官 55 人），其中认为有很大影响的有 105 人，完全左右的有 9 人，只有 21 人认为很少影响。参见高伟："关于法官调解心理及思维的调查研究"，载《中国审判》2012 年第 4 期。

〔2〕 参见李喜莲、唐海琴："法院调解自愿原则的实现路径"，载《湘潭大学学报》(哲学社会科学版) 2017 年第 4 期。

院调解的原则，在《民事诉讼法》中予以肯定。解决纠纷的前提和基础是事实清楚、分清是非。在事实不清、是非不分的情况下，不仅不利于促成调解协议的达成，无法实现法院调解经济效益的目标，也谈不上公正地解决纠纷，此种情况下的纠纷解决也失去了正当性，更无法达成实体正义的结果。

此外，如前所述，因为法院调解的性质，与人民调解、行政调解等其他非讼解决纠纷方式不同，毕竟是一种诉讼活动，因此，应当有自己的边界和原则。在遵循自愿原则的基本前提下，还应尊重基本事实清楚、分清是非原则。不能为了片面追求调解的社会效果而忽略司法程序的限制约束功能，模糊诉讼调解与一般调解的必要分界，甚至出现自我消解的倾向。只有尊重基本事实清楚、分清是非原则，建立规范的法院调解制度，才能在大调解中发挥不可替代的作用。

但近年来在后续司法政策中由于受到质疑，"事实清楚、分清是非"原则呈现边缘化倾向，事实清楚、分清是非标准模糊化或消失，并由此带来一系列问题。一些法官在基本事实未查清的情况下就进行调解。调解数量上去了，质量却下来了。一旦当事人对调解结果有什么不满，很容易反悔，势必影响调解协议的履行。[1] 这也是造成近年来法院调解结案申请强制执行偏高的原因。近年来，学界重新反思，提出应坚持事实清楚、分清是非原则，这一原则重新被肯定。

需要强调的是，法院调解在事实清楚、分清是非原则的把握上，除了低于判决的标准，只是"基本"事实清楚、分清是非之外，还要注意，在不同诉讼阶段进行的法院调解，这一标准的高低要求也有所不同，整体随诉讼进程呈由低到高的标准差异。这是因为不同诉讼阶段，对于事实和是非查明所提供的现实条件不同，认识的过程也具有由浅入深的层次性，因此，对基本事实清楚、分清是非的

---

〔1〕 参见李浩："查明事实、分清是非原则重述"，载《法学研究》2011年第4期。

标准也应分阶段有所区别。例如，在立案调解中，法官根据当事人诉辩和立案证据，对案件"事实与是非"进行初步审查；到庭前调解阶段，法院可以通过庭前调查取证和组织质证，充实证据内容、鉴别质证意见，作初步认证结论；而到了审判前调解阶段，通过庭审调查辩论，严格意义上符合程序规范的事实与是非审查才告完成。这种递进式调查，决定了事实清楚、分清是非原则在不同阶段的调解中，存在着程序差异。此外，在确认调解协议中，法官只作调解协议的合法性和正当性审查。

2. 当前实践中事实清楚、分清是非原则存在的弱化问题

如前所述，1991年《民事诉讼法》将事实清楚、分清是非，确立为调解应当遵守的原则，就是针对过去曾经发生过"和稀泥"式的调解弊端而作出的规定。而在"调解优先"司法政策下，各地法院掀起一场调解运动，"调解楷模"受到全员追捧，而事实清楚、分清是非标准则因可能妨碍调解达成，被认为可能损害调解的效率价值受到冷落。虽然法律条文上也规定，诉讼调解要在事实清楚的基础上，但实际上案件事实的清晰化必然妨碍诉讼调解的成功率，事实清楚的要求就自然在实践中被淹没了。

在调解优先的司法政策中这一原则呈现边缘化倾向主要表现在：一是事实清楚、分清是非标准模糊化或消失；二是调解书中的"案件事实"可以被省略；三是确认调解协议、先行调解、立案调解等前移的调解程序，客观上使调解无法完成程序规范意义上的"事实清楚、分清是非"。

3. 事实清楚、分清是非原则弱化后果

根据学者考察，法院调解中对事实清楚、分清是非原则的冷落带来一系列问题。主要包括：一是混淆事实与是非。"背对背""以判压调""以诱压调"，使当事人陷入"囚徒困境"，形成"隐性强制型"调解。当事人博弈的"纳什均衡"就是让步。二是模糊事实与是非。"各打五十大板""和稀泥"，形成"风险规避型"调解。三是回避事实与是非。放纵当事人"自治"损害国家利益、社会公共利益、第三人利益，形成"恶意串通型"调解。实践证明，忽视

案件事实一味追求调解无疑是对法治的伤害。近年来，伴随着学术界与实务界对事实清楚、分清是非原则边缘化的反思，"裁判式调解"的呼声应运而生。它要求在调解过程中进行充分的释法析理，并在调解书中载明案件事实和调解确认理由，对案件进行是非界定和法律评判。[1]

4. 重申坚持基本事实清楚、分清是非原则

如前所述，近年来，在调解优先的司法政策中事实清楚、分清是非呈现边缘化倾向，例如，事实清楚、分清是非的标准模糊或消失，调解书中的"案件事实"被省略，并在实践中造成了一系列后果。因此，有必要重申法院调解应当坚持基本事实清楚、分清是非原则。

（1）基本事实清楚、分清是非是调解的基础。

解决纠纷的基础和前提是搞清事实，这是常识，无论何种纠纷解决方式都应遵循这一常识。基本事实清楚的前提下，才能分清是非，而在此基础之上，才有可能公正解决纠纷，被当事人所接受，促进自动履行调解协议，真正实现案结事了。

（2）法院调解的诉讼性质决定了其必须坚持基本事实清楚、分清是非原则。

法院调解不同于社会调解，它属于诉讼行为，是审判权的行使方式，也理应遵守诉讼解决纠纷的基本底线。法官审判权的介入空间，应当定位于对当事人处分权的"理性"指引和修正，即通过法律规则的明示，厘定事实、辨明是非，确保当事人在信息对称的情况下权衡得失、作出决断，以实现当事人法律明知下的意思自治。因此，法院调解对于基本事实和是非查明这一"高标准"要求，是由法院调解兼具的诉讼性质决定的。

（3）忽视案件事实一味追求调解是对法治的伤害

实践证明，事实清楚、分清是非原则的边缘化会造成一系列后

---

〔1〕　参见陆晓燕："'裁判式调解'现象透视——兼议'事清责明'在诉讼调解中的多元化定位"，载《法学家》2019年第1期。

果。例如，如前所述实践中普遍出现信息不透明的"背对背"成为一种调解技术，模糊事实与是非"各打五十大板""和稀泥"调解是常用方法；回避事实是非，甚至放纵当事人"自治"损害国家利益、社会公共利益、第三人利益，形成"恶意串通型"调解等，诸此种种，导致当事人的规则意识逐渐淡化，法官对事实与法律的追求降低。而诸此种种无疑是对法治的伤害。

5. 正确理解并掌握事实清楚、分清是非标准

综上所述，笔者认为在坚持将事实清楚、分清是非作为法院调解原则同时，还应当对此原则有正确理解。

一是法院调解的事实清楚、分清是非标准低于法院判决标准。应当强调的是，法院调解对于事实清楚、分清是非的标准，不同于法院判决所要求的标准，应当低于法院判决的标准，即基本事实清楚、分清是非。

二是不同阶段事实清楚、分清是非标准不同。在不同诉讼阶段，由于审判权的介入度不同，法院调解这一标准的高低要求也有所不同，呈由低到高的标准差异。在此不赘。

三是法院调解事实清楚、分清是非标准高于社会调解。笔者认为，法院调解不仅有别于单纯的民间调解、人民调解，也区别于委托调解、特邀调解等附设于法院的社会调解。法院调解由于性质上是诉讼行为，属于法院行使审判权的一种方式，不同于社会调解。此外，由于法院对事实的调查权以及法律适用的专业性，均强于社会调解，因此，法院调解对于基本事实清楚、分清是非的原则标准，要求应该高于社会调解。

四是不同案件类型，调解事实清楚、分清是非标准不同。例如，对于当事人争议比较激烈，事实与是非的查明要求强烈的案件，法院要在条件许可的情况下，尽可能查明争议的基本事实，分清责任，以促进调解。但对于当事人在调解过程中已达成协议的，且对事实与是非没有强烈查明要求的，可以降低事实清楚、分清是非标准。毕竟法院调解兼具当事人的处分性质，是以当事人为主体的，当事人行使处分权解决纠纷的方式，因此，只要当事人自愿，法院应当

尊重当事人处分权，但以不侵害公共利益和他人利益为限。对当前司法实践中突出存在的当事人恶意串通，以损害第三人合法权益，或者侵占国家和社会公共利益为目的的欺骗性调解，法院给予应有的注意，查明基本事实仍是必要的。

再如，笔者同意学者的观点，认为下列案件可适当淡化事实清楚、分清是非标准：其一，关系修复型。例如，当事人之间具有家庭关系、相邻关系、劳动关系的，或在部分合同案件中，当事人之间原已形成稳定交易关系的。这类纠纷当事人的关系修复对其今后的生活和经营具有重大意义，可适当淡化事实清楚、分清是非标准。其二，弱者救济型。例如，在人身损害赔偿案件中，在致害人经济占优的情况下，鼓励其给予相对方法定赔偿之外的补偿，以体现人文关怀。其三，事实不明型。对于当事人双方各自缺乏明显的证据优势，事实、是非难以厘定，以及法律事实与客观事实可能存在严重冲突的案件，若过于追究事实清楚、分清是非标准，可能有失调解效率，或违背实体公正。[1]

（三）调审分离原则

之所以将调审分离作为法院调解的原则，是因为调审分离符合程序正义中的法官中立这一基本要求，而法官中立是古老的自然正义理论的基本要求，也是程序正义首要、基础性要求。关于调审合一与调审分离的论争在法学界由来已久。调审分离论以李浩教授为代表，主张以调审分离为目标来改造诉讼调解。而以范愉教授为代表的反对派则在批判法治理想主义的"国家中心"和"司法迷信"的基础上认为，调审分离的设计并不代表当事人的意愿，也不符合法官的审判经验。[2]

笔者赞同调审分离的思路，并认为，调审分离原则是程序正义的基本要求，也是保证法院调解合法性与维护当事人自愿性的一个

---

[1] 参见陆晓燕："'裁判式调解'现象透视——兼议'事清责明'在诉讼调解中的多元化定位"，载《法学家》2019 年第 1 期。

[2] 参见范愉："诉讼调解：审判经验与法学原理"，载《中国法学》2009 年第 6 期。

基本要求。由于调审分离是改造我国法院调解制度的基本思路与切入点，因此，笔者认为，应当将诉审分离作为民事调解的一项基本原则，用其指导法院调解制度的改革，并贯彻于包括先行调解、诉讼调解在内的法院调解全过程。

1. 将调审分离作为法院调解原则的必要性

"调判结合"是我国法院长期采用的解决民事纠纷的方式，但是，长久存在的，未必一定合理。调审合一的程序构造既不符合调解制度特有标准，也不符合审判制度的特有标准。如前所述，调解与判决是两种性质不同的解决纠纷机制，理应由不同的人员，适用不同的程序来进行。而我国调审合一的体制实践所表现出的法院调解弊端和顽疾，也说明了调审合一存在难以克服的矛盾，必须予以改变。

（1）调解与判决是两种性质不同的纠纷解决机制。

如前所述，调解具有独特的特点，与判决具有本质上的区别，属于两种不同的纠纷解决机制。李浩教授列出了二者间至少具有 12 个方面的区别：一是判决是非合意作出的，而调解是当事人自愿达成。二是判决要求查明事实，而调解不一定查明事实。三是判决要求严格依据法律作出，而调解只要不违反法律即可。四是判决要求严格遵循程序，而调解程序相对灵活，不对程序严格要求。五是判决程序以获得判决为依归，而调解的目标是双方达成合意。六是审判中法院不仅仅是以判决方式解决个案纠纷，而且是在向当事人进而向整个社会宣告法律规则，促进法律秩序的形成；而调解追求的是解决纠纷，调解人大多只在笼统介绍法律条文后，便与当事人谈论起道德上的要求与人情世故，从而在法律的影响下，取得当事人一方或者双方的认可。[1]七是法院判决必须严格针对当事人提出的诉讼请求、事实，而调解虽然也需要重视当事人的请求、事实，但无需严格受制于它们。八是审判需遵循公开原则，而调解法律并不

---

〔1〕 参见王松敏："现代调解的法治路径"，载最高人民法院港澳台司法事务办公室编：《现代司法制度下调解之应用》，人民法院出版社 2012 年版，第 258 页。

要求公开进行，相反，调解应当遵守保密原则。九是对席审判是程序的一般要求，而调解可以在背靠背的情况下分别做原告、被告的工作。十是审判只能面对过去，而调解则可以面向将来。十一是判决通常具有非此即彼的二分特征，而调解只要能化解当事人之间的纠纷，往往会刻意提供模糊的法律产品。十二是判决有固有的方法，一般要严格按照三段论的公式；而调解方法种类丰富，例如，实践中有的总结出"调解八法"——辨法析理法、赢取信任法、转换角度法、心理认同法、出谋划策法、利益平衡法、结合执行法、趁热打铁法。[1]调解的方法是多元的，因案制宜、因人制宜。[2]

可见，调解与判决是两种性质不同的解决纠纷机制，理应由不同的人员、适用不同的程序来进行。调审合一形成了民事审判的结构性矛盾。要求法官在调解与判决的不同角色之间不断变换，呈现出不同的面孔，本身是自相矛盾的，也难以做到。德国学者普维庭教授从宪法规定的"权利保护之保障"、民事诉讼的目的、司法机关的自身形象等角度出发，认为法院调解是一个错误的发展方向。[3]即便勉强承认法院内可设立调解，他认为这一活动也只应属于"照管性司法"（fürsorgende rechtspflege），[4]而非审判活动。

（2）调审分离有利于对我国民事诉讼制度的优化。

笔者赞同李浩教授的观点，认为调审分离利于我国民事诉讼制度的优化，主要包括以下方面。

一是调审分离有利于自愿原则切实有效的实施。如前所述，在此不赘。总之，当我们把调解与审判置于同一程序中，由同一个合议庭或者同一法官先调后判时，法官为了调解成功，会情不自禁地利用手中的裁判权要求当事人接受其提出的调解方案，当事人则担

---

〔1〕　参见张豪："调解八法"，载《山东审判》2010年第3期。

〔2〕　参见李浩："调解归调解，审判归审判：民事审判中的调审分离"，载《中国法学》2013年第3期。

〔3〕　See Hanns Prütting, "Das neue Mediationsgesetz: Konsensuale Streitbeilegung mit Überraschungen", *Anwaltsblatt*, 2012, p. 171.

〔4〕　See Hanns Prütting, *FS Busse* 2005, p. 263（269）.

心拒绝调解或者拒绝法官建议的调解方案会得罪法官，从而遭到不利裁判的报复，导致案件成为一道永远无法破解的难题。而只有调审分离，才能从根本上破解这一难题，实现民事诉讼制度的优化。

二是调审分离有利于后续审判的中立性。一般来说，当事人在调解任何阶段所说的话，不能当作证据在日后仲裁或者司法程序中加以使用，除非当事人认可。例如，美国《统一调解法案》为调解人设定了"保密特权"，规定"调解人不得向法院、行政部门或其他可能对所调解的纠纷作出裁判的机构提供报告、评估、评价、建议、调查结论或者其他有关调解的信息"（第7条）。[1]最高人民法院也注意到把调解中的信息用于审判是不适当和不公平的，在《民诉解释》中规定，在诉讼中，当事人为达成调解协议或者和解的目的作出妥协所涉及的对案件事实的认可，不得在其后的诉讼中作为对其不利的证据。但是在调审合一的模式下，即使法官在调解失败后的审判中牢记这一规定，也很难切实有效遵守。法官参与调解的全过程，调解不成再作判决，调解中的信息对审理案件的法官无任何保密可言。法官对事实的认定，是一个心证过程。法官作为调解人，难免会感知当事人在调解中的态度和行为，知晓当事人作出的让步，这些信息会以"润物细无声"的方式作用于法官，在心证的形成过程中潜移默化地发挥作用。上海高院的实证调查也印证了上述观点。上海市高级人民法院曾对诉讼调解制度的改革做过专项调查，向律师发放问卷，在问到《关于民事诉讼证据的若干规定》中的限制能否防止法官在判决中运用调解中获得的信息时，65%的律师认为因为调解法官与审判法官合一，一旦调解不成，一方当事人所作的承诺或让步有可能影响法官的判决。[2]这至少会带来三方面的问题：其一，当事人因为害怕而不敢在调解中充分披露其信息，

---

〔1〕 参见［美］斯蒂芬·B·戈尔德堡等：《纠纷解决：谈判、调解和其他机制》，蔡彦敏、曾宇、刘晶晶译，中国政法大学出版社2004年版，第437页。

〔2〕 参见上海市高级人民法院："关于中国诉讼调解制度改革的专题研究"，载杨润时主编：《最高人民法院民事调解工作司法解释的理解与适用》，人民法院出版社2004年版，第312页。

法院在调解中因信息不足而很难找到问题的症结；其二，当事人对作出让步顾虑重重，很难促使双方达成调解协议；其三，法官如不自觉地受调解中获得信息的影响对案件事实作出认定、对案件作出裁判，可能会损害一方当事人的合法权益。

三是调审分离有利于维护司法公正。在调审不分民事诉讼程序中，最令人担忧的是，调解协议虽然名义上是当事人自愿达成的，但实际上却是在法官采取种种并不合法的调解方法下促成的。法官可能告诉或者暗示当事人如果不同意调解，不接受其提出的调解方案，继续进行诉讼，就可能会败诉或者承担更不好的诉讼结果；法官也可能在三番五次调解不成的情况下不顾当事人的不满继续进行调解，在坚持不懈的努力下，最终让当事人达成调解协议；法官也可能在背靠背的调解中，通过对信息的操作，让原告、被告都处在败诉的担忧中而接受法官的调解意见。实行调审分离后，从制度上消除以上种种调解法官对当事人实施强制的危险，调解的自愿性得到切实有效的保障，也就消除了质疑调解公正性的根源。

四是调审分离有利于维护司法的权威。从维护司法权威来说，调解显然不如裁判。在调解中，为了促使当事人达成调解协议，法官有时会刻意对事实做模糊处理，法官也会尽量淡化当事人之间的权利义务关系。在调解中，法官有时候更像是一位居间人，往返于双方当事人之间，不断地与原告、被告讨价还价。为了调解成功，法官在调解时除了用"强制调解"硬的一手以外，有时还会用"乞求调解"软的一手。而通过调审分离，一方面，利于让调解回归自愿，使法院的调解活动区别于法院的一般司法活动，由于调解已与司法无关，调解也就不会再影响到司法的权威。另一方面，通过诉前和审前调解，以法院附设调解方式，委托特邀调解组织或调解人实施相对独立的调解，处理那些适合调解的案件，不仅利于实现调审分离，而且可以使法院的精力集中于需要审判的案件上。这样，通过调审分离，促进案件精审，既可以提高法院办案的质量，又可以提升司法的权威。

五是调审分离有利于厘清调解与审判的关系。在调审不分的程序构造中，由于调解与裁判的不同属性和特征、对调解人角色与裁判者角色的不同要求，法官在调解中常常处于矛盾和冲突之中。实行调审分离后，法官在不同程序中的角色、地位、权力、行为方式有着清晰的边界，不会像"调审合一"时那样出现角色的混同而采取不当的行为。

六是调审分离有利于规制审判权的正当行使，消解对民事权利保护不力的批评。通过观察发现，当由同一位法官对案件进行先调后审时，他们实际上要比仅对案件依法裁判的法官拥有更大的权力。但同判决相比，权力的运用既不受程序法的严格制约，提出的调解方案也无需以实体法的规定为依据，在这样严重缺乏监督和制约的情境中，权力被滥用的风险会增大。当前，对法院违法调解实施诉讼监督，已成为人民检察院民事诉讼监督的重点内容，而要从根本上解决调解中的权力滥用问题，最好的办法莫过于把裁判权从调解法官身上分离出去。实行调审分离后，调解法官不再拥有判决权，强制当事人达成调解协议的机制已不复存在，对法院调解的上述批评很大程度上得以消解。[1]

比较之下，其他国家虽然也鼓励当事人在诉讼中达成和解，也要求法官促使当事人和解，但法官一般不兼作调解人。例如，在美国，法官不参加任何调解工作，他只是建议调解解决，最多也只是向当事人推荐调解人。在德国，即使案件有希望和解，审理案件的法官也不主持和解，而是把当事人交给受命法官或受托法官，由其他法官或法官以外的机构或个人主持和解。在日本，根据《日本民事调停法》第 20 条第 1 款规定："受诉法院认为合适时，以职权将案件交付调停，可让有管辖权的法院处理或受诉法院自己处理。"该规定虽然赋予法官依职权将正在审理的案件交付调解的权力，但按照调审分离的要求，仍需另行成立调停委员会处理。可见，调审分离是各国有关法院调解制度的通行原则和做法，是实现程序正义的基

---

〔1〕 参见李浩："调解归调解，审判归审判：民事审判中的调审分离"，载《中国法学》2013 年第 3 期。

本要求,也应当成为我国法院调解的一项基本原则予以确立、贯彻和落实。

3. 调审分离的具体路径

理论上来说,调解分离应当包括人员分离、权力分离和程序分离。

(1) 人员分离。调解员与审判员进行人员分离是调审分离的关键所在。调解和审判由不同的主体担任,调解由专门的调解员进行,而审判则由法官负责。专门的调解员,可以是社会调解组织或调解人,也可以是法官。调审人员分离,调解与审判角色自然分离。调审人员分离,解决了同一个案件中,法官既是调解人,又是裁判者双重身份问题。同时,也解决了在调审为一人的情况下,前期调解可能给后期审判造成的先入为主,影响审判中立等问题。

(2) 权力分离。专司调解的调解员只负责调解,没有裁判权,而其他法官只负责审判。在调解程序中担任调解员的法官,失去裁判权,利于法官回归调解人的角色。调解权与判决权两权分离,解决了由同一主体承担两种截然不同诉讼角色而导致的权力过大问题,同时,也解决了同一主体行使两种性质截然不同权力的角色冲突。此外,审判权与调解权的阻隔,以审判权为后盾而产生的强制调解、以判压调等问题自然化解。

(3) 程序分离。在我国,审判与调解程序同质化现象严重。正如有学者指出的,法律上对民事诉讼过程当中的任何阶段都允许进行调解而不加任何限制,使得审判程序和调解程序之间可以交叉进行。法院对案件进行审理的任何阶段都允许随时进入调解程序,势必干扰或影响到审理程序的正常进行,损害诉讼程序的正当性。[1]调解程序与诉讼程序只有通过分离,当事人和法官才能清晰地了解和意识到自己处在哪一种程序中,从而实施与该程序的性质相吻合的行为。调解程序虽然比诉讼程序简单得多,但也有一些必备的原

---

[1] 参见毕玉谦:"对我国民事诉讼中审判与调解同质化现象的反思与检讨",载《法律适用》2019年第23期。

则需要遵守，如回避原则、法官信息公开原则等。并且调解的时间也需要规制，以防止久调不决。此外，对调解的方式也需要规制，此问题主要涉及调解是采用"面对面"还是"背靠背"方式的问题。[1]

实践中实现以上调审分离要求的可行路径有两种：一种是法官与社会调解组织（委托调解或特邀调解中的调解组织或调解人）间的调审分离。另一种是法院内部调解法官与审判法官间的调审分离。

4. 实践中调审分离的可行模式

调审分离的观点，逐渐受到实务界的重视。对于如何实现调审分离，地方法院较早进行了调审分离的探索实践。例如，2000年，上海市第一中级人民法院《中国司法调解制度改革研究课题报告》提出，在强化审前会议制度基础上，设立庭前调解制度，重组法院调解组织机构，并辅之以诉讼上和解制度。

最高人民法院在2009年7月最高人民法院《关于建立健全诉讼与非诉讼相衔接的矛盾纠纷解决机制的若干意见》第16条第2款规定："开庭前从事调解的法官原则上不参与同一案件的开庭审理，当事人同意的除外。"此外，最高人民法院《关于进一步贯彻"调解优先、调判结合"工作原则的若干意见》第10条规定："进一步加强庭前调解组织建设，有条件的人民法院可以探索建立专门的庭前调解组织。要进一步优化审判资源配置，有条件的人民法院可以探索试行法官助理等审判辅助人员开展庭前调解工作，提高调解工作效率，减轻审判人员的工作负担。"

根据调审分离的理论实现路径以及各地法院在审判实务中探索分离的改革实践，笔者认为，以下四种调审分离模式较为可行。

（1）先行调解的分离模式。当前，许多法院设立了诉调对接中心，在立案前对可分流至诉前调解的案件进行先行调解。调解法官由立案庭法官，以及其他业务庭法官担任。在正式立案前的诉前先行调解中，负责调解的法官一般不亲自进行调解，而是委派附设于

---

[1] 参见李浩："调解归调解，审判归审判：民事审判中的调审分离"，载《中国法学》2013年第3期。

法院的特邀调解组织或调解员进行具体调解工作。调解成功的，如果当事人希望获得法院调解书或者司法确认，法院可以转立案后负责调解的法官对调解协议进行审查，然后制作法院调解书结案或者对调解协议予以司法确认；调解不成的，直接转入诉讼程序负责调解指导的法官审理。此种模式，实现了调审的人员分离、权力分离、程序分离，在实践中效果也较好。

（2）立案调解的分离模式。"立案调解"是我国法院在对立案庭的功能进行拓展后创立的一种调解方式，是指法院诉前调解立案登记后，由立案庭（诉讼服务中心）专门负责调解的调解法官或者法官助理进行调解，或者委托特邀调解组织或调解员进行调解。调解达成协议后，由法院出具调解书。立案庭的负责调解的法官或者法官助理以及特邀调解组织或者调解人只能进行调解，对案件并无裁判权，调解不成的，案件就转入审判程序，由立案庭其他负责速裁的法官速裁解决。

立案阶段由立案庭法官进行的调解或者委派调解，只负责调解并不具有审判权。而负责速裁的法官不进行调解，如此，实现了诉调人员分离、权力分离和程序分离。

（3）庭前法官助理调解的分离模式。法官助理调解的分离模式，是指案件移交到审判庭后，审判庭把调解和审判工作在法官助理与法官之间进行分工，由法官助理负责调解，调解不成的，再由法官进行审判。由此，实现了审前阶段的调审分离。在实行法官助理制度的法院，不少法院都把主持庭前调解作为法官助理的职责之一。如广州的越秀区、荔湾区、萝岗区等人民法院，北京的房山区人民法院、江苏的常州市中级人民法院、成都的高新技术产业开发区人民法院都采用了由法官助理进行调解的模式。法官助理在案件进入审判庭后，一方面做好开庭前的准备工作，另一方面对当事人都有调解意向的，进行调解。[1]

---

[1]　参见郑金玉："调审分合的尺度把握与模式选择——兼论《民事诉讼法》修正后诉讼调解制度的演进方向"，载《河南大学学报》（社会科学版）2015年第1期。

　　笔者认为，这一模式也是可行的。员额制改革后，一部分原本从事审判工作的法官没有入额，转为法官助理或者审判辅助人员，具有较强的办案能力和经验，而招录法院工作的其他法官助理均有较强法学背景要求，完全可以胜任法院调解工作。实践中，法官助理独立进行调解的做法较为普遍，效果也较好。

　　（4）庭前调解庭（组）调解的分离模式。调解庭（组）分离模式，是指划定调解法官分类，审判庭专门设立调解庭（组），审判法官与调解法官分离。一些法院把那些生活阅历丰富、调解能力强的法官挑选出来，作为调解法官专司调解，而另一些法官专门从事审判。在立案后或者庭审前，由调解庭（组）的调解法官进行调解，调解法官只有调解权而无裁判权。案件如未能调解成功，则交由审判庭审判法官审理。例如，2004 年 3 月 15 日，河北省廊坊市中级人民法院从本院和基层法院遴选了 6 名法官和书记员成立了首家调解法庭，对上诉到中级人民法院的案件，先由调解庭进行调解，调解不成的，再进入审判庭审理。[1]2012 年，南京市中级人民法院设立专事调解的调解合议庭，具体做法：第一，专设调解合议庭。在立案庭领取当日所收上诉卷，逐一登记后电脑分配给调解合议庭法官。第二，调解法官通过阅卷，辨别出哪些案件是可能调解的，将其认为不能调解的案件流转调解合议庭其他法官再甄别。每个调解法官将其认为可调案件保留，进入案件审前调解程序。对一致认为不可调案件，即转入审判合议庭。第三，尊重当事人自愿选择。对可调案件，向当事人发放审前调解征询意见表等，双方均表示愿意审前调解的，进入正式调解阶段。[2]由此，将调解法官与审判法官分离，调解法官专司调解，不仅有效地保证了调解质量，而且也实现了调审分离。

　　以上调解模式中，均不排除采用委托调解或者特邀调解的形式由特邀调解组织或者调解员独立进行调解。

---

〔1〕 参见李秀平："首家调解法庭纪事"，载《法律与生活》2004 年第 10 期。

〔2〕 参见张宽明、邹小戈："南京中院民商二审程序创建'调判适度分离'模式"，载《人民法院报》2012 年 12 月 18 日，第 1 版。

　　此外，对于以上几种调审分离模式，各地法院可以因地制宜，灵活选择适合本地的模式。一般来说，在法院总体案多人少、法官员额不足的情况下，调解工作可以交由法官助理主持进行。而对于人员相对充足，案件压力小的地区法院，可以选择由调解法官或者法官组成的调解庭（组）进行调解模式。此外，笔者主张充分调动社会力量，采用委托调解或者特邀调解的方式。这种做法所实现的调审分离最为彻底。此外，还有其他优势，例如，既可以缓解法院案多人少的问题，也利于帮助法院处理一些依靠法院自身力量所难以解决的法律界定复杂、社会影响大的纠纷。

第五章 法院调解社会化

与以往不同，本轮法院调解改革的一个突出特点是强化法院调解的社会化，壮大协调社会调解力量，创新并发展了委托调解与特邀调解等新的调解方式。法院调解社会化，将诉至法院的民事纠纷纳入到社会综合治理之中，并受到法院的重视与积极推进，究其原因，源于法院缓解案多人少的压力这一直接动力。

一、法院调解社会化内涵与意义

法院调解社会化，即在大调解背景下，法院调解的主体不限于法官，而是联合人民调解、律师调解、行政调解等社会调解力量共同进行。法院调解社会化主要模式为法院附设调解，即在法院之下，设有附属于法院的调解中心，该调解中心由若干调解法官，以及法院特邀的若干调解组织或者调解人组成，调解法官负责调解指导，而特邀调解组织或调解人专门接受法院委托独立进行具体的调解工作。法院调解社会化在调解方式上主要表现为两种：一种是特邀调解，即将社会调解力量"请进来"，法院主导调解，作为法院调解的子系统，由法院特邀调解组织或者调解员共同进行调解；另一种是委托调解，即将案件"送出去"，将社会力量留在原地且自主解决纠纷，由法院特邀组织或者调解员等社会调解力量进行调解。虽然理论上做此划分，但实际操作上二者有时界限模糊，司法实践中常将二者混为一谈，没有严格区分。就法院将案件委托给特邀调解组织或调解人调解这一点，可以理解为委托调解，也可以理解为特邀调解。立法规定上也存在将二者混同的现象。需要说明的是，立法对于不同的诉讼阶段委托调解冠以不同名称以示区别，诉前阶段称为"委派调解"，立案后诉讼阶段称为"委托调解"，但二者没有实质上区别。本书为叙述方便起见，统称为委托调解。

此外，法院调解社会化主要体现在诉前先行调解的环节。即将起诉至法院的民事纠纷认为适宜调解的，分流至诉前调解管理系统。而诉前调解的案件，一般委托给附设于法院的特邀调解组织或者调解员，由后者独立进行先行调解。最高人民法院的司法解释将之称为委派调解。而立案后的诉讼中，虽然法院也可以根据需要将案件委托给特邀调解组织进行调解，但这在司法实践中占极少数。为与诉前委派调解相区别，最高人民法院司法解释中将之称为委托调解。一般来说，如果是法院都调解不了的，其他调解组织很难调解成功。仅在需要有关机关进行协调的情况下，诉讼调解中的委托调解显示出必要性。

需要说明的是，法院调解社会化与独立的人民调解、司法调解、民间调解，以及行政调解等不同。前者系属于法院调解的范畴，是对诉至法院的民事纠纷在诉前或者诉讼中，委托给特邀调解组织或调解员进行的调解；而后者系属于法院调解之外，是非讼调解。实践中，有的法院在诉讼服务中心设立了社会调解窗口，例如，笔者所调研的某基层人民法院，在诉讼服务中心将一部分诉至法院的民事纠纷分流至社会调解窗口，但该社会调解窗口设在法院诉讼服务中心，只是方便于接收案源，在其收案后，便独立进行调解，并不接受法院的指导，在性质上是非讼调解。调解的结果，是没有司法强制效力的调解协议。

法院调解社会化，直接动因源于法院缓解案多人少、矛盾复杂的现实困境，同时也顺应建立多元化纠纷解决机制以及大调解的社会综合治理政策需要。应当说，法院调解社会化具有积极的现实意义，主要体现在以下几方面。

一是有利于缓解法院案多人少压力，一定程度上弥补法院办案力量的不足。

二是利用法院委托调解、委派调解等方式实现调解主体的社会化，为当事人提供多元调解路径。从这一意义上说，法院调解社会化是建立多元化社会纠纷解决机制，实现多元化纠纷解决的重要举措。

三是有利于法院集中力量，提高审判案件的质量。在纠纷分层递进的理念下实现调审案件分流，把适宜调解的纠纷尽可能化解在诉讼程序启动前或者诉讼程序外，使得法官能够把庭审精力集中于那些调解不能因而需要判决确立规则的案件上来。[1]

四是法院联合社会力量进行调解，有利于帮助法院处理一些依靠法院自身力量难以解决的疑难复杂、社会影响大的纠纷。

五是委托调解客观上实现了调审分离。特邀调解组织或个人只受委托进行调解，并没有裁判权。诉前调解不成时，纠纷转立案，由其他专司裁判法官进行审判。诉中委托调解不成时，直接由承办法官对案件进行审判。调审由不同的主体进行，适用的是不同的程序，因此，一定程度上实现了调审分离。

可见，无论诉前或者诉中，都是将案件委派或委托给特邀调解组织、调解员独立进行调解，法官并不参与具体调解工作，只在调解员有需要时提供指导，以及对调解协议进行审查，这种模式较为彻底地实现了调审分离，促进了调解制度优化。因此，从这一意义上说，法院调解社会化改革对于促进法院调解制度的现代化具有重要意义。

总之，法院调解社会化被认为是对传统法院调解的改造。其意义在于，既有利于弥补法院调解本身存在的力量不足，同时也有利于解决法院所无法单独解决的社会棘手问题。近年来，我国法院调解社会化趋势愈发明显，特邀调解，尤其是诉前委派调解的案件数量激增。公开资料显示，2019 年法院线下诉讼服务大厅委托委派调解案件为 515 万件，而当年审结一审民事案件共 939.3 万件，[2]可见，委托委派调解案件数量之庞大，发挥作用之巨大。

---

〔1〕 参见王聪："调判分离还是调判结合：再论法院调解的中国图景——为'调判结合'辩护"，载《河北法学》2019 年第 9 期。

〔2〕 参见最高人民法院工作报告 2020 年。

二、委托调解

笔者认为，委托调解，是指法院将诉至院的民事纠纷，在立案前或立案后，在征得当事人同意的情况下，将纠纷委托给特邀调解组织或调解员，由后者独立进行调解的活动。法院在委托调解中起指导作用，特邀调解组织与调解员具体进行调解工作，调解结果与诉讼相衔接。

（一）委托调解的立法发展

有关委托调解的立法，主要体现在最高人民法院发布的司法解释中。2004 年 9 月，最高人民法院颁布的《调解规定》在强调特邀调解的同时，创新设置了委托调解新机制。根据《调解规定》第 1 条，"人民法院可以邀请与当事人有特定关系或者与案件有一定联系的企业事业单位、社会团体或者其他组织，和具有专门知识、特定社会经验、与当事人有特定关系并有利于促成调解的个人协助调解工作。经各方当事人同意，人民法院可以委托前款规定的单位或者个人对案件进行调解，达成调解协议后，人民法院应当依法予以确认"。之后，2010 年《关于进一步贯彻"调解优先、调判结合"工作原则的若干意见》、2016 年最高人民法院《特邀调解规定》等司法解释对委托调解均予以细化。尤其是《特邀调解规定》的出台，对于委托调解的发展具有里程碑式的意义，是规范委托调解的重要法律文件。

2004 年《调解规定》并未区分立案前与立案后不同阶段的委托调解的区别，亦没有对委托调解的性质进行界定。实践中，均称为委托调解。直到 2016 年《特邀调解规定》尝试总结，实现委托调解与诉讼学理的衔接，将立案前的委托调解与立案后的委托调解加以区分。立案前的委托调解称为委派调解，立案后的委托调解称为委托调解。委派调解性质上尚未有统一认识。学界倾向于认为其属于非讼性质，理由是法院未正式立案，诉讼尚未正式开始。但实务界普遍将其视为诉讼性质，因为纠纷已纳入诉前调解管理系统，法官指导调解，且对达成的调解协议需要进行审查，制作法院调解书结案。而法院受理后的委托调解，性质上属于诉讼调解。

但总的来说，司法解释对于委托调解的规定较为简单。例如，对于委托调解的主体规定得较为宽泛，对于有"特定关系""一定联系"并没有具体的界定。而对于委托调解的案件范围以及委托调解程序均没有予以规定。此外，诉调对接亦存在不明确之处。由于法律规范的缺失，导致实践中委托调解呈现多元化样态。

（二）委托调解实践

通过对各地法院的实践的一般考察，以及具有一定普遍性和代表性的某市地区法院的个案分析，可以概要了解到法院委托调解的实践样态。

1. 委托调解主体

实践中，逐渐建立起了不同类别的调解组织，主要包括人民调解、行政调解、商事调解、专业调解、律师调解等调解机构和组织。初期以人民调解为主，近年来，律师调解发展较快，并被许多法院所接受。许多法院在立案庭中设有诉调对接中心，建立起较为固定的调解组织与个人作为特邀调解组织或调解员，采用合作协议方式授权后者委托调解。例如，上海市浦东新区人民法院立案庭在诉讼服务中心之外，专门设立诉调对接中心作为委托调解的常设机构。诉讼服务中心对于符合诉前调解的纠纷，诉前调解登记后分配给诉调对接中心进行调解。诉调对接中心配备有调解指导法官以及法官助理、书记员若干名专司调解指导，及对调解协议进行审查，制作法院调解书或者撤诉裁定案诉调对接工作。诉调对接中心根据纠纷类型，将纠纷委托给与法院有固定委托合作关系的调解机构和人员进行调解，后者独立进行具体的调解工作。接受法院诉调对接中心委托进行调解的机构，是由该诉调对接中心与司法局合作建立的两支专门委托调解队伍：一是普通调解组。配置有4000多名人民调解员，负责接受委托调解普通的物业、婚姻家庭抚养等纠纷。二是专调组。主要由东方调解中心的律师组成，负担接受房屋租赁、商品房买卖合同、劳动争议，以及医疗事故损害赔偿纠纷的委托调解。由于人民调解员的调解效果不如律师调解，近年来，由律师接受委托进行的调解越来越多，律师成了主要的委托调解主体。另外，各业务庭也配有调解法官，并邀请相关机构或相关领域的专业人员作为特邀调解组织或调解员，进行调解工作。

此外，实践中，作为一种案件分流、多元解纷的创新之举，有的法院还在诉讼服务中心专门为社会调解设立窗口，并将一部分诉到法院的纠纷引导分流到社会调解窗口进行先行调解。例如，上海市浦东新区人民法院与该区司法局合作，在法院诉讼服务中心专门设立"先行调解"窗口，该窗口为司法局成立的东方调解中心。法院对诉至法院、符合诉前调解的一部分纠纷，主要包括标的额较少纠纷以及特定类型的纠纷，如物业纠纷，婚姻家庭抚养等家事纠纷，医疗纠纷、机动车事故纠纷等，引导当事人到"先行调解"窗口进行调解解决。对这一部分分流到先行调解窗口的纠纷，法院并不立诉前调解案号，不进行管理，也不参与调解指导。该窗口收案后，由东方调解中心独立进行调解活动，法院并不干预，也没有指导法官对其调解活动进行指导。东方调解中心的调解结果并不接受法官的审查，不受法院诉前调解期限的限制，也没有与诉讼的对接。调解成功达成调解协议的，双方当事人可以依据《民事诉讼法》向法院申请司法确认。调解不成的，当事人自行选择是否向法院起诉。可见，对于此种分流到社会调解组织的调解，严格来说，并不属于法院委托调解，而是属于一种独立的社会调解，在性质上属于非诉调解。法院在其中所起的作用，类似于一种"中介"，是引导纠纷主体将纠纷交由社会调解组织进行非讼解决，而法院由此分流出一部分本应进行诉前调解登记、交由诉调对接中心解决的纠纷。法院与社会调解组织的这种合作，对于法院来说，进一步缓解了案多人少的压力；对于社会调解组织来说，解决了案源少的问题，因此是一种双赢。而此种合作，又为优先调解、多元解纷等司法政策所鼓励。据笔者调研，该窗口自 2020 年 9 月设立，两周以来，接收由法院引导前来寻求调解解决的纠纷 282 件，日平均 28 件。而该院自 8 月 1 日至 9 月 14 日，新收诉前调解案件 8200 余件，共 30 个工作日，日均诉前调解登记约 273 件。以日均数量计算，分流到社会调解窗口的案件占该院诉前调解案件的比率为 10%。

总之，近年来，全国各地法院陆续推行一站式多元解纷和诉讼服务机制，各地法院建立了各种形式的诉讼服务中心，并组建各种类型的调解中心，专门接受委托从事委托调解工作。其中，既有办理普通纠纷的调解组织，亦有专司医疗、道路交通等纠纷的专业调解组织，此外，律师的参与日益活跃。委托调解组织日益增加，且类型多样。据官方统计，截至 2019 年，全国法院共有各类调解工作室超 7000 个。[1]

2. 委托调解案件范围，一般没有明确限定

实践中，委托调解案件一般为简单的民事案件，但没有明确限定。此外，委托调解案件范围普遍较为广泛，基本上等同于诉前调解的案件范围。例如，笔者所调研的某基层法院，诉前委托调解的案件，除当事人申请财产保全的，以及诉讼标的额在 1000 万以上的案件之外，均划入到诉前调解案件范围中，而诉前调解的案件，均可以进行委托调解。而在该院，诉讼标的额 1000 万以下的划为简易民事案件。可见，由于简易民事案件范围较为宽泛，进而形成进入诉前调解的案件范围宽泛，而诉前调解的案件均可以委托调解，客观上形成了当前委托调解案件范围宽、数量大的局面。此外，当前委托调解纠纷类型比较广泛，包括婚姻家庭等家事纠纷、物业纠纷、民间借贷、道路交通损害赔偿等民事纠纷、买卖合同等商事纠纷以及金融纠纷，甚至包括知识产权纠纷等，只要划入到诉前调解案件范围中的，均可以进行委托调解。

实践中，有时法院也将涉及面广、法律适用复杂的较为棘手案件进行委托调解。从而使委托调解范围呈现出要么简单、要么复杂的两极化现象。对于委托调解的必要性与可行性由法院裁量，或者因为案件涉及敏感问题、涉及面广，处理压力较大，或者出于某种政策考量，仅依法院自身力量难以解决。

3. 委托调解流程灵活性较大

实践中，涉及启动、委托、调解、终结等委托调解程序构架与

---

[1] 参见最高人民法院工作报告 2020 年。

设置思路差异不大，但具体如何实施委托调解，因地因案因人不尽相同，实践流程具有较大的灵活性。据笔者调研，委托调解流程大致如下：

第一阶段，启动。一般由法院依职权决定委托调解。在诉前，法院一般会自行决定是否将纠纷分流至诉前调解，并将纠纷直接分配至法院附设的诉调对接中心进行诉前调解。而诉中案件，则由承办法官根据实际需要，决定是否委托调解。如果决定委托调解，则将案件发送到法院调解中心，或直接委托有合作关系的调解机构或调解员进行调解。

第二阶段，意见征询。对于诉前调解的，诉调对接中心收案后，首先，征询被起诉人的意见，是否同意进行调解，以及是否同意委托调解，称为征询。其次，如果双方同意委托调解，则由诉调对接中心确定指导法官，并确定委托特邀调解组织或调解员，称为分案与排期。

第三阶段，发送调解。对诉前调解纠纷，经征询被起诉人意见，同意委托调解的，诉调对接中心将纠纷发送至特邀调解组织或者调解员具体进行调解工作，称之为发送调解或者交付调解。这一阶段的调解工作由特邀调解组织或调解员独立进行，法院虽分配指导调解法官，该法官有权进行指导，但由于指导法官人数少，实践中，一般由调解员独立进行调解，法官不参与其中。一般仅在调解员遇到疑难问题提出需要帮助时，法官才提供指导。在委托调解程序中，法官、调解员都表现出不同程度的能动性。例如，主动引导当事人进行委托调解、主动提供调解方案，以及主动进行证据调查等。

第四阶段，即最后阶段，为调解结束后的诉调对接程序。具体对接方式有以下几种：一是经调解达成协议，需要法院下发正式法院调解书的，调解员将调解协议书及调解卷宗交付指导法官进行审查，案件管理系统转立案后，由调解法官经审查后下发正式法院调解书结案。二是经委托调解达成的协议，当事人还可以申请法院对调解协议进行司法确认，法院转立案后，经审查下发调解协议司法确认书结案。三是经调解达成协议且已实际履行的，起诉人提交撤诉申请，转立案后，由指导法官审查下发准予撤诉裁定结案。四是委托调解不成，或者超期没有达成调解协议的，直接转立案进入审判程序，根据案由交由相关业务庭进行审理。案件审限自转立案时起计算。

三、特邀调解

特邀调解，是指法院在调解过程中邀请其他调解组织、个人参与协助调解，也称协助调解。理论上特邀调解与委托调解不同，是将案件"请进来"，但就法院调解社会化，即将诉到法院的纠纷联合社会调解力量共同解决这一点上，实质是一样的。此外，在特邀调解启动、调解工作进行以及诉调结果对接上，与委托调解基本相同。

（一）特邀调解立法状况

特邀调解的立法最早见于1991年《民事诉讼法》，该法对"被邀请的单位和个人"设置了协助义务。但相当长时期内，特邀调解很少运用。伴随社会治理理念、司法政策及诉讼调解的复兴，邀请调解率先有了变化。2004年《调解规定》开始强调邀请调解。之后，两个比较重要的有关特邀调解的文件出台，即2016年最高人民法院《多元化机制改革意见》以及《特邀调解规定》。

其中，2016年《特邀调解规定》对于健全特邀调解制度具有重要作用。根据该规定，特邀调解整合资源，推动形成多元解纷合力。包括：（1）做好特邀调解资源对接。要求各级法院结合本地实际和各类专业调解的特点，将各类专业、高效、优质解纷资源引进来，分别建立与特邀调解对接制度、机制、责任部门和人员，实现特定类型纠纷的专业化处理。（2）统筹调配特邀调解资源。建立特邀调解管理系统，对纳入特邀调解名册管理的调解资源，结合纠纷类型特点、社会影响程度、调解员能力和绩效等因素，统一分类建立数据库，实现调解资源优化组合、统筹调配、优势互补。（3）促进解纷效能提升。要求各级法院将特邀调解制度贯穿到立案、审判、执行全程。落实委托调解，综合运用法律规则、行规习惯、善良风俗、公平正义观念推动特邀调解的规范化、专业化、法治化，促进纠纷实质化解。推动建立党委政法委牵头的纠纷解决中心，针对重大复杂纠纷，做好风险防控化解，通过示范调解，提高批量化解纠纷效能；建立特邀调解联动协同机制、定期会议制度，做好源头防控、源头化解，增强纠纷化解的预见性、快捷性和实效性。

根据《多元化机制改革意见》规定，登记立案后或者在审理过程中，人民法院认为适宜调解的案件，经当事人同意，可以委托给特邀调解组织、特邀调解员或者由人民法院专职调解员进行调解。立案后，要明确委托调解和诉讼调解，当事人自愿接受，使现有程序有机衔接，便于全面调动各机制构建分流体系。委托调解达成调解协议的，特邀调解员应当向人民法院提交调解协议，由人民法院审查并制作调解书结案。达成调解协议后，当事人申请撤诉的，人民法院应当依法作出裁定。

（三）特邀调解实践

根据学者综合最近 10 年的公开信息可知，实践中，委托调解与特邀调解主要表现出以下共同特点：

1. 委托调解与特邀调解案件数量庞大

从报道来看，案件数量较小的情形通常出现在法院调解社会化的初期，至 2018 年，所报道的特邀调解数量增长极快且案件数量、类型、成功率、案情等皆有显著攀升。2019 年，线下诉讼服务大厅委托委派调解案件 515 万件，而当年审结一审民事案件共 939.3 万件，[1]在笔者所调研的某基层人民法院，诉前调解的纠纷数量庞大。例如，2014 年为 47 062 件，2015 年为 61 078 件，2016 年为 75 956 件，2017 年为 87 497 件，2018 年为 83 522 件，而 2019 年则达 91 006 件。如此众多的纠纷由有限的员额法官或者法官助理亲自进行调解，很显然不现实也难以实现。与众多法院的做法一致，该法院基本上将诉前调解纠纷分配给附设于法院诉调对接中心，以及分中心之下的特邀调解组织或特邀调解员来进行调解，特邀调解员主要由人民调解员、退休法官以及律师、专家等组成，数量较多，

---

〔1〕 参见最高人民法院工作报告 2020 年。

且在不断增加之中。而数量有限的指导法官仅起调解指导作用，以及在调解结束时负责诉调对接工作。特邀调解极大缓解了法院案多人少的压力，在少数专司调解的法官的指导下，在立案前解决了大多数诉至法院的民事纠纷。

2. 关于委托调解与特邀调解成功率及期限

从报道上看，委托调解率、调成率基本在50%以下。实际上，报道的委托调解与特邀调解案件数量以及调解成功率可能有部分夸大之虞。司法实践中，许多法院并没有对委托调解与特邀调解的成功率进行统计，虽然这是一个非常重要的数据，能够反映与分析委托调解与特邀调解的必要性与意义。笔者在某基层人民法院调研时与具体负责委托调解的指导法官访谈，该法官坦言，委托调解与特邀调解的成功率并不高，根据该法官所作的估计，委托调解与特邀调解的成功率占发送委托调解与特邀调解案件总数的30%左右。调解周期一般不超过30日。超过30日的，诉前调解管理系统会自动将案件发送到审判系统。

四、法院调解社会化中出现的问题

法院调解社会化改革，引入社会力量进行调解，是法院调解的有益尝试，在实践中发挥了积极作用，并成为今后法院调解改革的发展趋势。但当前法院调解社会化过程中也出现了许多问题。概括地说，委托调解与特邀调解存在运行目的明确与运行边界模糊间的矛盾。委托调解与特邀调解旨在发挥社会力量协助解决纠纷，缓解法院案件压力，多元解纷达至社会和谐稳定，这一运行目的是明确的。但因解决纠纷以实现治理目标的缘故，法院在具体运用特邀调解制度时，往往拥有较大自主权与决定权，属于"相机行事"，运行边界模糊，从而使制度表达与司法实践出现背离。具体来说，委托调解与特邀调解中存在以下问题。

（一）委托调解与特邀调解的主体问题

法院委托社会调解主体或调解员进行调解，在实践中遇到的问题主要包括以下几个方面：一是可供委托的社会调解组织与调解员资源有限；二是受委托的特邀调解组织与调解人参与调解积极性不高，不配合法院调解、消极对待法院委托；三是社会调解组织与调解人调解能力不强；四是特邀调解主体随机扩张；五是特邀调解主体社会性不强。

1. 可供委托的社会调解组织或调解员资源有限

如前所述，目前，社会调解力量主要是人民调解会，其他社会调解组织与调解员力量不足。法院特邀调解组织主要是人民调解委员会，但人民调解存在调解人员年龄偏大，人员及知识结构老化，不具有法律及专业背景，调解技术落后等问题，调解能力有限。其适宜调解一些简单、传统类型的纠纷，如家事纠纷、邻里纠纷，但无法应对专业性更高以及复杂程度更高的现代型民事纠纷。而当前民事纠纷日趋复杂，需要调解能力更强的专业调解组织与人员。目前，我国行业调解、商事调解、专业调解以及法律专业较强的律师调解等调解组织与调解员，数量有限，规模尚小。虽然近年来加强了法院特邀调解组织建设，例如，据官方公布，截至2019年，全国法院已共有调解工作室超7000个，3200多个"在线调解室"[1]化解了数百万件矛盾纠纷，调解组织建设取得了快速发展，但相对于数量庞大的适宜委托调解案件来说，远远不够。

2. 调解主体能力和资质不足

为了对调解员的资格进行把关，近年来司法解释要求试点法院建立特邀调解员制度，建立特邀调解组织及调解员名册，探索明确行政机关、人民调解组织、商事调解组织、行业调解组织以及其他具有调解职能的组织进入特邀调解组织名册的条件，明确人大代表、政协委员、人民陪审员、专家学者、律师、仲裁员、退休法律工作者等人员进入特邀调解员名册的条件。但实践中，法院在特邀调解员资格的审查上，缺乏标准，随意性较大。此外，对调解员的培训尚处于探索阶段，受制于法院人力限制，法院对调解员培训的开展尚无法制度化、常规化。因此，社会调解专业化、职业化尚未形成，调解技能的发展更多靠实务经验的积累。而相关的调解法学教育体

〔1〕 最高人民法院工作报告2020年。

系还处于萌芽前阶段，尚不能为专业调解人员队伍提供后续人才输入支持。

3. 特邀调解组织与调解人参与调解动力不足

当前社会力量参与法院调解的动力不足，而法院对社会调解力量的调动能力有限。一方面，社会调解组织与调解员参与法院调解缺乏常规化动力机制。目前，我国人民调解实行免费制度，法院附设特邀调解组织及人员的经费，主要由法院自己来解决。这对于主要靠诉讼费支撑、财力本就不宽裕的法院来说，已显捉襟见肘。因此，受邀调解人员普遍报酬较低，仅限于补贴性质，这是造成特邀调解组织与调解人参与调解动力不足的直接原因。此外，尽管参与司法可能给民众带来某种收益，例如经济补贴收益以及一定的名誉等非经济性收益，但这些属于即时性激励，而不是常规性激励，甚至缺乏预期性收益，并不能给特邀调解组织与调解员参与调解带来持续动力。实践中，社会调解组织接受委托调解的积极性并不高，尤其是行政调解与行业调解，受利益支配对委托调解表现比较消极。很多社会调解组织或调解人不愿意接受委托，或勉强接受委托敷衍拖拉，将案件滞留一段时间后，以调解不成再送回法院。

另一方面，法院对此无能为力，并没有足够权威与手段使社会调解组织与人员协助调解。实践中，协助人参与调解并不认为是在履行协助义务，而法院对拒绝协助者也无法予以处置。这也是一些法院即便压力再大也宁可自己进行调解的原因。

实践中，有些法院尝试委托调解收费制度，并取得了一定效果。例如上海某区基层法院特邀行业专家、律师等进行专业调解，如果调解成功，则根据案件是普通纠纷还是商事纠纷类型，由特邀调解组织分别按应收诉讼费的10%或者20%比例收取调解费。如果调解不成，则不收调解费。相应地，调解成功给调解员支付较高报酬，如此做法，调动了相关专业调解组织和调解员的积极性。但由于实践中，法院做法不一，收费标准各不相同，存在收费不规范、不合理的问题，需要加以解决。

4. 特邀调解主体随机扩张

根据 2016 年《特邀调解规定》，"特邀调解员为促成当事人达成调解协议，可以邀请对达成调解协议有帮助的人员参与调解"。所谓"有帮助"的立法表述相对灵活、宽泛，实践中往往视个案需要选择协助人。根据学者调研，实践中法院的特邀调解主体主要包括以下几类：

一是人民调解员。特邀调解与人民调解具有不言而喻的亲和性。在法院推进特邀调解之前，人民调解在纠纷解决中长期陷于萎缩状态，民事纠纷主体较少寻求人民调解解决纠纷，人民调解缺少案源。当前法院积极推进的特邀调解制度，为人民调解寻求制度发展提供了突破口。近年来，人民调解制度加速制度改革与实践创新，且新型人民调解组织大多被整合到特邀调解制度中。实践中，很多法院首先与司法行政部门合作，推进诉前调解。法院特邀调解组织中以人民调解为主，特邀调解员绝大多数为人民调解员。

二是律师。在一些国家与地区，调解是律师的重要业务之一。在我国的委托调解实践中，有些法院也特邀律师参与调解。例如，上海浦东新区人民法院与上海市司法局合作，在法院诉调中心诉前调解案件需要特邀专业调解员时，由司法局专业组派出律师作为特邀调解员进行调解。近年来，特邀律师调解逐渐受到立法上的肯定与支持。例如，2017 年最高人民法院、司法部《关于开展律师调解试点工作的意见》除明确规定律师、律师调解工作室、律师调解中心独立开展调解外，还规定了律师可以参与法院委派、委托调解。律师作为特邀调解员参与法院诉前调解的情况越来越普遍。

三是行业专家。例如，商标、专利等知识产权领域的专家参与知识产权案件调解，证券、银行等金融领域专家受邀参与相关案件调解等。

四是地方政府以及人大代表、政协委员等。当前，法院系统将党委领导下的多元解纷机制作为法院质效指标之一，各地法院纷纷建立相关机制。在此机制以及实践中特殊情形下，地方党委、政府以及人大代表、政协委员等也可能成为协助人，受法院特邀主持案件调解工作。实践中，这种情况并不多见，仅限于少数涉及社会敏感问题，或者涉及某些行政行为的纠纷，例如拆迁、企业改制引发的纠纷等。在遇到此类案件单独依靠法院的力量难以解决时，法院倾向于特邀地方政府参与，借助地方政府的力量进行协调解决。

地方政府以及人大代表、政协委员参与调解可能催生政治溢出效应，这或许是法院所重视的。但应当看到的是，法院特邀地方政府以及人大代表、政协委员介入对于纠纷的解决具有两面性：一方面有利于促成调解协议的达成；另一方面人大代表、政协委员等的意见会无形中左右法院的判断。这种"协助人主体扩张现象"，可能导致特邀调解制度目的明确与运行边界模糊的问题。[1]

5. 委托或特邀调解主体社会性不强

通过对以上特邀调解主体身份的考察，可以发现，委托调解的社会性表现不足。委托调解的优越性，被学界认为是民事纠纷解决"第三领域"，系国家力量和民间力量共同介入的介于司法和非司法之间的一种民事纠纷解决机制。[2]这是委托调解社会性的表现。但通过以上委托主体考察，法院的确将部分案件委托人民调解等社会调解组织主持调解之外，还可以发现以下问题：（1）受托组织还涉及国家公权机关。但凡具有一定影响的案件，受托组织或个人往往非一般调解组织、社会公众。（2）法院委托调解通常依司法解释及各地规范运行，部分委托调解案件有抛"烫手山芋"之嫌。（3）具有一定影响案件的委托调解，其背后的支撑力量往往既非受托组织或个人，也非负有司法审查职能的法院。（4）在有权机关接受委托调解时，其运作方式往往偏离通常的调解构架及运作逻辑，且其调解往往更侧重于从社会影响而非纠纷本身来选择解决

---

〔1〕 参见曾令健："法院调解社会化：实践评价与学理反思"，载《中南大学学报》（社会科学版）2019 年第 3 期。

〔2〕 参见徐胜萍："民事纠纷解决的第三领域——法院委托调解"，载《东北师大学报》（哲学社会科学版）2010 年第 1 期。

策略、措施。[1]

此外，在委托调解中发挥较大作用的人民调解本身也存在社会性不强的问题。由于人民调解制度及其运行一直为政府力量所推动，故称"政府推动型人民调解"，其作为社会力量代表的程度也较低。由此，委托调解社会性所体现的所谓"国家与社会之互动"，在相当程度上异化为国家权力的统一行使及分工配合。正如有学者指出的，应当注意的是，当前法院委托调解在主体上存在社会性不强的问题直接导致委托调解制度设计与实践的偏离。主要包括：一是条文与实践之"另类"背离。法院在委托调解中引入社会力量方面发生异化。二是法律实用主义与法院调解原则、规范的偏离。调解主持者、参与者往往一方面强调某些被公开的原则、规范、政策，另一方面又采取利于平息纷争的一切手段与策略，这种偏离状态是当前委托调解存在的主要问题。[2]

（二）委托调解案件范围随意

《民事诉讼法》未明确特邀调解案件的范围，司法解释仅概括规定为凡适合调解的均可适用特邀调解。依《民事诉讼法》及司法解释，民事案件可分为"不得调解""应当调解""可以调解"三类，据此，委托调解案件包括应当调解与可以调解的案件。这实际上是将委托调解案件范围等同于法院调解的案件范围。

直到 2017 年最高人民法院《关于民商事案件繁简分流和调解速裁操作规程（试行）》［以下简称《操作规程（试行）》］出台，委托调解案件范围有所限制。根据该《操作规程（试行）》第 9 条规定："下列适宜调解的纠纷，应当引导当事人委托调解：家事纠纷、相邻关系纠纷、劳动争议纠纷、交通事故赔偿纠纷、医疗纠纷、物业纠纷、消费者权益纠纷、小额债务纠纷、申请撤销劳动争议仲裁裁决纠纷。"此外，"其他适宜调解的纠纷，也可以引导当事人委

---

〔1〕　参见曾令健："法院调解社会化：实践评价与学理反思"，载《中南大学学报》（社会科学版）2019 年第 3 期。

〔2〕　参见曾令健："法院调解社会化：实践评价与学理反思"，载《中南大学学报》（社会科学版）2019 年第 3 期。

托调解"。分析该规定可见，委托调解范围包括两类：一类是应当引导当事人委托调解的案件，具体包括九类案件，从案件类别看，均是传统的、普通案件类型。从总量上看，2019年约占法院受理案件总量的20%。[1]另一类是可以引导当事人委托调解的案件，范围扩大到前述模糊的"适宜调解的"纠纷范围。这一模糊性规定，给了法院极大的自由裁量空间。

实践中，除上述应当委托调解的案件范围外，对于其他适宜调解的，是否具有委托调解的必要性与可行性，由法院裁量。法院或者依案件处理压力，或者出于某种政策考量，随意性较大，通常由法院视案情而定。很多基层法院没有明确规定委托调解的案件范围，而是由法官视情况决定是否适用。但法院一般规定诉前调解纠纷范围，由于诉前调解的纠纷主要采用委托调解方式进行，因此导致委托调解范围宽泛。例如，在笔者进行调研的某基层人民法院，分流到诉前调解的民事纠纷范围亦较宽泛，即除当事人申请财产保全的，以及诉讼标的额1000万以上的纠纷外，其他民商事纠纷一般均可以进行诉前调解，而诉前调解主要由特邀调解员进行。也就是说，委托调解的案件范围与分流至诉前调解的案件范围是一致的。

委托调解范围随意扩大，出现法院委托调解不当的问题。即一些复杂、疑难、社会影响较大的案件，法院处理起来尚且困难，却反而委托调解。例如，拆迁补偿纠纷，因涉案利益较大，冲突剧烈，仅仅靠法院力量往往不易处理，因此有相当部分拆迁案件法院适用特邀调解。

可见，委托调解的案件范围，仍然边界模糊、弹性很大。实践中法院有时根据利益考量随机决定委托调解案件范围，使委托调解案件范围处于两个极端——要么较简单，要么难度大。其中，简单民事纠纷所占的比重较大，委托调解较为顺畅。但也有部分案情复杂或由于其他原因导致委托调解极为困难。总体来说，委托调解的

---

[1] 参见最高人民法院工作报告2020年。

案件范围呈扩大化趋势并影响到委托调解的效果。如前所述，2019年线下诉讼服务大厅委托调解案件数量已经达到当年审结民事案件总量的 54.8%，数据表明了委托调解范围的宽泛，但对于委托调解的效果却鲜有顾及。

（三）委托调解中存在不同机构与组织间的矛盾

在委托调解实践中，令法官感受强烈，却难以解决的，是委托调解存在利益考量引起不同机构与组织间的矛盾，归根到底是一种利益之争。主要表现为以下几个方面：

一是有些法院拒不委托调解。例如，属于应当委托案件范围的一些民事、家事、小额纠纷等简单民事纠纷，委托调解成功率和效益较高，但很多法院为了显示工作业绩、追求案件数量和调解率统计指标，不愿将之付诸社会调解。

二是有关调解组织拒不接受委托调解。例如，有些法院将以上民事纠纷委托给社会调解组织的时候，有关社会调解组织拒不接受委托。根据笔者在法院的调研，法官反映在委托调解中存在的一个主要问题，便是其他调解组织并不配合法院委托调解，即挑案子。据法官介绍，某些司法行政机关的领导公然称，不挣钱的案子不做。为此，法官不得不三番五次与司法行政机关协商，甚至动用私人关系进行沟通。因此，法院不得不花费大量精力进行沟通协调。

三是特邀调解组织相互之间也存在矛盾，即争案子。例如，专业调解组织由于调解收费，案子标的额越大收费越高，因此，倾向于接受标的额大的纠纷进行调解，而对于标的额小的则不愿意接受委托调解。

以上委托调解主体间矛盾的出现，归根结底源于利益之争。透过现象可以发现，所有先行调解涉及各不同单位间、不同部门间协调中出现的障碍，都是出于背后的利益之争。各部门各单位市场化追求严重，以追求利益为主要行为导向，各自为政，因此经常出现不能出于大局需要而对法院的委托调解工作进行配合的情况。这是当前推行委托调解过程中法院遇到的最难解决的问题。

（四）委托调解缺乏程序保障

值得注意的是，委托调解存在对程序上问题的忽视，例如委托调解缺乏规范与监督，对当事人程序保障不足等。程序保障不足，影响委托调解的效果，也有损法院司法权威，应当引起重视。

1. 委托调解缺乏规范与监督

委托调解缺乏规范与监督的主要表现：

一是委托调解规范缺失，对特邀调解员监督不足。委托调解与特邀调解是依靠实践创新发展而来的，无论是委托调解主体、委托调解范围，还是委托调解程序等等，均处于探索阶段，从立法方面看，尚无统一的规范。实践中，各地法院的具体做法亦不尽相同。例如，笔者调研的某市基层人民法院，该院诉调中心诉前调解案件数量庞大，而立案庭诉前指导法官仅有 6 人，法官助理 1 人，平均每个指导法官每年指导调解的案件有六七百件。在这种情况下，诉前调解案件委托给特邀调解员之后，具体如何调解基本由特邀调解员全权负责，整个调解过程基本上脱离指导法官控制，只在调解结束需要法院出具法院调解书时，指导法官才会对法院调解书进行审查。而指导法官对调解协议的真实性与合法性进行审查时，仅仅从书面上很难发现问题。对此，指导法官也有担忧，即对特邀调解员缺乏监督，可能出现双方恶意串通，目的是侵犯第三人合法权益，而达成虚假调解协议的情况。这种情况在实践中时有发生，且后果严重。因为法院一旦确认调解协议下发法院调解书，双方签收后即生效。与判决不同，生效的法院调解书没有二审程序把关，直接进入到执行程序，只有在执行程序中第三人提出异议时，法院才会发现错案，但此时已造成对第三人合法权益的损害。

二是特邀国家机关调解时带来的司法权不规范使用。实践中法院对矛盾冲突较为激烈、法律层面不宜简单判断的案件到相关行政机构去沟通协调，寻求支持，扩大协调参与者范围，此种做法虽然避免了矛盾的升级和激化，又使法院不必在敏感问题上做出简单的判断，规避了职业风险，但同时也容易异化为司法权力的不规范使用，其结果不但模糊了法官本身的职业面貌、消解了法律规则的严肃性，也使得双方当事人更加不执着于法律规则层面的抗辩、证据的使用、法理的说明，而是积极热衷于寻求各种社会资源，试图在非正式规则层面与对方展开博弈。[1]

2. 委托调解中对当事人程序保障不足

委托调解程序上比较随意，缺乏程序规范，对当事人的程序保障不足。如前所述，委托调解制度设计主要是出于法院缓解案多人少的现实困难以及回避处理一些疑难复杂社会影响大案件时的风险，而不是从当事人程序主体地位角度进行的，因此，制度设计对当事人的程序保障存在忽视。例如，是否委托调解或者由特邀调解员来进行调解，一般由法院决定，并不征求当事人同意。而具体是特邀人民调解员，还是律师，还是退休法官来进行调解，也并不取决于当事人的意愿。根据笔者的调研，实践中，当事人更加倾向于指导法官或者法官助理进行调解，如果指导法官或者法官助理不能调解，退而求其次倾向于由退休法官进行调解。而据指导法官介绍，由退休法官主持的调解质量更好一些。总之，当事人希望在委托调解中的主体地位得到重视，获得并行使一定的选择权、包括是否选择委托调解，以及选择邀请谁主持调解等。而在理论上，基于自愿原则，当事人应当享有以上程序权利。正如学者所言，法律界对调解显示出一种"集体焦虑"，将其视为妨碍法治、诉讼和审判的异物，认为调解及司法社会化已经过度、必然干扰法治目标。[2]而委托调解实践中法官表现出的能动性倾向，诸如以上对当事人程序权利的忽视及保障不足等问题，的确应当引起重视。

（五）法院在特邀调解与委托调解中的地位问题

由于委托调解主体、运行方式及运行功能不断扩张，出现了法院与特邀调解组织与调解员之间关系问题。例如，法院是否居于主导地位？实践中，适用特邀调解不限于纠纷系属法院后，协助人介入也延伸至受理前。大多立案阶段的特邀调解已在时间维度超出法院调解范畴。在极端情形中，法院会采取"只要能解决问题而形式

---

[1] 参见曾令健："法院调解社会化：实践评价与学理反思"，载《中南大学学报》（社会科学版）2019年第3期。

[2] 参见范愉："委托调解比较研究——兼论先行调解"，载《清华法学》2013年第3期。

业已不是问题之关键"的态度来处理诉讼技术事宜。由此，特邀调解的司法属性变得含糊，似乎更有张力。

有学者指出，委托调解实践的变通性、非典型做法可能导致模糊法院调解与案外调解界限，出现制度运行方式扩张、制度功能扩张等现象。所谓运行方式扩张，即特邀调解制度不限于法院视审理需要而适用，实践中所谓"协作""联动"等方式显示法院调解出现弥散化，或谓之司法权运行开放化的倾向。所谓制度功能扩张，即制度运行不限于解决纷争的目的，个案往往被赋予更多意义，如社会治理功能、社会影响等。这些都使特邀调解制度运行边界变得模糊。由此，特邀调解与委托调解一样，均应警惕法治虚无主义，这是法院调解社会化过程中尤其要注意的问题。[1]

（六）诉调对接存在问题

实践中，法院在构建诉调对接工作平台方面卓有成效，近年来各种形式的诉调对接中心相继建立。此外，对于在诉讼过程中委托调解的，诉调对接亦相对顺畅。即调解成功的，付诸委托调解的承办法官经审查后，可以以法院调解书形式或者撤诉形式结案。对于调解不成的，由于我国在委托调解和特邀调解期间并不中止审判程序，因此，经委托调解或者特邀调解，无法达成协议的，案件直接回到审判程序，由法官继续进行审理。根据 2016 年《多元化机制改革意见》规定，立案后，要明确委托调解和诉讼调解，当事人自愿接受。委托调解达成调解协议的，特邀调解员应当向人民法院提交调解协议，由人民法院审查并制作调解书结案。达成调解协议后，当事人申请撤诉的，人民法院应当依法作出裁定。委托调解未达成协议的，人民法院应当及时转入审判程序审理。此外，《操作规程（试行）》第 14 条规定，经委托调解成协议后撤诉，当事人就调解协议的内容或者履行发生争议的，可以提起诉讼。人民法院应当就当事人的诉讼请求进行审理，当事人的权利义务不受原调解协议

---

[1] 参见曾令健："法院调解社会化：实践评价与学理反思"，载《中南大学学报》（社会科学版）2019 年第 3 期。

的约束。

可见，诉讼中委托调解的诉调对接，立法规定较为明确，实践中也较为顺畅。当前诉调对接问题主要集中于诉前调解以及法院与特邀调解组织间的关系上，具体包括以下几个方面：

一是委托调解启动阶段，法院与特邀调解组织与人员间的协调与配合问题。例如，特邀组织与人员是否接受委托进行调解。如前所述，当前委托调解中存在相关机构与人员间的矛盾，法院与相关调解组织关系也待理顺。

二是诉前委托调解结果上的衔接问题。例如，特邀调解达成协议，以何种方式转化为诉讼结果，是通过申请司法确认程序还是转立案后通过以撤诉或法院调解书形式结案。实践中存在的突出问题是，绝大多数委托调解达成协议的，法院转立案后，以法院调解书形式或者撤诉结案。究其原因，主要有以下几方面：第一，司法确认程序较为烦琐，要求双方必须同时到场，而调解协议则可以书面审查，相对来说较为方便。第二，出于诉讼费用的考虑。根据相关司法解释，人民法院办理调解协议司法确认案件，不收取费用。而以法院调解结案，则依《诉讼费用交纳办法》的规定，减半收取案件受理费。第三，出于调撤率的考虑。转立案后以调解或撤诉结案，不仅增加法院办案数量，而且相应地提高了诉讼调解率和撤诉率，审判业绩增加。基于以上原因，实践中，诉前调解成功达成协议的，通常是转立案后，以法院调解书或撤诉的形式结案。但是，如果以法院调解书形式结案，一旦审查不严则存在较大的错案风险。此外，无论是以上哪种做法，均会造成诉前委托调解数与正式立案数的部分重复计算，以及诉前调解成功率与诉讼调撤率的叠加计算。这也是实践中诉前委托调解案件数不断增加的同时，法院进入审判程序的立案数并未相应减少、调撤率也未减少，反而不断增加的原因。

三是诉前委托调解不成的，转入诉讼程序的时间计算问题。目前立法及司法实践中，均是在诉前调解不成后，转立案开始进入正式诉讼程序，诉讼期限重新计算。此种做法，对当事人来说，意味着前期调解投入的时间与精力付诸东流。尤其是对于那些不愿于诉前调解而希望直接正式立案的当事人来说，纠纷在立案前多增加了一道程序，多增加了 30 天的时间，再绕回到法院，从某种意义上来说，正式立案反而更难了。而这其中涉及的诉讼时效问题尚得不到解决。以上种种原因，也是实践中当事人不愿意接受诉前委托调解的原因。

五、法院调解社会化完善建议

现代型调解的特征之一，是调解过程的开放性和社会性。调解过程向全社会开放，吸纳社会中的代表人物，尤其是各种专业社会组织参加调解的过程，体现了司法的民主性，也是程序正义的要求之一。如前所述，近年来，我国法院调解出现社会化新趋势，即引入社会力量进行多方协调的"委托调解"以及"特邀调解"，二者本质上是一样的，不同之处在于委托调解是法院将案件"送出去"由社会力量进行调解，而特邀调解是法院将社会力量"请进来"在法院主导下进行调解。委托调解与特邀调解，是法院调解改革的重大举措，促进了我国法院调解从传统型向现代型的改造和升级换代，值得肯定和推进。

实践表明，法院调解社会化，既有利于缓解法院案多人少的压力，在纠纷分层递进的理念下实现调审案件分流，同时又顺应建立多元化纠纷解决机制以及大调解的社会综合治理政策需要。此外，委托调解利于帮助法院处理一些依靠法院自身力量所难以解决的疑难复杂、社会影响大的纠纷，客观上可能部分消减法院调解中审判权与调解权的过度集中实现调审分离，具有积极的现实意义。此外，法院调解导入社会力量在很大程度上拉近了社会型救济与公力救济的距离，使整个社会的纠纷解决体系能更好运转。如前所述，官方 2019 年线下诉讼服务大厅委托调解案件数据表明，委托调解发展迅速，改变了传统法院调解的样貌，日益发挥重要作用。

但是，如前所述，在推进法院调解社会化的同时，也产生了一些制度表达与司法实践出现背离的问题，需要进一步改进和完善。由于委托调解与特邀调解采用的是自上而下与自下而上相结合的"双向推动改革范式"，即上级法院通过制定规范性文件、发布指导性意见等，将改革思想和司法政策布置给下级法院，而下级法院在贯彻实施的同时，自己具体创新并不断输出典型，进而为上级法院完善改革提供地方经验。因此，造成相关司法解释对于委托调解的规定较为简单，而实践中委托调解呈现多元化，缺乏推广统一范式，呈现一种较为混乱状态的问题。笔者认为，结合法院调解社会化理论，针对前述委托调解与特邀调解中存在的问题，应从以下几方面加以完善。

（一）构建多元、合理的委托或特邀调解主体范围

1. 丰富委托调解主体，实现特邀调解组织与调解人多元化、专业化

如前所述，委托调解主体上存在类型单一、资源不足的问题，因此，立法上以及司法实践中，应当明确构建更加丰富、多样化且结构合理的委托调解主体范围。

（1）特邀调解组织与调解人多元化。

我国相关司法解释对于委托调解的主体规定得较为宽泛，对于有"特定关系""一定联系"并没有具体的界定。2011 年，最高人民法院出台的《试点总体方案》要求试点法院建立特邀调解员制度，建立特邀调解组织及调解员名册，其中，所列出的特邀调解组织包括行政机关、人民调解组织、商事调解组织、行业调解组织以及其他具有调解职能的组织，特邀调解员范围包括人大代表、政协委员、人民陪审员、专家学者、律师、仲裁员、退休法律工作者等人员。从司法解释上看，特邀调解主体范围多元、丰富。实践中，特邀调解组织及人员队伍不断壮大，类型也日趋多元，这是值得肯定的。但与迅速增长的委托调解案件相比，尚需要继续壮大特邀调解与调解人队伍，并在结构上更加多元化。

（2）特邀调解组织与调解人专业化。

如前所述，特邀调解实行之初，特邀调解组织主要是人民调解组织，特邀调解员主要是人民调解员。发展至今，特邀调解组织与调解人日趋专业化，由行业专家、律师等组成的专业调解组织与调解员队伍日益壮大，且在实践中更受当事人欢迎，更能适应现代型

民事纠纷日益增多的需要，调解质量更高，也更受法官的肯定。如前所述，当前民事纠纷类型日趋多样与复杂，而人民调解员普遍存在着年龄偏大、没有受过系统法学教育、法律知识不足、调解手段传统等问题，调解效果不是很好。相比之下，以行业专家、律师为主的专业调解员具有一定的专业知识，年龄结构偏低，知识更新也较快，调解效果更好。因此，法院在实践中应加大力度建立特邀调解组织与人员名册，吸收更多元，尤其是专业调解组织和专家学者、律师进入名册，支持商事调解组织、行业调解组织、专业调解组织、法律专业较强的律师调解组织或者其他具有调解职能的组织开展调解工作。

应当说，特邀组织和调解员多元化，有助于解决法院调解社会化中存在的社会调解组织或调解员力量不足、调解形式单一、调解能力不足的问题。发达的民间调解力量，是法院调解社会化得以实现的前提。通过比较研究我们发现，世界各国在正式的诉讼之外，同时存在较为发达的民间调解机构，与法院相互协作、良性互动，共同促进纠纷的调解解决。例如，美国的社区调解，商业调解，公司、协会和专业团体资助设立的调解组织等。再如，我国台湾地区的乡镇市调解委员会调解等。这些社会调解组织与法院调解一起，在诉讼内外共同协作发挥解决纠纷的作用。因此，在当前，大调解应致力于健全和发展社会调解组织，包括人民调解、商事调解、行业调解、律师调解等。此外，法院应当吸收更多、更专业的社会调解组织或调解员，加入特邀调解队伍，健全特邀调解员名册，壮大特邀调解力量。

2. 培育发展以律师为主体的社会调解力量

通过前述分析可知，法院调解社会化，应当引入社会力量为委托调解主体。当前，在法院调解社会化过程中，一个突出的问题是社会调解力量不足，委托调解主体的社会性不强。当前在委托调解中发挥较大作用的人民调解，是当前法院调解社会化依靠的主要社会力量。但同时，也存在一些问题如调解人员能力不足、人员及知识结构老化、调解技术落后、调解质量低下等，因此，仅仅依靠人民调解力量远远不够。此外，由于人民调解制度及其运行一直为政府力量所推动，其作为社会力量代表的程度较低。因此，委托调解社会性所体现的所谓"国家与社会之互动"，在相当程度上异化为国家权力的统一行使及分工配合。

可见，我国民间以及社会调解组织尚不健全，社会调解力量薄弱，这也给法院委托调解带来一定困难。因此，法院调解社会化，需要政府支持与协调，培育与健全社会调解力量。大力发展行业调解、专业调解、律师调解等社会调解力量，其中，应着重培育发展律师调解。

实践中，部分法院特邀律师参与纠纷的调解取得了很好的效果。而在立法层面上，律师调解也得到了认可。2011 年最高人民法院等《关于深入推进矛盾纠纷大调解工作的指导意见》提出推广建立专业化、社会化调解员队伍。以此为依据，试点法院应当支持律师协会、律师事务所建立专职或者兼职的律师调解员队伍，由律师调解员独立主持调解纠纷，并协助其建立和完善相关制度。2017 年最高人民法院、司法部《关于开展律师调解试点工作的意见》除明确规定律师、律师调解工作室、律师调解中心可以独立开展调解外，还可以参与法院委派、委托调解。但实践中，律师发挥的作用有限，律师参与调解尚未成为普遍现象。

笔者认为，应当推广律师成为委托和特邀调解主体。理由如下：

（1）律师社会性主体身份更能突出委托调解的社会性。

律师具有比较彻底的社会主体身份。相比于党政机关、人大代表、政协委员以及人民调解，律师的社会性主体身份更加明显。律师参与委托调解和特邀调解，可以采用政府购买第三方服务的方式，这是调解主体社会化的一种有益尝试。

（2）律师在知识结构上更能胜任委托调解工作。

律师是专门从事法律工作的人员，具有专业的法律知识及丰富的法律实践，足以胜任调解工作。律师与法官同为法律共同体。律师准入机制的高要求和生存机制的高压力，决定了律师群体所具备的法律知识和法律实践，并不低于法官群体，甚至更有学习和工作动力,因此完全胜任调解工作。律师作为调解主体,较当前主要承担调解工作的人民调解来说,具有明显的优势。可以解决当前人民调解员调解存在的调解能力不足、年龄偏大、知识老化等问题。

(3)律师在人员数量及结构上可以支持委托调解。

我国当前律师人数庞大。多年的法律教育培养了大批人才,充实壮大律师队伍。而律师内部,案源多寡不一,存在两极分化现象。对于新进律师队伍、案源不多的年轻律师来说,从事调解工作无论是从锻炼能力,还是增加收入方面,均是不错的选择。

(4)比较分析发现,律师调解是普遍做法,并且效果较好。

在一些国家与地区,调解是律师的重要业务之一。例如,美国除政府调解、法院调解之外,存在完善的民间社会调解组织,包括社区调解、商业调解。其中,商业调解以律师为主力,很多专业化的调解公司提供收费的纠纷调解服务。这些公司拥有专业程度很高的调解人,采取各种措施促使纠纷双方达成一致。美国目前有数百家私人开设的调解公司,有的大公司业务遍及全国,那些中等规模或小公司通常在当地营业。此外,还有很多私人执业的独立调解员。独立调解员处理的大都是专业性较强的法律事务,这些案件在社区调解中心很难获得高质量的服务。[1]

实践中,参与调解的律师多数是年轻律师,虽然不及资深律师调解效果好,但积极性较高,也有法学专业优势,因此,相比较人民调解员的调解,律师主持的调解成功率较高。此外,律师主持调解活动较为注意程序规范,调解质量相对较高,更受当事人的认可,调解效果较好。律师参与协助调解,尤其是在协助解决一些较为重大疑难案件方面,发挥了其独特的专业优势。例如,2019年最高人民法院公布的典型案例"贵州省人民政府、息烽诚诚劳务有限公司、贵阳开磷化肥有限公司生态环境损害赔偿协议司法确认案"。本案的律师作为第三方介入,主持纠纷各方进行磋商,并促成达成《生态环境损害赔偿协议》,取得了较为圆满的解决效果。

---

〔1〕 参见刘静、陈巍:"美国调解制度纵览及启示",载《前沿》2011年第4期。

当然，实践中，当事人更倾向于法官主持的调解，以及退休法官作为特邀调解员主持的调解。但如前所述，基于诉调分离原则、诉前委托调解的性质、目的等理论考量，以及法官员额稀缺的现实考虑，由法官主持诉前调解不合适，也不现实。而退休法官由于年龄偏大，尤其是退休多年，知识老化，调解效果也并不理想。委托律师协助调解，虽然存在着年轻律师经验不足以及角色转换障碍等问题，但这些问题通过实践是可以逐步解决的。

3. 建立调解员资格标准和培训制度

如前所述，实践中，调解主体能力和资质不足、调解质量偏低，缺乏调解培训以及相关的调解员资格标准。承担委托调解的调解员主要来自人民调解组织的调解员，年龄偏大，不具有法律及专业背景，影响特邀调解吸引力和效果。对调解员的培训不足，调解技能的发展更多靠实务经验的积累。实践中法院尝试开展对特邀调解员进行培训，但受制于法院员额有限，人力不足，尚不能形成经常性的制度，效果有限，因此仅依靠法院培训是不够的。而社会上，高校、律师等相应的调解法学教育体系还处于萌芽前阶段，许多高校尚未开设调解理论与实训课程，而有些高校只是刚刚开设，尚不能满足快速发展的调解所对人才的需要。

比较分析可见，目前世界各国调解实际上多数由具有不同社会身份、受过培训而获得调解员资格的人员担任或兼任，以保证其社会经验、专业知识、个人身份地位和调解技能的结合。例如，美国调解法学教育体系初具规模，法院、律师协会、法学院、调解组织等联合开展的旨在推动法官和律师对调解的理解和认识的各种调解培训卓有成效。而对调解员的资格，在实践中，美国有不少法院和私人调解组织确立了调解员资格认证的详细规则，通常包含：完成培训项目（一般要求 30~40 小时）；旁观调解实践；在调解实践中担任共同调解员以及对培训者在调解中的表现进行评估。[1]以上做

---

[1]　参见周建华："美国联邦法院附设调解的困境分析"，载《湖北社会科学》2019 年第 2 期。

法值得我们借鉴。

因此，应当加强调解员培训制度建设，并对调解员准入设定一定的资格标准，以此加强组织保障，提升特邀调解吸引力。2016年《特邀调解规定》提出，采取集中轮训、庭审观摩、座谈交流等多种形式，合理安排特邀调解员技能培训。当务之急是通过联合法学院、法院、律师协会、调解协会的合力，共同推动调解法学教育和培训体系的形成，将调解培训纳入法官和律师等法律职业群体的专业知识体系培养计划中，为社会输送更多的调解专业人才，使调解专业化、职业化，推动法院调解社会化的发展。

（二）明确委托调解的案件范围，规范法院任意扩大委托调解行为

如前所述，当前司法实践中法院委托调解的案件，在实际上已远远超过了司法解释规定的应当委托调解的案件范围。法院任意扩大委托调解的问题是很严重的。原因在于：一是缘于当前最高人民法院对法院调解社会化的鼓励，各地法院均设有诉前调解指标，导致诉前分流调解的案件数量庞大。二是法院调解法官不足，不足以应付分流而来的庞大诉前调解案件。尤其是发达地区基层法院，案多人少问题突出，分流到诉前调解的案件更多。而受制于指导调解的法官人数有限，不得不扩大委托调解范围，将诉前调解案件一律进行委托调解或者特邀调解解决。一般来说，法院案多人少问题越严重，诉前分流调解的案件越多，扩大委托调解范围的问题也越严重。当然，对于某些偏远地区案件较少的法院，诉前分流委托调解的纠纷数量较少，甚存在不委托调解而是由法官亲自调解的现象。

可见，一方面，当前实践中超过法院审结民事案件总量一半的案件，如潮水般分流到各种社会调解组织，通过委托委派调解的方式解决，的确是彰显了法院调解社会化的成果，起到了案件分流、缓解法院诉讼压力的作用。但另一方面，也说明了当前法院调解社会化已发展为一种运动，有走向极端的倾向，应引起重视，并予以适当调整。

此外，如前所述，实践中还存在如该委托调解的不委托，不该

委托调解的却委托等不当委托问题，以及基于利益考量、规避职业风险等的随意委托；将法院调解案件范围全部作为委托调解案件范围，将委托调解作为一个"口袋"随意将各种纠纷装进去的问题；有些特邀调解组织或调解员存在只挂虚名，不实际接受委托，或者消极接受，敷衍拖拉、滞留一段时间以调解不成理由重回法院解决的问题；以及案件在调解组织与法院之间推来推去，直接损害当事人诉权等问题。以上问题的解决，有赖于立法上明确委托调解以及特邀调解的纠纷范围。

当前，《操作规程（试行）》的规定虽然较从前的司法解释有所进步，明确了应当委托调解的案件范围，但仍留下了其他适宜调解的纠纷，也可以委托调解的模糊、弹性空间。立法上有必要明确限定委托调解案件范围。除此之外，还需要在实践中，对法院随意扩大委托调解的问题加以限制。

笔者认为，确定委托调解或者特邀调解的案件范围，应当考虑以下方面：

1. 委托调解的案件范围，应当小于法院诉前调解的案件范围

基于社会调解组织资源的有限性，以及社会调解组织及调解人查明事实手段、法律适用专业能力等调解能力的有限性，委托调解的范围应当小于法院调解的案件范围。实践中委托调解案件范围扩大化，已经显现出了一些不良后果。例如，委托调解应付了事，委托调解质量堪忧、成功率不高，以及指导法官无法对委托调解进行有效监督等。因此，应当对委托调解的案件范围进行限制。不能将诉前调解的案件一律作为委托调解的案件范围。

2. 委托调解案件范围，限于简单的民事纠纷

由于委托调解可能发生在立案前，即诉前委派调解，也可能发生在立案后，即诉讼中的委托调解因此鉴于委托调解组织与个人调查能力有限，委托调解的范围应当限于纠纷事实相对清楚、当事人争议不大的简单民事纠纷。尤其是立案前的委派调解范围，即先行调解的案件范围，更应限定在事实清楚、当事人争议不大的简单案件内。

3. 委托调解或者特邀调解的案件范围，一般限于普通案件类型

对此，笔者赞同《操作规程（试行）》第9条对委托调解范围的类型化规定。确定委托调解或特邀调解的案件范围，应当契合一般特邀社会调解组织及调解人的能力与特点限于普通案件类型较为合适。诸如《操作规程（试行）》所列举的家事纠纷、相邻关系纠纷、劳动争议纠纷、交通事故赔偿纠纷、医疗纠纷、物业纠纷、消费者权益纠纷、小额债务纠纷、申请撤销劳动争议仲裁裁决纠纷等，案件类型较为普通，法律关系比较明确，不需要调解人必须具有较强的法律专业技能来进行是非责任的分清。对于一般的人民调解组织和人民调解员来说，可以胜任这部分案件的调解工作。但对于以上类型中当事人争议较大，可能需要鉴定的，不适宜诉前委托调解。而对于诸如商事纠纷、知识产权纠纷等，应当限于事实清楚、权利义务关系明确的简单案件，才选择适宜委托调解。并且即使委托调解，也应委托行业专家、律师等专业调解机关和人员。

4. 根据当事人选择灵活扩大委托调解范围

在以上确定委托调解案件纠纷基础上，在法定委托调解案件范围外，立法可根据当事人的选择，适当对委托调解范围进行扩大，以使原则性与灵活性相结合。对委托调解范围，从尊重当事人选择权的角度，予以一定灵活弹性。但前提是必须征得当事人的同意。对此，我国台湾地区法院附设调解也有类似规定。

这一点对某些纠纷的解决也是必要的。例如，对于某种涉及非法律方面专门知识的纠纷，当事人选择由具有行业或专业知识背景与优势的行业调解组织进行委托调解，可以发挥行业调解组织的专业优势，有助于纠纷事实的查明和责任的确定。再如，对于案件类型较新、事实和法律方面相对复杂，尤其是法律上较为疑难的案件，选择委托律师进行调解，可以发挥律师的法律职业优势，达到一般人民调解所不能达到的调解效果。

此外，由于各地基层法院在资源、需求和文化等方面存在较大差异，有必要在委托调解的制度设计中保留相对的灵活性，并根据实践效果及时进行调整。

由此可见，委托调解必须同时具备两个条件：一是属于委托调解的案件范围，包括法定的应当调解的案件范围，或者当事人选择的适宜调解的案件范围。二是委托调解必须经当事人同意。这一规定与我国台湾地区合意移付调解相似。我国台湾地区的合意移付调解是指诉讼纵已系属于第一审或第二审法院，亦可以经双方合意将事件移付调解。此项诉讼事件如性质上适于调解者，即得经当事人合意移付调解程序。[1]

（三）完善委托调解程序规范，加强对当事人的程序保障

如前所述，我国委托调解制度设计主要基于法院缓解案多人少的现实困难，以及回避处理一些疑难复杂案件时的风险，而不是从当事人程序主体地位角度进行的，因此，制度设计缺乏程序保障规范，忽视对当事人的程序保障。实践中，委托调解程序比较随意，具体如何实施调解，因地因案因人不尽相同。实践流程具有较大的灵活性。由于委托调解法官能动性较强，在缺乏程序规范制约的情况下，出现了诸如强制委托调解，以委托调解拖延法院调解，以及借助行政调解等外来力量压制当事人权利等问题。

当前委托调解中忽视程序正义，法律实用主义盛行。调解主持者、参与者往往一方面强调某些被公开的原则、规范、政策，另一方面又采取利于平息纷争的一切手段与策略，即使与前者有出入，只要出入不是根本性或不至严重损及社会治理根基即可。这种偏离程序正义，一味追求促成当事人达成协调解决纠纷的实用主义，是当前委托调解存在的最主要问题。因此，必须完善委托调解程序规范，加强对当事人的程序保障。

1. 委托调解应当遵守当事人自愿的基本要求

委托调解或者特邀调解，应当征得当事人同意。虽然对于诉前先行调解是否必须经当事人同意，学界有不同的看法，近年来的司法解释也在探索建立调解前置制度。但如前所述，调解不论如何改

---

〔1〕　参见杨建华原著、郑杰夫增订：《民事诉讼法要论》，北京大学出版社 2013 年版，第 343 页。

革，均不能偏离基本的原则要求，即应当坚持当事人自愿原则。这是调解具有正当性的基础，是调解具有合法性的根源，也是当事人处分权的基本要求。法院可以引导当事人选择委托调解，但当事人明确拒绝的除外。

《民事诉讼法》第 122 条明确规定"当事人起诉到人民法院的民事纠纷，适宜调解的，先行调解。但当事人拒绝调解的除外"，2016 年《多元化机制改革意见》规定，登记立案后或者在审理过程中，人民法院认为适宜调解的案件，经当事人同意，可以委托给特邀调解组织、特邀调解员或者由人民法院专职调解员进行调解。可见，委托调解，必须征得当事人同意，法院可以进行引导，但是不能强迫。实践中，将先行调解的案件范围等同于委托调解或者特邀调解范围，一律进行委托调解或者特邀调解的做法是错误的，侵犯了当事人的程序选择权，应当予以纠正。

调解自愿包括是否选择委托调解方式上的自愿，也包括调解协议的达成应当尊重当事人的自愿。关于委托调解与特邀调解选择自愿性问题，笔者在法院调解应当坚持自愿原则部分内容中已作了详细探讨，在此不赘。

此外，笔者认为，由于委托调解兼具非讼性质，当事人的自治性和参与性更强，在调解组织或调解人的选任上，应当赋予当事人一定的选择权。当事人放弃选择的，由法官选任调解员。对此，可参照《中华人民共和国仲裁法》（以下简称《仲裁法》）的相关规定和做法。委托调解兼具的非讼性质使之与仲裁具有可比性。因此，应赋予当事人协商选择委托调解组织或调解员的权利，当事人协商不成或者放弃选择的，由法官选任。

2. 委托调解应尽量坚持基本事实清楚、分清是非

这里仅强调尽量坚持事实清楚、分清是非，是因为：一是委托调解的性质不同于法院调解；二是特邀调解组织与调解员调查收集证据及适用法律的现实条件不如法院调解。委托调解属非讼性质，与法院调解的诉讼性质不同，规范性要求上也有所区别。此外，由于委托调解组织不是法院调解，因不具有强制性的调查权，其调查

收集证据的能力有限。此外，因特邀的社会调解组织或调解员一般不具备专业法律知识背景，法律适用能力亦有限。因此，综上所述，对调解所坚持的"基本事实清楚、分清是非"原则，标准要低于法院调解。

3. 委托调解中调解人应向双方当事人公开传递信息

在这一点上，委托调解与法院调解要求一致。如前所述，对于信息的掌握是当事人作出调解处分的前提。当事人越早了解争议事实，证据越充分，信息越公开，越有利于作出处分达成调解协议。因此，委托调解中调解人也应当及时向双方当事人传递信息。此外，对于信息的传递，宜在双方当事人均在场的情况下公开进行。

4. 委托调解中调解人可以适时提出调解协议，且其遵守实体法要求的标准低于法院调解

委托调解中，调解人可以适时提出调解协议。例如，我国台湾地区移付调解程序规定，关于财产权争议之调解，当事人不能合意，但已甚接近者，调解法官应斟酌一切情形，其有调解委员者，并应征询调解委员的意见，求两造利益之平衡，于不违反两造当事人主要意思范围内，以职权提出解决事件之方案。方案送达 10 日内提出异议者，即视为调解不成立，法院应通知当事人及参加调解的利害关系人。其未于前项期间内提出异议者，视为已依该方案成立调解。（第 418 条）[1]以上规定，具有合理性，值得借鉴。

笔者认为，由于委托调解的非讼性质，调解人与法官分离，即调判主体已实现了分离，因此调解人提出调解协议，并不会对当事人产生心理上的压力和强制影响，不影响当事人自愿处分。因此，委托调解中，调解员可以根据调解进程，适时提出调解协议，以拉近双方意见，促成合意。此外，由于委托调解的非讼性质，以及不同于法院调解所具有的社会性介入优势，因此，委托调解遵守实体法和程序的要求应适当降低，不宜如法院调解般严格。委托调解方

---

[1]　参见杨建华原著、郑杰夫增订：《民事诉讼法要论》，北京大学出版社 2013 年版，第 343 页。

案的提出可以依据法律、道德、习俗、人情等，并不要求如法院调解那样，须以预断的判决为依据，即遵守实体法的规定。

5. 委托调解的方式更加灵活，但前提是信息公开

在调解方式上，委托调解也应当比法院调解灵活，可以适当采用个别谈话的方式。但是前提是在案件信息已向双方公开传递的基础上，不能有选择地隐藏信息，或者故意向一方传递不实信息，造成双方对事实以及基本是非上的误解，更不能进行欺骗调解。

6. 有权机关调解注意掌握一定的规范性

结合 2016 年《特邀调解规定》出台背景可知，健全特邀调解制度的重点之一，是整合资源推动多元解纠合力。而推动建立党委政法委牵头的纠纷解决中心，针对重大复杂纠纷，做好风险防控化解，有利于促进解纷效能。应当说，在当前社会转型时期矛盾复杂，尤其是涉及社会结构性、系统性矛盾纠纷时，法院处理的能力不足，有权机关主持调解就具有必要性。实践中，如征地补偿、企业转制、股权争议、破产等集体性纠纷，由有权机关主持调解，协调各方力量处理，取得了较好的效果。此外，在国外也存在行政调解。例如，美国联邦政府层面，许多职能部门都提供调解服务。例如，平等就业机会委员会在各地区办事机构都提供调解服务，解决涉及就业歧视的纠纷。

但如前所述，委托调解存在社会性表现不足的问题，因此，委托调解应当加大纠纷解决中的社会力量比重。委托调解和特邀调解主体的确定，应当突出其社会性。此外，由于有权机关主持调解，尚没有法律规范，实践中，在有权机关主持调解的情况下，调解运作往往偏离通常的调解构架及运作逻辑，从社会影响而非纠纷本身来选择解决策略、措施。因此，应当考虑将有权机关的调解纳入到统一的调解法律规范中。

7. 对委托调解期限进行严格限制

委托调解一般规定有期限限制。当前，根据最高人民法院要求，诉前调解期限限定在 30 天之内，可见，委托调解期限最长不超过 30 天。超过调解期限的，将自动转立案，发送到审判。此种做法可以有效避免司法实践中，特邀调解组织消极推诿，以及法院借委托

调解拖延时间，侵犯当事人诉讼权利的问题，值得肯定。在此，需要强调的是，委托调解期限的变通问题。实践中，有的法院将30天委托调解期限作为可变期间，在一定条件下予以延长。例如，有的法院规定，在诉前调解系统中录入以下事项，可以使调解期限在原有基础上延长30天，最长可以达到90天：一是延长调解期限；二是需要鉴定或者司法委托。对此，笔者认为，应对委托调解期限的延长进行限制。需要鉴定或者司法委托的纠纷，本不宜进行委托调解，而应当转入正式立案程序。而90天的调解期限已达到简易程序审理的案件期限，委托调解期限如此之长显然不合适。相比之下，我国台湾地区移交调解有2个月的期限限制。笔者建议，对委托调解期限应当进行严格限制，30天应视为不变期间。如果委托调解期限可以延长，则最长不应超过2个月。此外，延长委托调解期限，应当征得当事人的同意。

（四）理顺法院与特邀调解组织间的关系

1. 立法明确法院与特邀调解组织间的关系

立法上应当明确法院在与特邀委托调解组织与调解员的关系中，居于主导地位。如前所述，实践中，协助人参与调解并不认为在履行协助义务，而法院对拒绝协助者也无法予以处置，主要原因也在于立法上没有明确法院的这种主导地位。笔者认为，应当在立法上明确在委托调解与特邀调解中，法院对特邀调解组织与调解员的主导地位与指导作用。法院特邀的其他调解组织与人员，在委托调解或特邀调解中，应当接受法院指导。只有这样，才能有效协调特邀调解组织及调解员与法院间的关系，真正发挥委托调解与特邀调解的作用。

实际上，关于法院与社会调解组织与个人间的主导地位，《民事诉讼法》已经作出了规定。《民事诉讼法》第95条规定："人民法院进行调解，可以邀请有关单位和个人协助。被邀请的单位和个人，应当协助人民法院进行调解。"可见，协调法院调解，是特邀调解组织与调解员的法定义务，这实际上已经包含了法院居于主导地位的内容。

2016 年最高人民法院《特邀调解规定》进一步明确了法院与特邀调解组织或调解员间的这种指导关系。根据该规定,法院应当整合特邀调解资源,建立特邀调解管理系统,统一分类建立数据库。此外,建立特邀调解联动协同机制、定期会议制度。加强指导,提高特邀调解分流能力。针对特邀调解中,法官指导不及时、不到位等问题,该规定要求各级法院对特邀调解工作做好全程指导、加强专业指导、完善常态指导。高级人民法院、中级人民法院要加强对辖区内特邀调解工作的指导督促,对于调解中存疑、虚假等问题,法官可作出相应的实体法律指引。以上规定内容,明确确立了法院与特邀调解组织或调解人间的关系,并具体表明了法院主导地位的内容,即特邀调解名册管理、调解工作全程指导、专业上指导、常态化指导等。

2. 正确理解法院的主导地位

法院对于特邀调解组织以及调解员的调解工作,发挥指导作用,但并不宜具体指挥个案调解工作。调解组织虽附设于法院,但仍具有相对独立性。例如,如何消解法院和人民调解组织合作中存在的症结,是法院调解社会化面临的一个问题。应当说,人民调解网络的庞大是我国现代调解的一大优势,正是借助于人民调解网络,法院得以顺利开展特邀调解。然而,在法院和人民调解组织的合作中,存在要么不配合,要么完全依附的问题。因此,在强调法官主导性的同时,应当避免法院的主导性过强,避免使人民调解组织处于辅助地位,避免两者的关系太过亲密,忽视人民调解的独立性和社会性的问题。法院的指导,更多的是对特邀调解员,联合调解组织开展培训;通过立法修改完善特邀调解的操作,重塑法院和特邀调解员的关系,保障调解员的独立调解。[1]实践中,法院调解法官一般不参与特邀调解员的具体调解工作,仅在调解员遇到疑难问题需要帮助时给予指导。此外,指导法官的工作重点是对调解协议进行审

---

[1] 参见周建华:"美国联邦法院附设调解的困境分析",载《湖北社会科学》2019 年第 2 期。

查把关，以防止欺骗性调解和违法调解。笔者认为，以上做法既体现了法院的主导地位，对委托调解进行了必要监督，又保证了委托调解的相对独立性，值得肯定。

3. 不同阶段中法院与委托调解组织间地位不同

笔者认为，法院在委托调解中的主导地位，应当区分诉前委派调解，与诉讼中所进行的委托调解，法院在其中地位和作用适当有所不同。例如，在诉讼中的委托调解及特邀调解中，由于案件属于法院，委托调解和特邀调解组织所起的是一种协助作用，法院的指导更强、更紧密一些。而对于诉前的委托调解，推广建立法院附设调解模式，法院居于主导地位的同时，由于案件尚未属于法院，因此应注意发挥受委派的特邀调解组织与个人的独立性。

这里应当指出的是，法院在委托调解中的主导地位，指的是在先行调解以及诉讼调解中，法院委托调解情况下，法院具有主导作用，并不等同于法院在大调解中居于主导地位。法院在党委领导的大调解中，居于参与地位，这一点毋庸置疑。此外，在非法院附设调解模式下，即法院调解在与其他没有委托合作关系的非讼性质的行政调解、行业调解、专业调解、人民调解等关系中，法院调解与后者并行，各自独立。但作为解决纠纷的最后一道防线，法院在多元化纠纷解决机制中发挥主要作用。

4. 加强对委托调解的监督

如前所述，实践中，由于委托调解案件范围宽泛、数量庞大，而指导调解的法官数量极为有限，因此，出现了指导法官疏于对特邀调解员调解进行指导的问题。由于并不了解调解过程，以及不接触当事人等限制，而仅仅对于调解达成的协议进行书面审查，调解法官往往并不能对调解的真实性与合法性作出准确判断，使调解协议的审查往往成为走形式。一般来说，只要是调解员移送审查的调解协议，指导法官均予以核准通过，制作法院调解书。而实践中，特邀调解员违法进行调解，以及纵容或者过失造成当事人恶意串通侵犯第三人合法权益，达成虚假调解协议的案例时有发生，法官对此也是多有担忧。而有的调解法官在审查调解协议时，由于态度比较认真，向调解员多问一些问题，了解一些情况，反而招致调解员的抵制、不配合，认为是法官干涉太多，既然委托了，就应该由调解员独立调解。

因此，法院委托调解应加强对特邀调解员的监督，除了从总体上掌握调解员资格、名册外，对于调解过程也应适当关注。调解员的独立具有相对性，不能放任不管。此外，明确法院在委托调解中的地位，理顺法官与特邀调解组织与调解员间的关系，也有助于加强法官对委托调解的指导与监督。法院与特邀调解组织与调解员间是委托与被委托的关系，后者的案件来源于法院的委托，并且调解的结果，尤其是当需要转立案制作法院调解书时，法院要对调解结果负最终的责任。因此，特邀调解组织与调解员的调解仅具有相对独立性，法院有权进行监督。针对当前法院对委托调解监督薄弱的问题，应当加强对委托调解的监督。

（五）完善诉调对接机制

如前所述，委托调解实践中法院与特邀调解组织与调解员间的协调与配合存在问题，包括委托调解启动阶段特邀组织与人员是否接受委托进行调解的问题，以及调解结束后与诉讼的衔接问题等，对此，笔者认为应着重做好以下几点：

1. 特邀调解组织或调解人不愿意接受委托问题的完善建议

对于特邀调解组织与调解人员不愿意接受委托的问题，笔者认为，有必要通过发挥党政机关在大调解中的领导与协调作用予以解决。法院调解社会化是大调解中的一部分，涉及法院与外部组织与人员关系问题时，不是单靠法院自身力量所能解决的。因此，一方面，如前所述，可以通过明确法院在委托调解中的地位，明确法院具有主导作用，特邀调解组织与调解人有协助义务，予以解决。另一方面，完善委托调解组织与调解人参加调解的激励机制。例如，财政给予法院对立附设调解组织与人员的资金支持，以政府购买方式解决并给予特邀调解组织与人员合理报酬等。

2. 诉前委托调解协议宜与调解协议司法确认程序衔接

笔者认为，对委托调解达成的协议，以调解协议司法确认进行衔接较为适宜。

一是对调解协议司法确认，是立法上规定的诉调结果对接形式。2012 年《试点总体方案》提出了落实调解协议的司法确认制度。2012 年《民事诉讼法》修改时，增加了调解协议司法确认制度，并规定了相关程序。2020 年最高人民法院《繁简分流实施办法》明确提出优化司法确认程序，该实施办法第 3 条规定，经人民调解委员会、特邀调解组织或者特邀调解员调解达成民事调解协议的，双方当事人可以自调解协议生效之日起 30 日内共同向人民法院申请司法确认，并进一步规定了委托调解协议司法确认的管辖。

二是对于实践中委托调解达成协议的，绝大多数法院采用立案，转化成法院调解书的形式结案，造成非讼与诉讼程序的重叠，以及委托调解数与案件数的重复计算的问题。笔者认为，需要从其产生的原因入手予以解决。如前所述，法院采取此种做法的主要原因是法院基于增加法院立、结案数以及调撤率，从而加大法院工作业绩的考虑。因此，有必要调整法院内部工作业绩考核指标，取消调撤率，并探索建立将诉前先行调解案件数纳入司法统计体系中。

3. 诉前委托调解不成的，起诉时间应当以诉前调解登记时间为准

目前立法及司法实践中，先行调解不成后，转立案并开始进入正式诉讼程序的做法，对当事人来说，会造成诉累，前期的调解投入的时间与精力付诸东流，同时，也是实践中法院变相拖延立案，强迫先行调解的一个原因，对当事人的诉权保障不力。因此，笔者认为，调解不成的，起诉时间应以当事人诉至来院，即接受委托调解，法院诉前调解登记时间起计算，不再重复立案。

对此，我国台湾地区相关规定具有借鉴意义。我国台湾地区"民事诉讼法"规定，对于先行调解中，"当事人两造于期日到场而调解不成立者，法院得依一造当事人之申请，按该事件应适用之诉讼程序，命即为诉讼之辩论。已经一造当事人申请即为言词辩论者，为免当事人权利因逾除斥期间或消灭时效期间而受影响，视为调解

之申请人自申请时已经起诉。调解不成立进入起诉程序的，于调解程序中，调解委员或法官之劝导及当事人所为之陈述或让步，不得采为裁判之基础"。[1]

（六）探索规范合理的委托调解收费制度

如前所述，当前我国委托调解实践中，存在特邀调解组织与调解员参与动力不足的问题，其原因之一是缺乏常规化动力机制。由于当前人民调解委员会是主要的社会调解力量，当法院特邀人民调解员调解时，根据《人民调解法》规定，人民调解不收费而人民调解员实行固定薪酬，参与法院调解一般不能获得额外报酬，即使有，也限于补贴性质，数额较小。

显然，要想调动社会调解组织与调解员参与调解的积极性，需要建立使调解组织获得收益，以及调解员获得适当报酬的机制，而为此所需的经费，仅仅依靠国家补助或者法院自行解决是不够的。笔者认为，应当借鉴西方国家的调解收费制度，引入市场调节手段，探索建立规范合理的委托调解收费制度。

当前，受法律上人民调解不收费的规定限制，法院特邀人民调解暂不适宜收费，但对特邀的人民调解员，法院可以灵活适当给予补贴。对于其他特邀社会调解，包括知识产权、金融等行业专家或者律师等进行的调解，可以探索建立委托调解收费制度。理由：一是没有法律上的限制；二是有利于调动相关社会调解组织参与调解；三是实践中有些法院已进行相关尝试，并取得较好的效果，证明是可行的。例如，如前所述上海某区基层法院，对于专家律师主持的专业调解，调解成功时按一定诉讼费比例收费的做法，效果较好。但由于各地法院做法不一，存在收费不规范、不合理的问题，因此，需要立法上加以规范，确立委托调解收费制度，并制定规范合理的委托调解收费标准。

综上所述，本章对近年来我国法院调解社会化改革——委托调

---

[1] 杨建华原著、郑杰夫增订：《民事诉讼法要论》，北京大学出版社2013年版，第336~346页。

解与特邀调解的立法与实践进行了探讨，并指出了委托调解与特邀调解存在的问题及原因，在以上分析基础上，尝试提出了对我国委托调解与特邀调解等法院调解社会化的完善建议。应该说，法院调解社会化是法院调解改革的一个重要内容，对于完善法院调解制度发挥了重要作用。尤其是在实现调审分立，以及法院员额不足、案多人少的矛盾方面，起到了独特的作用。针对委托调解与特邀调解中存在的问题，今后应从以下方面加以完善：从立法上统一明确委托调解及特邀主体范围；发挥律师在委托调解中的作用；明确委托调解的案件范围；完善委托调解程序规范，加强对当事人的程序保障；明确法院对特邀调解组织或调解人的指导地；明确调解员资格标准和培训制度；改变法院的收费制度等。希望通过以上措施，使委托调解与特邀调解得到进一步完善，在法院调解中发挥应有的作用。值得注意的是，法院调解社会化是必要的，但应当掌握一定的限度。当前法院调解社会化快速发展，出现制度运行方式扩张、制度功能扩张等现象，委托调解的司法属性变得含糊。因此，应当警惕法治虚无主义，这也是法院调解社会化过程中尤其要注意的问题。

第六章 先行调解制度

本轮法院调解制度改革中，先行调解与调解社会化相伴而生。先行调解，是指对起诉至法院的民事纠纷，法院在立案前引导当事人运用调解方式解决的一种制度。由于转型时期法院承受案多人少以及纠纷复杂化压力持续加大，随着对调解的重视，如何将法院解决纠纷"端口前移"，诉前引入社会力量运用调解方式解决纠纷，以实现案件分流从而减缓法院压力，成为立法与实践的热门话题。先行调解是近年来推行"能动司法"的主要举措，也是法院调解制度改革的主要举措。2012年《民事诉讼法》修订时，将最高人民法院"调解优先"司法政策和"诉调对接""繁简分流"等改革举措写进民事诉讼法，新增第122条，即"当事人起诉到人民法院的民事纠纷，适宜调解的，先行调解。但当事人拒绝调解的除外"。从而在立法上正式确立先行调解制度，在实质上开启新一轮法院调解改革，并在一定程度上改变了法院调解的样貌。

由于《民事诉讼法》对先行调解规定得比较简单，司法实践中，先行调解无论在时间界定、适用范围以及调解方式等均存在多样性。经过近10年的探索，形成了一些经验，但也存在一些问题，需要予以完善。

一、先行调解的提出

先行调解是在我国大调解宏观背景以及最高人民法院"调解优先"的司法政策下，法院为解决面临的案多人少、矛盾复杂等现实困境为出发点而提出的，其提出背景与法院调解复兴背景基本相同。

例如，缓解法院案多人少及纠纷复杂化双重压力的需要；民事司法改革遇阻后，司法机关对自身角色与司法功能认知的转变；法官回避错案追究及追求业绩的功利考量等，在此不赘。接下来着重强调先行调解提出的几个直接原因。

（一）缓解法院案多人少及纠纷复杂化双重压力的需要

如前所述，转型时期法院承受案多人少及纠纷复杂化的双重压力，而司法改革两大举措加剧了这一压力，并将长期持续。一是2015年5月1日实施立案登记制，造成法院受理案件数量激增的后果。当前，立案登记制改革作为司法改革的一项重要成果，正在稳步推进并得到进一步巩固，可以预见今后一段时间，法院收案数量和幅度的上升趋势仍然会持续。二是法官员额制改革。如前所述，员额制改革使精简后的法官规模与不断增长的案件压力之间的矛盾更加突出。据笔者2020年在某基层人民法院调研时与法官进行的访谈结果，当前法院案多人少的压力十分严重，每个法官平均一年要办理三四百件民事案件，法官手中的积案严重，案多人少的问题非但没有得到缓解，反而愈发严重。

应当说，增加法官员额是解决案多人少的一个最直接的办法。但在现有员额制的条件下，如何缓解法院持续增加案多人少及纠纷复杂化的困境，直接关乎改革的成败。推进先行调解，在诉前联合调动社会纠纷解决力量，使一部分民事纠纷在诉前得到解决，成为解决途径之一。可见，缓解案多人少压力是法院推行先行调解的根本动力。

（二）缓解法院处理纠纷复杂化困境的需要

如前所述，转型时期民事纠纷已不限于传统类型，大量现代型民事纠纷出现，矛盾争执更为复杂激烈。随着经济体制改革进入"深水区"，一些因改革而引发的结构性矛盾纠纷也涌向法院，例如，农村征地、城市拆迁、企业改制、金融危机等引发的纠纷，以及环境污染、损害消费者权益、股市欺诈、侵犯公共利益行为等引发的群体性纠纷、现代型纠纷等，这些纠纷因为超过了法律调整的范围，触及司法机能的边界，因此单靠法院的力量难以解决。

社会纠纷的复杂性与现代性，加之民事审判方式改革受阻，使法院开始意识到司法不是万能的，转型时期的中国司法更不敢说是解决纠纷的"最后防线"。司法只是多元化纠纷解决机制中的一部分，必须与其他纠纷解决机制共同发挥作用，才能应对纷繁复杂的社会纠纷。[1] 而先行调解有助于规避裁判风险，通过权力移转分化审判责任。办案法官通过诉前先行调解规避棘手的纠纷进入诉讼程序，并通过特邀调解将社会力量引入调解程序，社会力量即替代法院成为斡旋和调停的主体，而伴随矛盾纠纷解决主体的转变，原本积聚在法院内部的激烈矛盾亦随之转移。因此，当前法院为了缓解现实压力，不仅积极响应大调解号召，还借此机会宣传 ADR，呼吁扶持推动人民调解、行政调解、行业调解、律师调解、仲裁等非诉讼纠纷解决方式的发展。

可见，缓解法院解决处理结构性、现代型纠纷遇到的困难，规避审判风险，也是法院推行先行调解的一个直接动力。

（三）落实"调解优先"的司法政策需要

如前所述，为落实大调解社会治理的需要，最高人民法院调整确立了"调解优先，调判结合"的司法政策。在 2012 年《试点总体方案》中提出，积极探先行调解制度，并联合社会调解力量，创新委托调解、特邀调解等新形式。可见，先行调解作为落实调解优先的一个举措和制度，具有更为宏大的现实背景。

（四）建立多元化纠纷解决机制的需要

如前所述，西方国家面对多发的民事纠纷采取的应对措施，一是进行法院改革；二是兴起非诉讼纠纷解决方式，即 ADR。ADR 强调其区别于诉讼的功能和性质，源于美国 20 世纪 30 年代劳动争议的解决，现已引申为对世界各国普遍存在的、民事诉讼制度以外的非诉讼纠纷解决方式或机制的总称。ADR 的主要形式：第一，谈判（交涉 Negotiation）；第二，调解（Mediation Conciliation）；第三，仲

---

〔1〕 参见吴英姿："'调解优先'：改革范式与法律解读 以 O 市法院改革为样本"，载《中外法学》2013 年第 3 期。

裁（Arbitration）。非诉讼纠纷解决方式极大地减少了要求法院审判解决的案件数量。我国的多元化纠纷解决机制正是在这种全球化的发展多元化纠纷解决机制的背景下提出的，其基本内容是在尊重民事主体程序选择权的基础上，为民事纠纷主体提供包括调解、仲裁以及诉讼在内的多种民事纠纷解决途径。

如前所述，民事纠纷的解决途径是多元的。但自 20 世纪 90 年代我国出现诉讼爆炸以来，民事纠纷主要涌入法院诉讼解决，而其他非讼解决纠纷方式的作用，尤其是调解，呈弱化趋势，法院案多人少不堪重负的问题严重。为此，我国有学者在对西方司法 ADR 即代替性纠纷解决方式进行研究后，提出建立多元化纠纷解决机制，强化非讼纠纷解决方式。由于在我国，调解更为人们所熟悉，发挥的作用也更大，因此，强化非讼解决，主要是强化调解的作用。[1]
2002 年 9 月 5 日，最高人民法院通过《关于审理涉及人民调解协议的民事案件的若干规定》（已失效），首次明确人民调解协议具有合同的效力，强化调解协议的效力。2010 年，第十一届全国人大常务委员会第十六次会议通过《人民调解法》，将调解上升到法律的高度。为增强调解作用，《人民调解法》第 33 条规定："经人民调解委员会调解达成调解协议后，双方当事人认为有必要的，可以自调解生效之日起 30 日内共同向人民法院申请司法确认，人民法院应当及时对调解协议进行审查，依法确认调解协议的效力。人民法院依法确认调解协议有效，一方当事人拒绝履行或者未全部履行的，对方当事人可以向人民法院申请强制执行。"2012 年《民事诉讼法》专门设立了调解协议司法确认程序，将人民调解协议的效力，制度化地延伸到司法审查确认程序，并赋予经司法确认后的调解协议以强制执行效力。根据《民事诉讼法》第 194 条规定："申请司法确认调解协议，由双方当事人依照人民调解法等法律，自调解协议生

---

〔1〕 例如，最高人民法院院长周强要求："充分发挥特邀调解组织和特邀调解员化解纠纷的重要作用，推动建立律师调解员、专家调解员制度，充分发挥专家的专业技能优势，促进相关矛盾纠纷的快速化解。"详见周强："全面深化多元化纠纷解决机制改革"，载 http://www.court.gor.cn/zixrn-xiangqing-14107.html.

效之日起 30 日内，共同向调解组织所在地基层人民法院提出。"此外，《民事诉讼法》第 195 条规定："人民法院受理申请后，经审查，符合法律规定的，裁定调解协议有效，一方当事人拒绝履行或未全部履行的，对方当事人可以向人民法院申请执行。"可见，调解协议经过司法确认，便具有与法院生效裁判同样的强制执行力，这极大地强化了调解的作用。

可见，经过一波三折，调解作为我国传统的纠纷解决方式，在当代重新被赋予责任担当，作为我国非讼纠纷解决方式的主力军，在缓解法院案多人少矛盾压力方面被寄予厚望。先行调解就是要发挥人民调解、行政调解、律师调解等社会调解的力量，将一部分民事纠纷阻挡、分流在诉讼之外。当前现实需要促使先行调解制度得以提出，并在立法及司法实践中得到确立和推行。

综上可见，先行调解的提出是基于多重复杂背景与原因。其中，既有解决法院案多人少压力的现实需要，也是基于调解在我国纠纷解决中的历史传统，又恰逢建立和谐司法的政策需要。先行调解提出的最根本的驱动力，还是法院解决案多人少以及纠纷复杂双重压力的现实需要。基于保障诉权解决立案难的问题而实行立案登记制，使法院立案数量迅速增加，而员额制改革并没有增加法官的数量，法院案多人少的压力有增无减。为此，先行调解通过诉前先行调解，分流一部分案件，从而减少法院受案数量成为法院寻求解决方案的一个出路。此外，先行调解联合行政、社会力量解决复杂的结构性纠纷、现代型纠纷民事纠纷，也是法院缓解自身司法能力及司法权威不足的一个应对之举。

二、先行调解的立法与实践

作为新生事物，我国先行调解制度在《民事诉讼法》的最终确立，是建立在最高人民法院与地方法院上下联动实践探索的基础上的。具体做法是，首先最高人民法院自上而下发布指导意见推进先行调解的实践探索，然后地方法院经实践提供典型经验，再由上级法院推广并刺激其他法院的改革，为最高人民法院丰富和修正改革政策提供思路，进而推进立法，最后通过上下联动快速推进先行调解的立法与实践。概括起来，先行调解的立法及实践探索大致分为以下几个阶段。

（一）2012 年前的先行调解司法政策及实践探索阶段

2012 年以前，先行调解在立法及实践中，均处于探索阶段。缘于对调解的重新重视，最高人民法院在司法解释中首提"先行调解"，各地法院积极响应，开始建机构、组队伍，尝试诉调对接办法，"先行调解"的探索迅速开展起来。尤其在 2008 年中央政法委提出建立"大调解"后，在法院"调解优先，调判结合"的司法政策下，先行调解的探索步伐加快，各地法院的一些成熟经验进一步推广，并得到立法肯定，2012 年出台的《试点总体方案》是对前期先行调解探索的总结，也为现行调解立法正式出台做了必要的准备。

而在此阶段，学界关于借鉴域外推进司法 ADR，建立多元纠纷机制的理论研究不断深入，为先行调解的出台提供了理论上的依据和准备。

1. 重新关注人民调解阶段

学界关于构建多元化纠纷解决机制的观点，得到了立法与实务界的认同。在学界对先行调解问题展开大量探讨的同时，2002 年 9 月，最高人民法院发布《关于审理涉及人民调解协议的民事案件的若干规定》，要求法院支持和加强指导人民调解，拉开了重视调解的大幕。2003 年，最高人民法院《关于适用简易程序审理民事案件的若干规定》（以下简称《简易程序若干规定》）第 14 条规定，对特定类型的民事案件，人民法院在开庭审理时应当先行调解。主要包括：婚姻家庭纠纷和继承纠纷、劳务合同纠纷、交通事故和工伤事故引起的权利义务关系较为明确的损害赔偿纠纷、宅基地和相邻关系纠纷、合伙合同纠纷、诉讼标的额较小的纠纷。但是根据案件的性质和当事人的实际情况不能调解或者显然没有调解必要的除外。这一规定首次提出先行调解，但此时的先行调解，界定的时间是"开庭审理前"，范围较宽。此外，从该条规定可知，先行委托调解的范围一般均为简单的民事案件。

2004 年 9 月发布的《调解规定》首次提及法院可以通过委托其

他机构、组织调解的方式处理民事案件，并规定了通过人民调解组织调解达成协议的司法确认制度。同年10月出台了《关于进一步加强人民法院基层建设的决定》，针对实践中出现强迫调解加重的问题，提出"能调则调，当判则判，调判结合"作为处理调解与审判关系的指导意见，同时重申了调解的自愿合法原则。

此阶段，法院初步尝试先行调解，并表现出以上主要特点：

（1）主要是强化人民调解。

这一时期着重强调人民调解，并强调法院在与人民调解的关系中具有指导地位。

（2）先行调解的时间界定比较宽泛，并且存在争议。

按司法解释，界定是开庭审理前，即包括立案前以及立案后案件移交到审判庭之前。学界及实务中，很多人认为先行调解应当界定在立案前。

（3）先行调解的案件范围，界定为简单的民事案件。

这一时期对先行调解的纠纷范围，从司法解释到实务界，以及理论界，均普遍认为限于简单的民事纠纷。

（4）出现强制先行调解问题。

在先行调解与判决的关系上，实践中出现了强制当事人选择先行调解的问题。这种做法既违背当事人选择调解与选择诉讼解决的程序选择权，也违背调解自愿原则，最高人民法院注意到这一问题并进行了调整。

2. 建立诉调对接机制阶段

2005年3月最高人民法院工作报告首次提出了要将人民调解与诉讼调解相衔接，探索多元化纠纷解决机制的改革思路，多元化纠纷解决机制的理念和思路被引入法院未来工作规划。但同时，亦提出"能调则调，当判则判，调判结合，案结事了"的审判工作原则，调整实践中出现的过度追求调解导致调解与判决失衡的问题。

实践中，一些法院建立诉讼服务中心，作为进行先行调解、诉调对接的机构。以2011年得到最高人民法院肯定，成为全国法院推广的模范典型的O市法院诉讼服务中心改革为例，2006年O市B区法院改革立案工作，在柜台式多功能立案大厅的基础上，划分不同的功能区域，称为"诉讼服务中心"。2007年，O市L区法院首创在法院内附设人民调解室，引导当事人选择调解解决纠纷，指导人民调解工作。2008年，在中级人民法院的推动下，诉讼服务中心与附设人民调解室的经验在O市法院全面推广。[1]

实践中许多地方法院采用类似做法，但又有各自的特点。例如，上海市浦东新区人民法院采取法院附设人民调解形式，自己专门组建调解能力相当强的诉前调解组。诉前调解组人员由法院聘请，其人员组成包括：经验丰富的退休法官；长期在基层工作、有丰富调解工作经验的基层干部；有某一方面专业特长的专家、律师和其他人员。此外，上海市浦东新区人民法院设立"诉前调解窗口"作为先行调解、诉调对接的机构。由法院的立案庭负责协调管理案件，在进行立案审查时，对于可进行诉前调解的案件，先向当事人发放《诉前调解指南》，征询原告、被告的意见，鼓励当事人选择诉前调解解决纠纷。调解员由当事人选择，如果双方选择不一致，则由法院指定。调解员确定后，由法院聘请的调解员主持调解。调解成功后，立案庭办理立案手续，将案件材料移交给审核法官，调解成功需要制作调解书的，由审核法官根据调解笔录制作调解书。可见，该法院在调解员组成、调解员选任，以及诉调对接方面的做法，与O市法院均不尽相同。在这一模式中，无论是从调解主持者的角度，还是从调解程序的角度，这种做法均与美国法院附设调解的做法极为相似。例如，美国在法院附设调解前向当事人分发ADR材料，人员选任也具有多样性，调解室的布局也是有利于缓和气氛促进调解的。这种诉前调解，虽然主持调解的是法院聘请的调解员，但法院参与了整个调解过程，因而性质上更接近诉讼调解。

可见，在这一阶段，多元化纠纷解决机制引入法院工作规划，法院正式提出诉调对接。此阶段的诉调对接，主要是人民调解与诉

〔1〕参见吴英姿："'调解优先'：改革范式与法律解读以O市法院改革为样本"，载《中外法学》2013年第3期。

讼调解的对接，并得到较大范围的推广。此外，也有法院探索自己建立调解队伍，并取得较好效果的。具体包括以下几方面的探索：

（1）开始成立诉调对接机构。

诉调对接机构多样，比较典型的是诉讼服务中心。诉讼服务中心是在对立案庭改造基础之上建立的，其将原有立案庭的功能扩大，增加了先行调解与诉调对接的内容。

（2）组建调解机构和调解人员。

主要是在法院内附设人民调解室，专门负责先行调解与诉调对接工作；也有的法院组织专门力量组建诉前调解组，设立"诉前调解窗口"；还有的由法院与司法机关联合组建"人民调解工作室"。调解人员构成多样，有的法院调解员全部由人民调解员组成，有的法院自己组建调解员队伍，由人民调解员、退休法官、基层干部、律师和其他人员等组成；有的委托有群众工作经验的组织进行调解，如妇联和工会；有的委托专业机构进行调解；还有的法院由立案庭法官直接进行调解。

（3）初步形成诉调对接程序框架。

首先，对诉至法院的案件，先不立案。一般先由诉讼服务中心或者立案庭进行初审，认为可调解的，鼓励并征求当事人意见。其次，征得当事人同意后，将纠纷移交至法院附设人民调解室或者诉前调解组或者人民调解工作室等机构进行调解。再次，调解成功后，与诉讼衔接，衔接做法不一。有的将调解协议直接由立案庭交由审判庭法官审核后立案，并制作法院调解书；有的以人民调解委员会名义出具调解书，或者根据当事人要求，法院立案再出具法院调解书。最后，对于调解不成的，调解员将原因及调解经过移交诉讼服务中心或者立案庭，通过立案诉讼解决。

（4）对先行调解的性质看法不一。

对于先行调解到底是诉讼行为，还是非讼行为，人们有不同认识。对于先行调解所达成的调解协议性质上，也认识不一。例如，对不需要法院出具调解书的，定性为人民调解；而对于需要出具调解书的，则定性为法院调解。

3. 中央政法委领导大调解阶段

2008 年 11 月，中央政法委发布《关于深化司法体制和工作机制改革若干问题的意见》，提出要推动建立人民调解、行政调解、行业调解、司法调解等相结合的"大调解"工作，探索繁简分流机制。对此，最高人民法院积极响应，2009 年 2 月，最高人民法院发布《关于进一步做好 2009 年人民法庭工作的通知》，将"调解优先，调判结合"确定为民事司法原则，提出"对接"司法调解与人民调解，促进多元化纠纷解决机制的构建。2010 年 6 月 7 日，最高人民法院出台了《关于进一步贯彻"调解优先、调判结合"工作原则的若干意见》，提出将法院调解置于大调解的背景之下，力争充分发挥诉讼调解在化解社会矛盾、维护社会稳定、促进社会和谐方面的作用。此外，提出把"案结事了"确定为审判工作目标，在审判方式上重提马锡五审判方式和群众路线工作方法。由此，将调解的重要性逐步推向极致。

仔细分析，可以发现，最初的"调解优先"是置于构建多元化纠纷解决机制的目标下提出的，是从调解与诉讼关系角度上提出的，其中的"调解"主要是指人民调解、行政调解、行业调解等非诉调解。对法院来说，对起诉至法院的民事纠纷，引导当事人优先采用非讼调解方式解决，其次采用立案诉讼方式解决。但在最高人民法院后续提出的"调解优先、调判结合"的司法政策中，没有将非讼调解与诉讼调解加以区分，而是将调解优先扩大化，延续到诉讼调解，造成无论是诉讼前的非讼调解，还是立案后的诉讼调解，在与判决的关系上，均是调解优先的解读。这一思路体现在最高人民法院后续出台的一系列司法政策上，例如提出能动司法、马锡五审判方式重提，将调撤率作为法官业绩考核指标等，并在实践中造成连锁反应，例如，法院调解过热现象，强制调解、"零判决"的出现等。

作为矫正，2011 年 1 月，最高人民法院发布《关于新形势下进一步加强人民法院基层基础建设的若干意见》，要求正确理解"调解优先，调判结合"原则，正确处理调解与判决的关系，要坚持"三个有利于"，即有利于解决纠纷、化解矛盾和实现案结事了，根据个案情况，合理选择调解或判决；坚持调解的自愿合法原则，避免脱离实际定调解率指标，不能强调硬调、以拖促调，以自动履行率为核心指标，完善调解效果考核指标。

这一时期，继续探索完善诉调对接机制。2009 年 7 月最高人民法院发布《关于建立健全诉讼与非诉讼相衔接的矛盾纠纷解决机制的若干意见》，提出经人民调解达成的调解协议可以向法院申请司法确认这一诉调对接形式。此外，针对实践中出现的调解主体多样，缺乏标准，以及强迫当事人先行调解，调解活动随意，调解拖延等问题，强调对调解活动进行规范、引导和监督，并提出具体工作做法：一是法院建立调解组织和调解员名册。二是法院加强与其他机关、组织、企事业单位的联系，对设于其中的调解组织进行指导。三是调解不成要及时立案、审判，并规定从事庭前调解的法官原则上不能参与开庭审理。

2011 年，中央社会管理综合治理委员会等 16 家单位联合印发《关于深入推进矛盾纠纷大调解工作的指导意见》，之后，最高人民法院出台了《试点总体方案》。《试点总体方案》在构建诉调对接工作平台，完善诉调对接工作机制两方面作了较为详细的规定，搭建起先行调解制度基本制度框架，为先行调解的正式出台做了必要的立法准备。

根据该《试点总体方案》，在构建诉调对接工作平台方面的主要措施有：一是建立诉调对接中心。相关调解组织可以在法院诉调对接中心设立调解室，办理法院委派或委托调解的案件，并不局限于人民调解组织，其他社会调解组织均可。二是建立特邀调解组织和特邀调解员名册制度。试点法院建立特邀调解组织名册，明确行政机关、人民调解组织、商事调解组织、行业调解组织以及其他具有调解职能的组织进入特邀调解组织名册的条件。同时试点法院建立特邀调解员名册，明确人大代表、政协委员、人民陪审员、专家学者、律师、仲裁员、退休法律工作者等人员进入特邀调解员名册的条件，健全名册管理制度。通过以上制度，加强对特邀调解组织和调解员的管理，建立初步的调解员准入制度。三是建立法院专职调解员队伍。试点法院探索建立专职调解员队伍，由调解能力较强的法官或者司法辅助人员专职从事立案前或者诉讼过程中的调解工作。开庭前从事调解的法官原则上不参与同一案件的开庭审理,当事人同意的除外。参与开庭审理的法官不得担任本案的专职调解员。以上措施一方面加强调解力量,另一方面兼顾了诉调分离。四是与具有调解职能的组织建立相对固定的诉调对接关系。试点法院支持商事调解组织、行业调解组织或者其他具有调解职能的组织开展调解工作,发挥其在诉调对接平台中的作用。五是推动建立律师调解员制度。要求试点法院支持律师协会、律师事务所建立专职或者兼职的律师调解员队伍,由律师调解员独立主持调解纠纷,并协助其建立和完善相关制度。

在完善诉调对接工作机制方面的主要措施:一是落实委派调解或者委托调解机制。将民商事纠纷在立案前委派或者立案后委托给特邀调解组织或者特邀调解员进行调解。二是落实调解协议的司法确认制度。无论是否经人民调解只要经委托调解达成调解协议的,当事人均可向法院申请司法确认。当事人申请司法确认的,应当依照有关规定予以确认。三是建立无异议调解方案认可机制。经调解未能达成调解协议,但当事人之间分歧不大的,调解员征得当事人各方书面同意后,可以提出调解方案并书面送达当事人。当事人在7日内提出书面异议的,视为调解不成立;未提出书面异议的,该调解方案即视为双方自愿达成的调解协议。四是建立无争议事实记载机制。当事人未达成调解协议的,调解员在征得各方当事人同意后,可以用书面形式记载调解过程中双方没有争议的事实,并告知当事人所记载的内容。经双方签字后,当事人无需在诉讼过程中就已记载的事实举证。

实践中,各地法院先行调解、诉调对接的探索也相应地进入了第二个阶段。以O市法院为例,2009年,O市B区法院的诉讼服务中心改革被S省高级人民法院确定为2009年度全省法院审判经验总结项目,并得到最高人民法院的肯定成为典型。O市法院将立案大厅建设为"一站式"诉讼服务中心,对婚姻家庭、诉讼标的较小、案件事实清楚等五类案件在立案环节开展调解。2009年,O市J区法院针对交通肇事损害赔偿纠纷急剧增加的情况，在事故多发区域设立派出法庭，联合交警支队、保险公司、人民调解等机构和组织合署办公，为纠纷当事人提供"一条龙"的纠纷解决服务。2011年4月，J区法院交通巡回法庭正式揭牌。[1]

在先行调解机构日趋多样、完备的同时，各地法院亦积极试行委托调解与特邀调解机制，丰富特邀调解组织及人员队伍，建立特邀调解组织及调解员名册。对达成的调解协议，采用转化成法院调解书、撤诉或司法确认等多种对接方式。先行调解的实践卓有成效、日趋成熟。

再如，2008年年初，吉林市昌邑区人民法院探索以"法院附设多元调解"为特色的调解机制，在法院附设了多元调解大厅，大力开展法院附设多元调解工作，并采取两项新举措：一是在立案窗口调解分流。在立案窗口，引导当事人进入法院附设的多元调解大厅接受调解。二是在法院立案大厅对面，附设多个多元调解大厅，如：人民调解室、退休法官调解室、法律志愿者调解室和行业专家调解室、远程调解室等，对立案窗口分流过来的纠纷进行分类调解。从吉林市昌邑区人民法院调解机制的效果上看，成效显著：一是调解成功率高。例如，2009年附设多元调解室受理纠纷1082件，调解成功867件，调解成功率80.1%。二是"案结事了"的效果好。调解室调解成功的纠纷，绝大部分得以化解和及时履行。三是民事案件数量大幅减少。例如，实行多元调解的改革措施后，民一庭当年新收案件数量骤然下降。[2]

综上，此阶段先行调解的探索，表现出如下发展变化：

（1）先行调解融入党委领导下的大调解之中，成为其中的重要一员。

在大调解中，人民调解、行政调解、行业调解与司法调解相结

[1] 参见吴英姿："'调解优先'：改革范式与法律解读 以O市法院改革为样本"，载《中外法学》2013年第3期。
[2] 参见赫然、关鑫："论中国法院调解机制的创新——以台湾地区法院附设调解机制为视角的比较分析"，载《社会科学战线》2013年第9期。

合。其中，人民调解、行政调解、行业调解等非讼调解，优先于司法调解，即"调解优先"。法院司法调解是大调解中的一员，居于参与地位。

（2）将调解优先扩大至诉讼调解。

最初的"调解优先"是置于构建多元化纠纷解决机制的目标下提出的，是从调解与诉讼关系角度提出的，其中的"调解"主要是指人民调解、行政调解、行业调解等非诉讼调解。但在最高人民法院后续提出的"调解优先、调判结合"的司法政策中，没有将非讼调解与诉讼调解加以区分，而是将调解优先扩大化，延续到诉讼调解，造成了无论是诉讼前的非讼调解，还是立案后的诉讼调解，在与判决的关系上，均是调解优先的解读。这一思路体现在最高人民法院后续出台的一系列司法政策上，并在实践中造成连锁反应。

（3）诉调对接机构更加多样。

有的法院将立案大厅建设为"一站式"诉讼服务中心。有的法院在立案大厅附设多元调解大厅，从单一的人民调解室，发展到退休法官调解室、法律志愿者调解室和行业专家调解室、远程调解室等不同人员组成的多个多元调解机构。

（4）创新委托调解与特邀调解方式。

建立委托调解与特邀调解机制，确立了先行调解采用社会化调解的形式，法院调解社会化改革成型。理顺法院与调解组织间的关系，法院与具有调解职能的组织建立相对固定的诉调对接关系。建立特邀调解组织名册制度，且特邀调解组织日趋多样化。从单一的人民调解组织，发展到行政机关、商事调解组织、行业调解组织以及其他具有调解职能的组织在内的多种特邀调解组织。就不同类型的民事纠纷，特邀相关专业调解组织参加调解。

（5）调解人员更加规范、多样化。

加强了对调解人员的管理，初步建立起调解员准入制度。法院建立特邀调解员名册制度，明确进入特邀调解员名册的条件。特邀调解员的构成更加多样化，从单一的人民调解员，发展到包括人大代表、政协委员、专家学者、律师、仲裁员、退休法律工作者等多样化的人员构成。其中，提出推动建立律师调解员制度，支持律师协会、律师事务所建立专职或者兼职的律师调解员队伍，由律师调解员独立主持调解纠纷，并协助其建立和完善相关制度。此外，建立专职调解法官队伍，调解法官与审判法官分类，既有利于集中加强调解，又有利于实现调审分离，也是一个有益的尝试。

（6）调解协议与诉讼的衔接方式逐渐明确。

立法上主要是强调提出先行调解达成的调解协议，向法院申请司法确认这一诉调对接形式。落实调解协议的司法确认制度。但实践中，以法院调解书或撤诉对接居多。

总之，正如学者指出的，尽管这一改革有应时、应景的政治需要，存在某些走形式、走过场的情形，各地法院施行的程度和力度有所不同，实际效果也差异很大。但也应当看到，这一改革还是取得了一些制度性、机制性成效。[1]包括：诉调对接机制进一步完善，委托调解与特邀调解机制基本形成，特邀调解组织及构成日趋多样，法院专职调解队伍的建立等，均为以后的相干司法解释沿续并在实践中推广。而无异议调解方案认可机制、无争议事实记载机制更具有前瞻性。

（二）2012 年及其后先行调解制度确立及发展阶段

1. 先行调解制度正式入法确立

2012 年，《民事诉讼法》修改，将最高人民法院"调解优先"司法政策和"诉调对接""繁简分流"改革举措写进《民事诉讼法》，新增第 122 条，即"当事人起诉到人民法院的民事纠纷，适宜调解的，先行调解。但当事人拒绝调解的除外"。从而在立法上正式确立先行调解制度。但该条只对"先行调解"作了原则性规定。例如，对先行调解时间、案件范围和先行调解的主体，对具体运作程序诸如先行调解是否受《民事诉讼法》第 123 条规定的 7 日审查起诉期限的限制，以及诉调对接机制诸如在调解"成"与"不

---

〔1〕 参见张卫平："改革开放四十年民事司法改革的变迁"，载《中国法律评论》2018 年第 5 期。

成"的情形下与后续程序的衔接处理等问题均未作安排。诸如此类问题的处理，理论界各抒己见，也给各级法院极大的探索空间。

2. 司法解释对先行调解制度的补充与先行调解的实践发展

《民事诉讼法》正式确立先行调解制度后，最高人民法院相继出台了一些文件，继续加大推行先行调解力度，并在机构、制度建设和程序安排上体现了改革创新。经过近年的立法及实践发展，当前我国先行调解的现状及其主要特色如下：

（1）建立"一站式"纠纷解决平台。

一站式纠纷解决平台是一种新的诉讼服务模式，是在诉调对接中心基础上，将调解、行政裁决、诉讼等集约化，集多元解纷、登记立案、分调裁审、审判辅助、涉诉信访等多功能为一体的综合服务平台。最高人民法院公布《关于建设一站式多元解纷机制 一站式诉讼服务中心的意见》提出两个"一站式"建设目标，要求人民法院在道路交通、劳动争议、医疗卫生、物业管理、消费者权益保护、土地承办、环境保护以及其他纠纷多发领域，建立"一站式"纠纷解决平台，整合社会解纷资源，在诉讼服务中心建立调解、速裁、快审一站式解纷机制，为实现公平正义提速。

实践中，2011 年 O 市法院诉讼服务中心改革得到了最高人民法院的肯定，成为全国法院推广的模范典型。O 市提出"一体化门诊式"综合服务中心的建设思路和"三个分流"概念——诉前分流、繁简分流、类案分流。具体做法是对当事人前来起诉的纠纷不马上立案，而是进行立案登记，也叫"预立案"。法院认为适合调解的就分流到人民调解，或委托有关解纷机构解决；调解不成而适合速裁的简单案件，即分流到速裁组审理；发现纠纷属于特定类型的案件的，分流到专门的诉讼管道处理，例如，交通事故损害赔偿纠纷统一归入设在交通管理部门的交通巡回法庭，劳动争议类案件归入设在劳动部门的巡回法庭审理等。目的是将大量简易的矛盾纠纷通过"门诊看病"的方式得到快速解决，让需要"住院治疗"的"疑难杂症"进入审判业务庭，即"简案快审，繁案精审"。在这一阶段，诉讼服务中心进一步发展为集诉讼服务、纠纷分流、诉讼分层为一体的综合机制。[1]

这一模式迅速在全国各地法院推广，成为先行调解的主要模式。其率先提出的"一体化门诊式"综合服务中心、"诉前分流、繁简分流、类案分流"三个分流，以及"简案快审，繁案精审"等做法，发展至今，已经成为当前先行调解的核心思想和主要内容。

2016 年，在安徽省马鞍山市中级人民法院建立了保险、物业、道交、家事、医疗、劳动仲裁等多个平台，开展立案前先行调解工作。河北省宽城县人民法院则采用"1 +X+19"对接模式，即建立 1 个综合调解中心，组建 X 个专业化调解委员会，建立 19 个专业诉调对接工作室。[2] 根据官方数据资料，截至 2017 年，全国法院建立专门诉调对接中心 2400 多个。[3] 截至 2019 年，全国线下诉讼服务大厅共有调解工作室 7000 多个。线上调解平台 2.8 万家，70%的法院建立速裁快审团队。[4]

作为较早对先行调解进行探索，并被授予"多元化纠纷解决机制改革示范法院""全国法院繁简分流机制改革示范法院"称号的上海市浦东新区人民法院，其诉讼服务中心也改造升级成为一站式纠纷解决平台。根据笔者在该院调研，该院一站式纠纷解决平台具有诉前分流、先行调解、繁简分流、简案速裁快审等多种功能，一站式纠纷解决平台成为诉讼服务、纠纷分流、简案快调快审、诉讼分层为一体的综合机制，并取得较好效果。上海市浦东新区人民法院诉讼服务中心一站式纠纷解决平台的具体做法如下：

首先，诉前分流，即诉前调解与正式立案分流。对于通过诉讼服务中心窗口或者网上等多种途径申请立案的，由法官审查是否符

---

[1] 参见吴英姿："'调解优先'：改革范式与法律解读 以 O 市法院改革为样本"，载《中外法学》2013 年第 3 期。

[2] 参见彭若翀、廖磊："立案前先行调解的困境与出路"，载《云南警官学院学报》2018 年第 6 期。

[3] 参见周强："最高人民法院关于人民法院全面深化司法改革情况的报告——2017 年 11 月 1 日在第十二届全国人民代表大会常务委员会第三十次会议上"，载《人民法院报》2017 年 11 月 2 日，第 001 版。

[4] 参见最高人民法院工作报告 2020 年。

合立案条件。经审查符合立案条件的，作如下处理：一是起诉人申请保全或者诉讼标的 1000 万元以上案件，直接正式立案，当事人交诉讼费，立案为"民初×××号"，案件进入审判管理系统。二是其他起诉的纠纷原则上进行诉前调解，当事人先不交费，而是分流至诉前调解管理系统，进行调解登记，立"民诉前调×××号"，不进审判管理系统。

其次，诉前调解案件分派到诉调对接中心。上海市浦东新区人民法院诉调对接中心由归属于立案庭的诉调对接中心和各派出法庭、业务庭诉调分中心组成。根据内部分工，诉前调解案件分别分配给诉调对接中心和各分中心，进行调解、诉调对接和转立案等工作。该院诉调对接中心按"1+1+1"比例专门配备调解法官，法官助理以及书记员若干，具体负责诉前调解案件的处理。立案前的诉前调解期限自编号日期起算，默认为 30 天。

最后，由诉调对接中心和各分中心依流程进行调解、诉调对接等工作。对于分流的诉前调解民事纠纷，上海市浦东新区人民法院制定了统一、清晰而规范化的处理流程。具体可以分为以下几个阶段：

第一阶段，意见征询。诉调中心和分中心收案后，征询被起诉人是否同意诉前调解的意见，期限为 3 天，此期限包括在 30 天的总的诉调期限范围内。

第二阶段，根据征询意见的不同，做不同的处理，并开展不同的后续程序。一是如果征询起诉人与被起诉人意见，有一方不同意调解的，则结束调解。此外，如果此阶段起诉人撤诉的，也结束调解。这种结果属于诉调期限内完成调解，并且不需要发送审判。二是征询起诉人与被起诉人同意的，则进入下一个程序，即进行分案与排期，确定指导法官与调解员进行调解。据介绍，诉讼服务中心在调解登记阶段，不负责确定调解员，而是由诉调中心与分中心自己来确定。

第三阶段，发送调解。即分案与排期工作结束后，将案件委托给特邀调解组织或调解员进行实质调解工作。这是具体进行调解工作的阶段，也是调解的主要阶段。这一阶段的期限去除征询意见期的

3 天，最长尚余 27 天的时间。这一阶段中，具体的调解工作由特邀调解员独立完成。近年来，该院与司法局东方调解中心合作，由后者派出律师作为特邀调解员，对诉前纠纷进行专业调解，调解成功率提升。调解指导法官一般不参与调解，只在调解员有需要时提供指导。

第四阶段，即最后一个阶段，调解结束。诉前调解结束通常有以下几种结果：一是发送到审判。发送到审判有两种情况：第一种情况，在调解期限内完成调解，并且需要发送审判的，手动发送审判庭，进入审判程序。这种情况通常是指经诉调中心调解双方达成协议，当事人申请司法确认的，或者双方希望得到法院调解书的，则转立案，由指导法官审查调解协议，进行司法确认或作出法院调解书。第二种情况，调解超期的，自动发送审判，进入审判程序。这种情况是指诉调中心超过 30 天调解期限的，自动转入立案。根据最高法院 2020 年 8 月 15 日实施的"智能合约立案"规定，诉调案件被超期发送之日起第五个工作日进行自动转立案。上海市浦东新区法院诉调中心和分中心的调解期限为 30 天。超过 30 天期限调解不成功的案件，将被超期发送。诉调中心和分中心在超期后 5 个工作日内可以自己转立案。转立案后，根据纠纷类型、标的等，依照法院程序分流标准，由法官适用速裁、简易等程序进行审判。例如，符合速裁的，转由速裁法官速裁，从而实现"简案快审，繁案精审"。第三种情况，诉前调解不成的，诉调中心直接将案件转立案，纠纷正式立案，进入审判管理系统，依前述程序，由法官分别适用不同程序审判。

二是调解期限内完成调解，不需要司法确认或者由法院出具法院调解书，无需发送审判的，则结束调解，不再回到法院。这种情况，通常是双方达成调解协议，并且已经实际履行完毕。

（2）探索建立调解程序前置。

2015 年 12 月，中共中央办公厅、国务院办公厅印发的《关于完善矛盾纠纷多元化解机制的意见》，要求推动有条件的基层法院对家事纠纷等适宜调解的案件进行调解程序前置的探索。2016 年 6 月最高人民法院出台《多元化机制改革意见》，探索建立调解前置程序。规定有条件的基层人民法院对家事纠纷、相邻关系、小额债务、消费者权益、交通事故、医疗纠纷、物业管理等适宜调解的纠纷，在征求当事人意愿的基础上，引导当事人在登记立案前由特邀调解组织或者特邀调解员先行调解。

对此，一些地方法院尝试出台地方性条例，并实际采取调解前置的做法。例如，江苏省高院、省司法厅联合下发《关于开展调解程序前置试点的工作规则》，决定选取部分类型民事案件在全省范围内开展调解程序前置试点工作。再如，2016 年上半年，北京西城、丰台、顺义、昌平及房山等五区试点法院对于交通事故、物业纠纷、离婚纠纷以及标的额在 10 万元以下的买卖、借款合同纠纷，法院在立案前先委派人民调解员进行调解。共调处案件 10 588 件，其中，立案前调解成功 4129 件，占全市立案阶段调解成功案件数的 71.7%，自动履行率 50.27%。[1]对于达成调解协议的，法院依法出具法律文书；调解不成但案件事实清楚的，法院将及时裁决；事实需进一步查清的，及时立案移转审判庭。

而据笔者调研，上海市某基层人民法院对于一般的民事纠纷，在立案前案件分流诉前调解的做法，实质上也是实行调解前置。即诉讼服务中心的法官，在受理立案登记过程中，认为适宜调解的，直接决定将纠纷分流至诉前调解。如前所述，该院除起诉人申请保全，或者诉讼标的额在 1000 万元以上的纠纷以外，其他纠纷原则上法官直接将纠纷纳入到起诉前调解管理程序，进行先行调解，并不征求原告意见。对此，法官解释称，若征求起诉人意见，则起诉人一般不同意先行调解，所以，只能强制进入诉前调解程序。但是在进入到诉前调解程序后，会在征询环节征求起诉人与被起诉人意见，主要是征询被起诉人的意见。如果被起诉人不同意，则诉前调解结束，转立案进入审判系统。对此，笔者认为，由于诉前调解程序的开始并不以起诉人的同意为前提，实际上，该种做法也是强制性的

---

〔1〕 参见唐宁："开展诉前调解：调解员进入各区法院立案庭"，载《法制晚报》2016 年 9 月 21 日，第 3 版。

诉前调解前置。

可见，当前调解程序前置基本成为法院的普遍做法。仅在调解前置案件范围上，标准不一。有的有明确规定，有的没有；有的调解前置范围较大，有的范围较小。

（3）完善委派调解与特邀调解制度。

2016年最高人民法院出台《特邀调解规定》，这是关于特邀调解的一个重要司法解释。该规定完善了委托调解与特邀调解相关制度，突出党委领导下的多元解纷机制建设。该规定的内容主要包括：

第一，整合资源，推动形成多元解纷合力。包括：一是做好特邀调解资源对接。将各类专业、高效、优质的解纷资源引进来，分别建立与特邀调解对接的制度、机制、责任部门和人员，实现特定类型纠纷的专业化处理。二是统筹调配特邀调解资源。建立特邀调解管理系统，对纳入特邀调解名册管理的调解资源，统一分类建立数据库。三是促进解纷效能提升。各级法院将特邀调解制度贯穿到立案、审判、执行全程，通过委派调解，拓宽诉前调解范围。推动建立党委政法委牵头的纠纷解决中心，针对重大复杂纠纷，做好风险防控化解，通过示范调解，提高批量化解纠纷效能；建立特邀调解联动协同机制、定期会议制度。

第二，细化管理，提高特邀调解公信力。一是完善解纷体系。将特邀调解管理纳入一站式多元解纷和诉讼服务体系建设。建立党委政法委牵头的"联动平台"，与行政职能部门协同配合，妥善处置突发性、群体性、重大复杂纠纷。以给予当事人异议权的形式尊重当事人程序选择权，引导群众依法自愿选择特邀调解。二是细化管理责任。通过特邀调解管理平台实现信息公开化、可视化、类型化。采用诉前菜单式选择调解员模式，当事人自主选择特邀调解员。

第三，加强指导，提高特邀调解分流能力。《特邀调解规定》针对特邀调解中，法官指导不及时、不到位等问题，要求各级法院做好全程指导、加强专业指导、完善常态指导。一方面，"从有到强"。通过建立和管理特邀调解名册，吸引社会纠纷解决力量进入法院，加强与社会解纷力量的对接，加强指导与培训提高特邀调解员综合素质；另一方面，"从强到精"。发挥类型化调解的示范作用，提高专业调解能力。法院不对调解活动进行实体性的干涉，对于调解中存疑、虚假等问题，法官可作出相应的实体法律指引。

2020 年最高人民法院《繁简分流实施办法》出台，针对实践中部分法院落实特邀调解工作中还存在价值定位不明晰、资源调配效能不高、管理规则不细化、指导监督不精准等问题，重申建立特邀调解名册，规范名册管理等内容。根据该《繁简分流实施办法》第 2 条："人民法院应当建立特邀调解名册，按照规定的程序和条件，确定特邀调解组织和特邀调解员，并对名册进行管理。"

实践中，特邀调解组织与特邀调解员队伍迅速建立并发展壮大。根据官方数据资料，至 2017 年，全国法院建立特邀调解组织近 2 万个，吸纳特邀调解员 6 万多人。[1]2019 年，线下诉讼服务中心共有调解工作室超 7000 个，特邀调解组织调处的案件快速上升。如前所述，2019 年委派委托调解案件 515 万件，而当年法院审结一审民事案件共 939.3 万件。[2]

（4）推动律师调解制度建设。

在联合社会力量进行诉前调解的过程中，律师的作用逐渐受到重视。2016 年 6 月最高人民法院出台的《多元化机制改革意见》提出，积极吸纳律师加入人民法院特邀调解员名册，支持律师加入各类调解组织担任调解员，探索建立律师调解工作室，鼓励律师充分发挥专业化、职业化优势，参与纠纷解决。

（5）调解法官专职制度逐渐成熟。

如前所述，调解法官专职制度是指法院将具有较强调解能力的法官或司法辅助人员，在诉前与诉中专门指导调解业务、管理调解事务、从事调解工作的司法制度。调解法官专职制度最早由《试点总体方案》提出。根据《试点总体方案》第 5 条规定，试点法院探

---

〔1〕　参见周强："最高人民法院关于人民法院全面深化司法改革情况的报告——2017 年 11 月 1 日在第十二届全国人民代表大会常务委员会第三十次会议上"，载《人民法院报》2017 年 11 月 2 日，第 001 版。

〔2〕　参见最高人民法院工作报告 2020 年。

索建立法院专职调解员队伍，由调解能力较强的法官或者司法辅助人员依托诉调对接中心或者有关审判庭专职从事立案前或者诉讼过程中的调解工作。2016 年最高人民法院《多元化机制改革意见》第18 条、第 35 条、第 36 条进一步详细规定了专职调解员的任职部门、任职条件、人员组成、工作职能、达成调解协议后的处理方式、管理机制与培训机制等问题，对相关内容细化，正式确立了调解法官制度。调解法官专职制度逐渐成熟。

实践中，一些法院将由法官担任的专职调解员命名为调解法官，有的法院将由司法辅助人员担任的专职调解员命名为调解助理员，在诉前依托诉讼服务中心等诉调对接中心进行诉前调解工作。

由此，先行调解主体、呈现出专职化、多样化的特点。一方面，法院内部调解法官专职化，审判法官与调解法官分类。调解法官专司调解，没有裁判权，有利于调审分离。另一方面，调解法官与特邀调解组织及调解员共同负责案件调解。使先行调解兼具诉讼司法性与非讼社会性双重特点，同时，也产生了如何协调二者关系的问题。

相应地，各地法院先行调解的实践也进入新阶段，出现了法官亲自上阵，担当调解主力的现象。例如，江苏省扬州市基层人民法院诉前调解实践运行中出现了多种工作模式，主要包括人民法院附设的人民调解工作室调解、对外委托其他组织调解、法官自行调解、人民调解工作室调解与法官自行调解相结合的四种运作模式。其中，法官自行调解模式，是指在诉前调解阶段直接由审判庭法官主持调解工作，调查中以该模式为主的法院占 30.3%。而法官调解与人民调解员调解相结合的模式，是指在法院设立人民调解工作室，选任非法院在职人员作为人民调解员负责调解的同时，也从法院各审判庭选派在职法官专门负责部分诉前调解案件，增强诉前调解力量，调查中以该模式为主的占 43.6%。[1]

这是值得关注的现象。先行调解虽可以由法官亲自主持，但应

〔1〕 参见江苏省扬州市中级人民法院课题组等："诉前调解运行现状及其对先行调解制度实施的启示"，载《人民司法》2013 年第 19 期。

以委托调解为主要方式。仅在不适宜委托调解，或者当事人拒绝委托调解的情况下，才适宜由法官调解。因为法官自行调解客观上只是法院调解前移，与先行调解设立的初衷，即引进社会力量诉前分流，缓解法院案多人少压力相矛盾相悖。因此，先行调解应充分发挥特邀调解组织或调解员的作用，突出其社会性。而指导法官一般限于指导以及对调解协议的审查等诉讼对接工作。

（6）规范先行调解程序。

2017年最高人民法院出台《操作规程（试行）》，在推动和规范先行调解程序方面，发挥了较大作用。主要表现在：

第一，明确先行调解的非强制性。根据该《操作规程（试行）》第7条："案件适宜调解的，应当出具先行调解告知书，引导当事人先行调解，当事人明确拒绝的除外。"可见，先行调解并不是强制性调解，这一点值得肯定。

第二，明确了委托调解的案件范围。根据该《操作规程（试行）》第9条："下列适宜调解的纠纷，应当引导当事人委托调解：家事纠纷；相邻关系纠纷；劳动争议纠纷；交通事故赔偿纠纷；医疗纠纷；物业纠纷；消费者权益纠纷；小额债务纠纷；申请撤销劳动争议仲裁裁决纠纷。其他适宜调解的纠纷，也可以引导当事人委托调解。"司法解释首次对委托调解案件范围进行明确，这一点也值得肯定。这一规定表明，先行调解与委托调解的范围并不一致。

第三，限定先行调解期限。根据该《操作规程（试行）》第11条："人民法院调解或者委托调解的，应当在15日内完成。各方当事人同意的，可以适当延长，延长期限不超过15日。调解期间不计入审理期限。当事人选择委托调解的，人民法院应当在3日内移交相关材料。"这是立法上首次对先行调解期限作出规定。

对先行调解期限进行限制这一点是值得肯定的。因为在"先行调解"的情况下，法院是否受《民事诉讼法》第123条规定的审查立案期间的限制没有规定，实践中法院任意设定较长期限，甚至有的法院不设期限，可以无限期地予以"先行调解"，损害当事人对诉权的有效行使。此外，该期限是对调解期限的统一规定，没有区分先行调解与诉讼中委托调解，即诉讼中的委托调解也受这一期限限制。分析可见，该《操作规程（试行）》规定的调解期限较长，远远超出立案审查 7 天期限的规定，并且，对于诉讼中的委托调解，这一期间不计入审理期限，这些是值得商榷的。虽然如此，立法上首次对先行调解期限作出限制，仍然意义重大。这一规定的内容为后续司法解释所认可。

第四，先行调解在调解场所和调解方式上更加简便。根据该《操作规程（试行）》第 17 条，人民法院先行调解可以在诉讼服务中心、调解组织所在地或者双方当事人选定的其他场所开展。先行调解还可以通过在线调解、视频调解、电话调解等远程方式开展。

实践中，与线下调解并行，线上调解成为一种越来越重要的调解方式。许多法院采用线上电脑、电话等远程调解方式，调处了一大批民事纠纷。线上调解方式既便利了法院，也便利了当事人。尤其在疫情等特殊时期，更是发挥了显著作用。例如，上海市浦东新区人民法院线上、线下调解并行，尤其是对于外地的当事人，以线上调解为主。据统计，2019 年，全国共有线上调解组织 2.8 万家，调解员 10.8 万人，日均线上调处民事纠纷 13 095 件。[1]

（7）强调讼源治理，完善诉调对接。

一是在调解与诉讼解决纠纷的关系上，进一步强调调解优先，并创新了许多经验做法。在"马锡五审判方式"的基础上，创新"小事不出村，大事不出镇，矛盾不上交，就地化解"的"新时代枫桥经验"。例如，2017 年以来，浙江嘉兴法院推动"无讼村（社区）"创建工作，与基层组织共建"无讼村（社区）"和联村法官制度。辖区内 11 个村（社区）均已建成"无讼"工作站，配备专兼职"无讼"工作者，同时组建了由法官、镇村（社区）法律顾问等 12 人组成的"息事无讼"法律咨询团，将大量纠纷化解在诉前，从源头上减少诉讼增量。此外，浙江嘉兴法院还建立矛盾纠纷诉前登记，"四级化讼"机制。对村民提出的传统民事诉讼，实行矛盾纠纷

---

〔1〕 最高人民法院工作报告 2020 年。

诉前登记，分别由村调解组织、镇调解组织、人民法庭庭长和法院分管领导进行逐级调解，联村法官全程参与，调解不成或当事人不愿意继续调解的，及时立案受理，形成了一张实现案件分层调解的"过滤网"。2019 年上半年，全市法院共调处案件 1.7 万余件，诉前纠纷化解率 28.95%，同比上升 17.92%，一审民商事案件首次实现负增长，收案 26 242 件，同比下降 6.32%。〔1〕

　　各种形式的新时代"枫桥经验"得到了最高人民法院认可。例如，2020 年最高人民法院工作报告提出，坚持和发展新时代"枫桥经验"，融入党委领导的社会治理体系。各地法院坚持把非诉讼纠纷解决机制挺在前面，加强人民调解、行政调解、司法调解联动，非诉讼和诉讼对接，充分发挥人民法院调解平台在线化解纠纷功能。实践中，涌现各种特色的新时代"枫桥经验"。例如，云南、青海、宁夏、新疆和兵团等法院创新民族特色调解机制。浙江法院总结推广普陀、安吉做法，积极参与社会治理大格局，切实把矛盾解决在萌芽状态、化解在基层。此外，立足城乡基层化解纠纷。2019 年，全国 10 759 个人民法庭，共调解、审结案件 473.1 万件。延安、寻乌、两当等地人民法庭坚持群众说事、民事直说〔2〕、法官说法，及时化解矛盾纠纷。"马背法庭""背篓法官"跋山涉水，深入田间地头、百姓家中。〔3〕可见，调解优先进一步发展到诉源治理，司法能动性进一步加强。

---

〔1〕　参见余建华、沈羽石："调解在前，事了人和——浙江嘉兴'无讼村（社区）'创建工作纪实"，载《人民法院报》2019 年 8 月 26 日，第 001 版。

〔2〕　群众说事、民事直说、法官说法：陕西延安富县在村组设立"说事室"和"一村（社区）一法官"，由乡村干部通过"拉家常、讲政策、讲道理"的方式先行化解矛盾纠纷，实现群众自我管理。当"群众说事"涉及专业法律问题时，由法官及时进行说法答疑，引导群众运用法治思维和法治方式化解矛盾纠纷。甘肃两当县坚持"有事坐在一起好好说"，搭建"民事直说"平台，召集群众当面反映问题，集中力量现场办理，与法院多元解纷机制对接，把矛盾化解在基层。群众说事、民事直说、法官说法把党的领导与群众自治、政府管理与群众自我管理、依法治县与以德治村相结合，充分体现了党的领导、人民当家作主、依法治国的有机统一。

〔3〕　参见最高人民法院工作报告 2020 年。

二是继续完善诉调对接。2016 年《特邀调解规定》，针对相关部门对接机制缺乏系统设计，权责不够明晰，推进力度不一，程序对接实效有待提高等问题，要求规范做好衔接工作。主要包括：第一，做好制度衔接。建立特邀调解专项对接制度，由诉讼服务中心、民商事速裁审判团队专门人员做好特邀调解对接工作，建立调解未达成协议转入审判程序的规则。第二，做好程序对接。规范特邀调解与立案、审判等程序的衔接，做好与诉讼服务的无缝对接，体现特邀调解制度的相对独立性。对于试点法院，经人民调解委员会、特邀调解组织或者特邀调解员调解达成民事调解协议的，双方当事人可以自调解协议生效之日起 30 日内共同向人民法院申请司法确认。委派调解未达成协议的，调解员应当将当事人的起诉状等材料移送人民法院；当事人坚持诉讼的，人民法院应当依法登记立案。第三，做好效力衔接。解决调解以及其他纠纷解决程序与正式的司法程序之间的衔接问题，减少各种机制之间的冲突和重复。[1] 以上规定较好地解决了特邀调解前期实践中存在的问题。根据笔者调研，实践中法院基本上按以上要求做到了制度对接、程序对接以及效力对接，诉调对接日益规范。

此外，根据《操作规程（试行）》第 12 条规定，委托调解达成协议的，调解人员应当在 3 日内将调解协议提交人民法院，由法官审查后制作调解书或者准许撤诉裁定书。不能达成协议的，应当书面说明调解情况。根据《操作规程（试行）》第 14 条规定，人民调解达成协议未经司法确认，当事人就调解协议的内容或者履行发生争议的，可以提起诉讼。人民法院应当就当事人的诉讼请求进行审理，当事人的权利义务不受原调解协议的约束。

2020 年最高人民法院《繁简分流实施办法》出台，针对实践中部分法院落实特邀调解工作中还存在程序衔接不规范问题，明确了优化司法确认程序、完善程序衔接等内容。根据该《繁简分流实施

---

[1] 参见邓宇：“完善特邀调解制度应着重把握的五个问题”，载《人民法院报》2020 年 5 月 14 日，第 008 版。

办法》第3条，经人民调解委员会、特邀调解组织或者特邀调解员调解达成民事调解协议的，双方当事人可以自调解协议生效之日起30日内共同向人民法院申请司法确认。此外，根据该《繁简分流实施办法》第4条，司法确认案件按照以下规定依次确定管辖：一是委派调解的，由作出委派的人民法院管辖；二是当事人选择由人民调解委员会或者特邀调解组织调解的，由调解组织所在地基层人民法院管辖；当事人选择由特邀调解员调解的，由调解协议签订地基层人民法院管辖。案件符合级别管辖或者专门管辖标准的，由对应的中级人民法院或者专门人民法院管辖。

分析可见，对于诉调结果对接，立法上倾向于采用司法确认的方式。依《特邀调解规定》，经人民调解、特邀调解组织或调解员调解达成调解协议的，可以采用司法确认的形式完成诉调对接。而《操作规程（试行）》规定，委托调解诉讼对接可以采用法官制作调解书或准予撤诉等方式。但2020年最新《繁简分流实施办法》着重强调了司法确认这一诉调对接方式，并对司法确认所涉及的管辖权问题予以解决。但实践中，如前所述，诉调对接的主要方式是转立案后法官审查后出具法院调解书或者准予撤诉裁定这两种方式，原因笔者前面已有述及，在此不赘。

（8）建立先行调解的鼓励与保障机制。

根据该《操作规程（试行）》第16条的规定，当事人同意先行调解的，暂缓预交诉讼费。委托调解达成协议的，诉讼费减半交纳。而《特邀调解规定》为提升特邀调解吸引力，针对激励保障不完善等问题，提出以下措施：一是加强经费保障。二是加强组织保障。采取集中轮训、庭审观摩、座谈交流等多种形式，合理安排特邀调解员技能培训。三是加强科技保障。以"互联网+诉讼服务"理念为指引，完善在线调解流转规则。四是加强考核保障。建立完善考核指标体系，加大特邀调解在绩效考评体系中的权重。[1]

---

[1]　参见邓宇："完善特邀调解制度应着重把握的五个问题"，载《人民法院报》2020年5月14日，第008版。

实践中，各地法院对于先行调解的纠纷，多采取了减少收费的方法，以对当事人选择诉前先行调解进行鼓励。尤其是特邀行业组织或者专家、律师所进行的专业调解时，适当收取费用。既鼓励当事人选择先行调解，也调动了特邀调解组织和调解员的积极性。例如，上海市某区人民法院对于本部诉调中心以及法庭诉调分中心处理的诉前调解，如果调解不成功，则不收费。如果调解成功的，达成调解协议的，则按起诉费的十分之一收费。

（9）先行调解纠纷数量稳步上升

近年来，各地法院先行调解纠纷数量稳步上升，发挥了多元解纠、案件分流的作用，客观上对于缓解法院案多人少的压力发挥了一定的作用。例如，笔者统计了上海市某区人民法院自 2014 年以来诉前先行调解纠纷的数量，通过图表，可以清晰地发现诉前调解的纠纷数量总体上处于逐年上升的趋势。详见下图：

（表一：上海市某区法院 2014—2019 年诉前调解纠纷数量图表）

从表中可见，2014 年该院诉前调解纠纷数量 47 062 件，到 2015

年，有较大幅度的上升，即升至61 078件，增加14 016件，增长幅度为29.8%。笔者分析，原因在于2015年实行立案登记制，法院受理案件数量有较大幅度上升，相应的，法院采取措施，加大了分流至诉前调解的纠纷数量，以对冲立案登记制对法院带来的冲击。自2015年以后，诉前调解纠纷数量则稳定在60 000件以上，且除2018年略有小幅下降外，其他年份逐年上升，在2019年诉前调解纠纷数量达到最高点，达到90 000件以上。此外，图表分析可见，前期增长幅度较大，后期增长幅度收窄。2016年增加14 878件，增长幅度为24.3%。2017年增加11 541件，增长幅度为15.2%。2019年较2018年增加7484件，增长幅度为8.96%。

此外，通过诉前调解数与民商事案件正式立案数的对比，可以发现诉前调解在案件分流方面所起到的作用，详见下图。

（表二：上海市某区人民法院诉前调解数与正式立案数对比图）

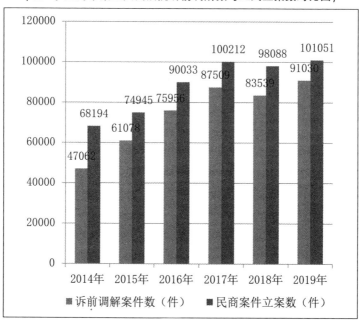

由上图数据可以计算出，该院诉前调解案件数量与民商案件立案数的比例分别为：2014 年为 69%，2015 年为 81.5%，2016 年为 84.4%，2017 年为 87.3%，2018 年为 85.2%，2019 年为 90.1%。除 2014 年诉前调解与民商案件数比例略低外，2015 年后，该比例迅速上升到 80% 以上，2019 年突破 90% 的比例，均已远远超过法院所要求的 50% 诉调比例指标。

上海市某区人民法院是全国较大的基层法院，每年受理案件数量较多，案多人少的矛盾相对突出，相应地诉前分流案件数量也较多，诉前分流所发挥的作用明显。其他基层人民法院在民商立案及诉前调解案件的数量上虽然相对较少，但是在二者的比例上，即诉调比例上，基本上均能达到最高法院要求的 50% 指标。据笔者调研，这一比例的高低往往与法院办案压力大小有关，越是案多人少矛盾突出的，诉调比例越高，反之，偏低。

综上所述，经过近 20 年的探索与实践，先予调解制度不断完善，并在机构、人员、制度建设和程序安排上取得了许多创新性的成果。各地法院进行了各种各样的先行调解探索实践，成功经验不断为立法所肯定。在立法与实践上下联动下，当前先行调解愈加深入，并呈现出更强的司法能动性。例如，强化诉调对接的典型和经验做法。2017 年法院系统组织推广四川"眉山经验"、山东"潍坊经验"、安徽"马鞍山经验"。[1] 实践运行上，先行调解也取得了一些成效。例如，进入诉前调解程序的案件越来越多，诉前调解成功率为越来越高。相应的，业务庭新收案件数量下降，先行调解分流解决的案件数量明显上升。根据官方数据资料，全国法院 2016 年通过多元化纠纷解决方式分流案件 153 万余件，占当年受理一审民事案件的 13.2%。[2] 2018 年坚持合法自愿原则，各级法院以调解

---

[1] 参见 2018 年最高法院工作报告。

[2] 参见周强："最高人民法院关于人民法院全面深化司法改革情况的报告——2017 年 11 月 1 日在第十二届全国人民代表大会常务委员会第三十次会议上"，载《人民法院报》2017 年 11 月 2 日，第 001 版。

方式结案 313.5 万件，[1]比 2016 年增加了 160.5 万件。而 2019 年全国法院诉讼服务中心化解案件 849.7 万件，[2]比上一年增加了 536.2 万件。可见，先行调解分流解决的案件数量增加迅速，上升幅度较快。

此外，先行调解的制度优势得到了一定程度的发挥。除前述先行调解在推动法院调解社会化、缓解法院案多人少压力、分散审判风险，以及构建多元解纷机制、促进社会和谐、配合大调解等方面所发挥的作用外，先行调解还发挥了以下作用：一是便捷、低成本、高效率地解决当事人的纠纷。对事实较为清楚且当事人同意诉前调解的案件进行分流调解，繁简分流后确保了部分案件得到迅速处理。案件平均调解天数较之诉讼程序明显缩短，特别是在物业合同、买卖合同、服务合同以及道路交通事故损害赔偿等纠纷中，调解成功率较高。二是实现了事实上的调审分离。如前所述，先行调解基本上采用委托或特邀调解方式，后者相对独立，调解社会化改革实现了调审人员分离、程序分离。此外，即便是法官主持的调解，专职调解法官制度的推行，也促成了调审分离。三是各群体对诉前调解的接受程度越来越高，据调查，明确表示诉前调解没有必要的均已降至 27% 以下，而当事人、法官群体认为诉前调解有必要的已超过了 43%。[3]

但也有一些法院先行调解的实践遭遇瓶颈。例如，位于中部某省的偏西部地区 H 县人民法院，自 2008 年试行立案前调解以来，从近 5 年来的司法统计数据来看，立案前调解的案件在该院所受理的民商事案件中所占比率并未随先行调解正式施行而上升，反而在 2013 年迅速下降。[4]此外，诉前分流调解的案件总体数量偏低且在

---

〔1〕 参见最高人民法院工作报告 2019 年。

〔2〕 参见最高人民法院工作报告 2020 年。

〔3〕 参见江苏省扬州市中级人民法院课题组等："诉前调解运行现状及其对先行调解制度实施的启示"，载《人民司法》2013 年第 19 期。

〔4〕 参见李喜莲、裴义芳："先行调解法治化运行的困境及出路——以 H 县人民法院为分析样本"，载《怀化学院学报》2014 年第 10 期。

全国范围内发展不均衡。例如，据不完全统计，2017 年云南省法院立案前委派调解和立案后委托调解的案件数量约为 2 万余件，为同期第一审民商事案件的 7.61%，调解成功的占一审民商事案件总数的 2.66%，而相比之下，山东省法院立案前委派调解和立案后委托调解的案件占到同期一审民商事案件的 16.30% 和 15.62%。[1]

三、先行调解制度中存在的问题

自最高人民法院提出"调解优先，调判结合"司法政策以来，法律界一直争论不休，评价褒贬不一。就算是坚定支持调解的学者，在极力论证"调解优先、调判结合"正当性的同时，也承认法院还需总结调解实践经验，遵循调解的规律和原理，借鉴其他国家的成功经验，通过不断提高调解的效果和正当性获得社会公众的认同。[2]虽然政策已经入法，但担忧并非多余。通过以上对先行调解出台的经过、相关司法解释和实践运作样态的梳理，可以发现先行调解虽然卓有成效，但也存在立法粗疏、理论多元、实践多样的特点，加之我国司法改革中特有的"自下而上+自上而下"双向推进的发展范式，使先行调解在立法及实施中均存在一些亟需解决的问题。从目前先行调解制度的运行状况来看，总体表现出先行调解的运行实际与立法初衷有一定的偏差。笔者在调研与法官访谈时发现，许多法官对先行调解自愿性上存在看法，认为其广受当事人诟病。甚至有的法院立案庭负责人也对于先行调解的改革流露出一种复杂的情绪，认为最高法院的相关要求在实际运行中遇到一些难以解决的障碍，感到困惑。

（一）先行调解时间及性质尚未明确界定

1. 立法上先行调解时间及性质不明

如前所述，《民事诉讼法》并未对先行调解时间予以明确界定。

〔1〕 参见彭若翀、廖磊："立案前先行调解的困境与出路"，载《云南警官学院学报》2018 年第 6 期。

〔2〕 参见范愉："诉讼调解：审判经验与法学原理"，载《中国法学》2009 年第 6 期。

时间界定不清，直接导致先行调解在立法上的性质不清。到底是诉讼行为，还是非讼性质，还是诉讼调解与非诉讼调解相互交错、链接的产物？先行调解的性质存在立法与理论上的障碍。而这一性质的界定，又直接决定了先行调解主体、调解效力以及调解程序的合法性问题，因此关系重大。

近年来立法上对此问题仍是模糊不明。2016 年《特邀调解规定》将立案前的委托调解称为委派调解，立案后的委托调解称为委托调解，似乎是将先行调解与诉讼调解两个阶段加以区分，即前者属非讼性质，而后者属诉讼性质。但 2017 年《操作规程（试行）》，重新导致先行调解界定模糊，性质混乱，令人疑惑。根据该《操作规程（试行）》第 1 条，民商事简易纠纷解决方式主要有先行调解、和解、速裁、简易程序、简易程序中的小额诉讼、督促程序等。人民法院对当事人起诉的民商事纠纷，在依法登记立案后，应当告知双方当事人可供选择的简易纠纷解决方式，释明各项程序的特点。根据该《操作规程（试行）》第 3 条，人民法院登记立案后，程序分流员认为适宜调解的，在征求当事人意见后，转入调解程序。可见，按该《操作规程（试行）》的规定，先行调解是在法院登记立案后进行的。这与之前学界、立法以及司法实践中对先行调解应是立案前的调解的界定不符。

2. 学界、实务界理解不一

根据参与立法起草者的解释，先行调解，主要是指受理前的先行调解，同时也包括受理后仍处在立案阶段的调解，但"先行调解的适用范围，主要指向法院立案前"[1]。这一解释表明，先行调解包括两种性质的调解：一是立案前的非讼调解；二是立案后、审前准备前这一阶段进行的诉讼调解。

但正如李浩教授指出的，将先行调解写入法律，真正有意义的是，通过立法确立法院可以在立案前就进行调解。这是因为，受理

─────────

〔1〕　全国人大常委会法制工作委员会民法室编：《2012 民事诉讼法修改决定条文解释》，中国法制出版社 2012 年版，第 172 页。

后立案阶段的调解，即便法律不作规定，法院也可以依据《民事诉讼法》的规定，通过司法解释，设立此类调解。因为立案之后，诉讼便系属于法院，《民事诉讼法》已经规定了法院调解的原则。[1]因此，完全可以依此原则进行调解，无另行规定的必要。将先行调解的时间界定在立案前，得到了学界的普遍赞同。认为将立案后至开庭前的调解归入"先行调解"是错误认识。[2]

但后来随着2015年立案登记制的实施，对先行调解制度的性质和功能提出重新界定的要求。按照《关于人民法院登记立案若干问题的规定》第2条第1款、第2款要求，对起诉，法院一律应当接收诉状，并对符合法律规定的起诉当场予以立案登记。据此，但凡当事人符合法律规定的起诉，法院就必须当场登记立案。在这种情况下，以当事人起诉到人民法院的纠纷为适用对象的先行调解，显然应属于法院立案之后的调解。此外，先行调解制度的功能亟待重新认识。在立案登记制下，立案不再是一个时间段，而成为一个时间点。紧随立案时间节点实施的先行调解应该发挥避免司法资源浪费，合理过滤纠纷，从源头上减轻法院诉讼压力的作用。[3]由此，先行调解事实上就是立案调解，即民事案件在交付审判庭处理之前，由立案庭先行开展调解活动。由于立案前的程序空间有限，先行调解的重心应该在立案之后，而立案后的调解可以很自然地延续到审前准备程序阶段。[4]

但立案登记制实施导致先行调解在立案前失去存在空间，只能延续到立案后的理论推演与担忧，被实践中的变通做法所化解。实践中，法院对部分适宜调解的纠纷直接引导当事人至人民调解等社会调解组织进行调解，称之为"先行调解"，性质为非讼性质。而

〔1〕 参见李浩："先行调解制度研究"，载《江海学刊》2013年第3期。
〔2〕 参见赵钢："关于'先行调解'的几个问题"，载《法学评论》2013年第3期。
〔3〕 参见王阁："立案登记制对'先行调解'的重要影响分析"，载《理论探索》2016年第3期。
〔4〕 参见郑金玉："调审分合的尺度把握与模式选择——兼论《民事诉讼法》修正后诉讼调解制度的演进方向"，载《河南大学学报》（社会科学版）2015年第1期。

对绝大多数适宜诉前调解的纠纷，直接登记为"诉前调解"分流至附设于法院的诉调中心进行调解，称之为"诉前调"，性质上视为诉讼性质。这称做法也被称为预立案，被法院所普遍采用。以上做法消解了立案登记制对先行调解存在程序空前的冲击，使先行调解仍然可以在立案前存在与运行。而对于立案后所进行的调解，则纳入诉讼调解范围。预立案后先行诉前调解的，矛盾纠纷实际没有分流，只是法院没有立案而已。例如，根据笔者调研，上海市某区法院对于诉至法院符合起诉条件，但认为适宜先行调解的纠纷，采用的是进入诉讼前调解管理系统的做法，立"民诉前调字×××号"。当事人先不交费，先进入诉前调解。与正式立案的民事纠纷不同，分流至诉讼前调解管理系统的纠纷，不进入审判管理系统。而正式立案的民事纠纷则立"民初字×××号"，并进入审判管理系统。这种做法应当是当前法院对于先行调解采取的普遍做法，也说明了实务中认为先行调解的时间点是在正式立案前。

（二）适宜先行调解的纠纷范围不明

1. 立法上适宜先行调解的纠纷范围不明

《民事诉讼法》第 122 条规定："当事人起诉到人民法院的民事纠纷，适宜调解的，先行调解。"但对于何谓"适宜调解"，并没有明确。

经过立法回溯，可以发现最早有关先行调解的案件范围的规定，是 2003 年《简易程序若干规定》第 14 条，主要包括：婚姻家庭纠纷和继承纠纷；劳务合同纠纷；交通事故和工伤事故引起的权利义务关系较为明确的损害赔偿纠纷；宅基地和相邻关系纠纷；合伙合同纠纷；诉讼标的额较小的纠纷等六类。可见，最初先行调解的案件范围均是应当适用简易程序审理的简单民事案件，但后来这一范围逐渐扩大。2017 年《操作规程（试行）》第 9 条规定，将应当引导当事人委托调解的案件范围扩大至家事纠纷、相邻关系纠纷、劳动争议纠纷、交通事故赔偿纠纷、医疗纠纷、物业纠纷、消费者权益纠纷、小额债务纠纷、申请撤销劳动争议仲裁裁决纠纷等九类，并同时规定，其他适宜调解的纠纷，也可以引导当事人委托调解。

前面对应当委托调解的范围的规定较明确，值得肯定，但对于对其他适宜调解的纠纷，也可以引导当事人委托调解的规定，同样是模糊的，弹性很大，给实践中法官扩大先行调解范围留下余地。

2. 实践中先行调解的案件范围扩大化

由于适宜先行调解纠纷范围不明，加之先行调解率的鼓励，先行调解成为"口袋程序"。先行调解毕竟存在一定的成功几率，纳入先行调解的案件越多，调解成功的案件绝对数量自然会增加。在这样一种激励机制下，法官自然会倾向于将起诉的案件首先纳入先行调解。只要当事人不明确拒绝，就可以将所有民事案件都列入先行调解的范围，调解成为立案的一个前置程序，这也就导致了先行调解成为"口袋程序"的问题。〔1〕这一问题的出现无形之中增加了诉讼的周期，反而容易为人诟病。实践中，案件范围并不限于简单的民事纠纷，有一部分恰恰是疑难案件，或是法律适用困难，解决起来棘手的案件。这种做法与域外国家的诉前调解前置适用案件范围不同，似乎目的也有所不同。

还有的法院先行调解案件范围与诉讼调解案件范围基本相同。例如，从 H 县人民法院近 5 年立案前调解的数据来看，其案由与该院调解案件案由存在 96.74% 的重复率。先行调解的适用范围并没有从《民事诉讼法》第 119 条受理案件的范围中剥离并且细化出来。〔2〕

根据笔者调研，上海市某基层人民法院，对于先行调解的案件范围也采取较为宽泛灵活的做法。即除了起诉人申请保全或者诉讼标的 1000 万元以上案件之外，其他诉至法院的民事纠纷，原则上均可分流至诉前调解管理系统。此外，先行调解的纠纷类型主要包括婚姻家庭、借贷、邻里、物业、交通事故损害赔偿，同时，也有知识产权、金融纠纷案，纠纷类型上较为广泛，并没有特别限制。而这种做法在当前司法实践中是普遍存在的。

---

〔1〕 参见蔡泳曦："民事案件'调解优先'政策再思考——以新《民事诉讼法》先行调解制度为视角"，载《现代法学》2013 年第 5 期。

〔2〕 参见李喜莲、裴义芳："先行调解法治化运行的困境及出路——以 H 县人民法院为分析样本"，载《怀化学院学报》2014 年第 10 期。

（三）当事人诉权保障不足

1. 强迫当事人先行调解

2012年《民事诉讼法》第 122 条规定，是否适宜调解由人民法院决定，但"当事人拒绝调解的除外"。可见，虽然《民事诉讼法》在先行调解制度的运行上将当事人自愿调解换成了"拒绝调解除外"，在一定程度上偏离了当事人自愿本意，但仍以当事人拒绝调解作为不能启动先行调解的底线。即便是在 2015 年提出探索调解前置程序，或 2016 年最高人民法院《多元化机制改革意见》中亦将调解前置限制在家事纠纷等七类案件上，并附加条件"征求当事人意见"，引导当事人选择委托调解，而不能强迫。但实践中强迫当事人先行调解已走得太远。诉前调解的启动由法院决定、委托调解也并不征求起诉人意见，调解前置已在大范围内实际实施。

实践中，调解启动程序中，立案人员引导当事人选择诉前调解。由于民众对诉前调解认同感不强，当事人进行调解的意愿较低，目前仍有 55% 以上的人认为诉前调解可有可无或无必要。[1]大多数当事人对先行调解的功能定位尚未完全理解，认为诉讼判决才是法院的正业，故而拒绝或不接受调解。为此，法院调解法官经常运用合意诱导，花费大量时间在引导当事人接受调解上。[2]针对法官的调查问卷显示，在当事人拒绝先行调解的情况下，有 24.3% 的法院选择直接进入立案程序，另外 75.7% 的法院选择开展进一步的释法活动，引导当事人同意先行调解。[3]还有的法院直接强制启动先行调解，并不征求起诉人的意见。调查问卷显示，28.9% 的法院表示原则上必须进行诉前调解，调解不成的再行立案。[4]

〔1〕　参见江苏省扬州市中级人民法院课题组等："诉前调解运行现状及其对先行调解制度实施的启示"，载《人民司法》2013 年第 19 期。

〔2〕　参见赵毅宇："法院专职调解员制度：根据、实践与完善"，载《法律适用》2019 年第 5 期。

〔3〕　参见任国凡："先行调解面临的司法困境与出路——以保障当事人程序选择权为中心"，载《法律适用》2013 年第 12 期。

〔4〕　参见江苏省扬州市中级人民法院课题组等："诉前调解运行现状及其对先行调解制度实施的启示"，载《人民司法》2013 年第 19 期。

以 H 县人民法院的实践为例，是否适用先行调解在很大程度上由法院决定。有的案件被交给调解室调解之后才发现案件事实不清、关系复杂、争议较大，双方当事人难以达成调解协议。由于法官一味追求调解数据达标，很多案件交由调解室进行调解。调查中，有律师和当事人抱怨，法官往往不说明任何理由就将案件移送到调解室进行调解，而把律师晾在一边。有的案件甚至几个月都未能立案，法院也不作任何解释。该法院负责"预立案"的法官也承认，由于法院须完成预立案的指标任务，一些明显不适合预立案的案件也被预立案，先行调解不成再正式立案。如此一来二去，耗费了当事人和法院的精力。[1]

先行调解的启动带有强制性，即调解成为前置程序，已经成为法院的普遍做法。笔者调研的作为法院系统内部诉前调解示范典型的某基层人民法院，同样在立案接待时，对于适宜调解的纠纷，由法官决定分流进入到诉讼前调解管理系统进行先行调解，并不征求起诉人的意见。对此，法官称，如果征求起诉人的意见，则多半不同意调解。因此，索性省略了这一程序。待进入到诉前调解程序后，有一个征询意见程序，就是否愿意调解征询起诉人与被起诉人意见。如果起诉人或者被起诉人不同意调解，则诉前调解程序结束，案件进入审判。可见，先行调解在进入程序，即程序的开始阶段，存在对当事人调解自愿性这一权利保障不足的问题。

司法对意思自治的介入有可能引发立案难。一些法院把它当成了"口袋"程序，在当事人试图通过审判程序进行救济时设置了一道障碍，引起了当事人不满。有学者对法院先行调解案件中的当事人进行了电话回访，结果发现，接受访谈的当事人中有约 67.11% 的当事人对于立案前调解表示不满，认为先行调解中存在着"隐性强迫"，[2]侵害当事人的程序选择权。而由于缺乏监督，部分案件在

---

〔1〕 参见李喜莲、裴义芳："先行调解法治化运行的困境及出路——以 H 县人民法院为分析样本"，载《怀化学院学报》2014 年第 10 期。

〔2〕 参见李喜莲、裴义芳："先行调解法治化运行的困境及出路——以 H 县人民法院为分析样本"，载《怀化学院学报》2014 年第 10 期。

30 天的诉前调解中成为"不结不立"的"抽屉案", 30 天后又进入"已结不立"的状态, 使得案件在法院处于久拖不决状态。[1]

2. 增加当事人诉累

实践中, 虽然诉调比例较高, 但进入诉前调解的纠纷调解成功的比例不高。很多纠纷在征询环节, 因起诉人或被起诉人不同意调解不宣告诉前调解程序结束, 转入立案审理。诉前调解成功率不高可能导致诉讼成本增加。从对当事人的调查问卷统计情况看, 当前诉前调解效率较低是其不愿选择该模式的主要原因。例如, 某市人民法院先行调解成功率均值只有 40.9%, 一大半经过先行调解的案件需要再次进入诉讼程序解决。实际调查中发现, 当事人不愿选择"先行调解"的原因中, 48% 的当事人认为调解效率低, 24% 的当事人认为调解不成时增加时间和人力、财力等成本。[2]本以便民、利民为优势, 以提高解决纠纷效率为目的而推出的先行调解措施, 实践中却出现增加当事人诉累的后果。

据笔者在某基层人民法院调研的结果, 很多分流到诉前调解的民事纠纷, 经过 30 天诉前调解期满后才又重新正式立案, 纠纷在立案前转了一圈又回来, 平白地增加了 30 天的时间。这一样来, 实质上, 先行调解变相地使正式立案的时间由民事诉讼法规定的 7 天变成了 37 天。

此外, 任意扩大先行调解案件范围与先行调解力量不足的矛盾, 也是导致增加当事人诉累的一个原因。例如, 笔者所调研的某基层人民法院, 除起诉人申请保全, 以及案件标的额达到 1000 万以上的民事纠纷外, 其他起诉到法院的民事纠纷, 均分流到诉前调解管理流程, 先行调解的案件范围非常广泛。这导致近 90% 的民事纠纷进入到先行调解程序, 诉前调解的民事纠纷数量庞大。但是, 相比于如此庞大的诉前调解纠纷, 该院诉前调解的力量却极为有限。据了

---

[1] 参见江苏省扬州市中级人民法院课题组等: "诉前调解运行现状及其对先行调解制度实施的启示", 载《人民司法》2013 年第 19 期。

[2] 参见任国凡: "先行调解面临的司法困境与出路——以保障当事人程序选择权为中心", 载《法律适用》2013 年第 12 期。

解，该院诉前调解中心共40余人，其中，由若干名指导法官加上若干法官助理和书记员组成调解组，法官助理独当一面、指导调解，均是满负荷工作。此外基本采用特邀调解方式。由于人手不足，法官较少指导调解，对特邀调解监督不足，调解质量存在隐患。此外，由于人手不足，案件积压非常严重。在最高人民法院统一规定诉前调解原则限定在30天之后，积压在诉前调解中心的、尚未进行调解的纠纷，在诉前调解期限即将期满时，只能简单地以调解不成功方式报结。这一部分纠纷后续将立案手续进入审判系统。而对于超过诉前调解期限的，将自动进入到审判系统。

3. 推进调解前置程序改革面临的问题

调解前置程序的推进面临以下问题：一是面临着法律障碍。我国仅在《中华人民共和国婚姻法》《中华人民共和国劳动争议调解仲裁法》规定了调解前置程序。如前所述，最高人民法院虽然在司法解释中提出探索建立调解前置程序，并将范围限制在家事纠纷等七类案件上，但也同时提出须征求当事人意见。二是面临理论障碍。由于理论界对调解前置的概念、范围均界定不清，是否应当建立调解前置程序亦存在争议等，导致实践中适用混乱。三是实践中备受诉病。实践中，多数法院诉前调解分流的做法实际上已经采用了调解前置程序。并且由于诉前分流范围极广，强制当事人先行调解较为普遍，招致当事人不满，以及法官的不解，因此，亟需规范。四是推行调解前置，加重了本就存在的强制调解问题，侵犯了当事人的程序选择权。

（四）先行调解主体存在的问题

由于《民事诉讼法》中没有规定先行调解的主体问题，后续通过司法解释，先行主体又出现扩大化问题。实践中，先行调解的主体呈多样化，且出现与制度初衷相背离的问题。

1. 法院逐渐成为先行调解主力

先行调解本身是要缓解法院案多人少问题的，先行调解实行之初，是希望发挥社会调解力量来分流一部分纠纷，诉前解决。因此，先行调解与委托调解相伴随。但是，这一初衷在实践中遭遇了一系列矛盾和障碍，使法官不得不亲自进行诉前调解。

应该说，这并不是法院积极主动所为，而是法院面对困境的被动选择。一方面，在当前调解优先司法政策下，提倡诉前分流，对此，法院对先行调解积极性不断提高。一些法院突破法院原有内部行政和司法体制的制约，将先行调解纳入到法官"业绩"当中。例如，笔者所调研的某市基层人民法院，将立案之前分流入先行调解的纠纷纳入到诉前调解管理系统，对分流出的纠纷数量进行统计，这一部分工作被认为是执行"诉前分流、繁简分流"的改革措施，有利于实现法院简案快审，繁案精审，保障有限的审判力量对真正需要进入到审判程序的纠纷进行审理，从而解决案多人少的问题。此外，当前最高人民法院大力推动一站式解决纠纷机制，2019年起，全国法院力推一站式多元解纷和诉讼服务体系建设，提出"一站式多元解纷、一站式诉讼服务"工作要求，提出坚持把非讼纠纷解决机制挺在前面。而重塑纠纷解决格局，增强诉讼服务中心的实质性解决纠纷功能，是法院一站式建设的重点。2020年9月，最高人民法院召开全国高级法院院长座谈会，各地法院专门汇报一站式多元解纷和诉讼服务体系建设情况。最高法院对先行调解的重视达到了前所未有的高度，促使基层法官对先行调解的态度由过去的消极转向积极。

但另一方面，由于委托调解组织力量不足，没有发挥足够的作用，导致先行调解中，法官亲自上阵，主持调解，甚至成为调解主力。例如，江苏扬州基层法院诉前调解实践运行中，以在诉前调解立案后直接由法院审判庭法官主持调解工作的法官自行调解模式为主的法院占30.3%，而以法官调解与人民调解员调解相结合的模式为主的法院占43.6%。[1]此外，实践中，民众对诉前调解的信任不够，也是法官主持调解的原因。调查中发现，有64.3%的当事人认为由法官主持诉前调解效果最好。[2]大多数当事人对法官主持或参

---

〔1〕　参见江苏省扬州市中级人民法院课题组等："诉前调解运行现状及其对先行调解制度实施的启示"，载《人民司法》2013年第19期。
〔2〕　参见江苏省扬州市中级人民法院课题组等："诉前调解运行现状及其对先行调解制度实施的启示"，载《人民司法》2013年第19期。

加的先行调解比较信服。

从制度层面上，近年来最高人民法院也在推进专职调解法官制度。如前所述，2012 年最高人民法院《试点总体方案》第 5 条规定，试点法院探索建立法院专职调解员队伍，依托诉调对接中心或者有关审判庭专职从事立案前或者诉讼过程中的调解工作。2016 年最高人民法院《多元化机制改革意见》正式确立了调解法官制度。实践中，许多法院抽调解能力较强的法官专任调解法官并配备专司调解的法官助理等司法辅助人员成立调解组，专司诉前调解工作，客观上使法官在先行调解中发挥的作用增强。由此导致的问题是，先行调解与诉讼调解的实质差异不大，法官仍然是主持先行调解的"主力军"，而即便不经过先行调解，进入诉讼程序后，同样可以进行调解，区别似乎只是调解的时间向前延伸而已。

实践中，也有些法院采取了由专职调解法官为指导，而由特邀调解员为主体进行诉前调解的做法。例如，上海市某区人民法院诉调中心和分中心设有调解指导法官若干，诉调中心调解指导法官配套助理法官和书记员，负责对诉前纠纷进行调解指导工作和诉调对接工作。而数量庞大的诉前纠纷的具体调解工作则由法院特邀的调解员进行。这样，借助特邀调解，法院专业审判力量与社会力量相结合，先行调解诉讼性与社会性兼备，互相配合，形成"第三支力量"，较好地实现了诉前分流，以便实现"简案快审、繁案精审"的目的。即以少数法官挺在前面，分流解决大部分民事纠纷，而使少数真正需要进入审判的案件进入到审判程序，由有限的法官进行精审。

2. 委派调解主体范围宽泛，但调解动力不足，调解能力不强

先行调解应当引入社会力量进行，即通过委派调解的方式，这也是调解社会化的一个体现。最初法院委派调解主要是对接人民调解，后来，范围逐渐扩大。2004 年《调解规定》首次提及法院可以利用社会力量，通过委托其他机构、组织调解的方式处理民事案件。2012 年《试点总体方案》规定，行政机关、人民调解组织、商事调解组织、行业调解组织以及其他具有调解职能的组织进入特邀调解组织名册，人大代表、政协委员、人民陪审员、专家学者、律师、

仲裁员、退休法律工作者等人员进入特邀调解员名册，调解能力较强的法官或者司法辅助人员专职从事立案前或者诉讼过程中的调解工作。2016 年《特邀调解规定》强调，先行调解的主体为法院特邀调解组织或者特邀调解员。2020 年《繁简分流实施办法》第 2 条规定，要求人民法院建立特邀调解名册，按照规定的程序和条件，确定特邀调解组织和特邀调解员，并对名册进行管理。可见，特邀调解组织和特邀调解员是诉前委派调解的主体，且范围宽泛。越来越多的主体纳入到特邀组织和调解员队伍中来，先行调解主体扩大化。

　　虽然立法上规定民商事案件立案前委派给特邀调解组织或者特邀调解员进行调解，但实践中，社会力量参与调解的积极性不高。例如，江苏省扬州市中级人民法院调查中发现，2012 年，江苏省扬州全市基层法院民商事案件进入诉前调解程序的有 16 328 件，法院对外委托调解案件 585 件，仅占诉前调解结案数的 3.5%。部分法院委托调解仅是为了完成上级法院的指标任务。现有模式下的委托调解工作，因被委托单位并没有建立强制性考核、监督机制，也没有相应的激励措施，导致特邀调解组织与人员的调解积极性不能有效调动。走形式现象大量存在，许多分流出的纠纷得不到及时有效解决，最终绕个圈仍然回到法院。[1]

　　再如，有学者对位于中部某省偏西部地区 H 县人民法院访谈时得知，法院委托给其他机构进行调解时，但囿于法院的《委托调解函》无强制性，其他组织接受调解的较为鲜见。与此同时，当事人自主选择其他调解机构进行调解的案件也较少。由此形成的结果是，先行调解绝大部分依然由本院法官、审判辅助人员主持进行。[2]

---

〔1〕　参见江苏省扬州市中级人民法院课题组等："诉前调解运行现状及其对先行调解制度实施的启示"，载《人民司法》2013 年第 19 期。

〔2〕　参见李喜莲、裴义芳："先行调解法治化运行的困境及出路"，载《怀化学院学报》2014 年第 10 期。

3. 律师诉前调解问题

虽然 2012 年《试点总体方案》推动建立律师调解员制度，要求试点法院应当支持律师协会、律师事务所建立专职或者兼职的律师调解员队伍，由律师调解员独立主持调解纠纷，并协助其建立和完善相关制度，近年来，最高人民法院也提倡，推广联合司法部开展律师调解试点，完善律师调解制度，[1]但实践中，律师参与诉前调解的并不多，效果也不明显。尤其是本案代理律师，实际上是反对先行调解的。例如，调查问卷中，律师在针对有无必要开展先行调解的回答中，认为没有必要和可有可无的超过 70%。这是因为先行调解使本案律师的代理利益可能受损。如果纠纷在法院立案前就达成和解协议，会使一些当事人认为律师并未完全履行委托事务，从而要求律师部分返还代理费用或是拒绝交付剩余代理费用。[2]这也是本案代理律师不愿参与诉前调解的原因之一。

此外，积极参与特邀调解的律师资历偏浅。实践中以年轻律师参与调解积极性较高，主要基于锻炼业务、积累人脉的需要。而能否做到随机选派特邀律师，避免特邀律师固定化，以及由此产生的调解法官与律师关系问题，调解员回避问题等，均值得注意。

4. 先行调解中法院与特邀组织间的关系需要理顺

如前所述，在我国，先行调解与调解社会化相伴，而在法院与特邀调解组织的关系上，虽然由法院指导人民调解的司法解释规定，但随着特邀调解主体不断扩张，例如行政机关、人大代表、政协委员等作为特邀调解组织或调解员时，如何协调二者关系成为问题。

而在先行调解中，法院是否居于主导地位？这个主导地位通过何种形式发挥？是通过具体承担案件的调解工作，还是对特邀调解组织的调解活动进行指导？以上问题，在理念界以及实践中，尚存在不同认识。有的认为，法院应当居于主导地位；而有的认为，法院只是大调解中的参与者。对关系的模糊认识直接导致实践中法院

---

〔1〕 参见最高人民法院工作报告 2018 年。
〔2〕 参见任国凡："先行调解面临的司法困境与出路——以保障当事人程序选择权为中心"，载《法律适用》2013 年第 12 期。

对于特邀调解指导不力，以及委派调解中存在的受托组织消极对待，法院无可奈何，不得不自己亲自进行调解的问题。对此最高人民法院司法解释中数次强调法院在特邀调解中的指导作用，并强调法院在大调解中居于参与地位。

5. 特邀调解主体社会性不强。

如前所述，在诉前法院特邀调解中，存在特邀主体社会性不强的问题，例如人民调解实为政府推动社会代表程度低。笔者在第五章已经述及，在此不赘。

（五）先行调解程序尚不规范

1. 关于诉前调解的受案问题

实践中预立案本身不规范。诉前调解案件受理是否属于法院正式立案？是否发生诉讼时效的中断？诉前调解不成功后转立案的，审理期限从何时开始计算？以上问题，立法上没有明确规定。而司法实践中诉前调解与审判是两个管理系统，并不属于正式立案，诉前调解不成转立案的，审理期限重新起算，以上做法客观上造成当事人起诉难，增加了当事人诉累，招致当事人不满。

2. 关于诉前调解的期限

先行调解实践之初，存在着诉前调解期限不一，以及过长等问题。例如，有些法院诉前调解期限为6个月，在长达6个月的时间内，被法院分流到诉前调解的纠纷处于不立不决的搁置状态，与立案登记制解决当事人立案难的初衷，以及先行调解快速解决纠纷的初衷相悖。近年来，最高人民法院限制了诉前调解的期限，使其逐渐统一。调查中发现，多数法院诉前调解的期限一般限定了30天，但仍具有一定的灵活性。据笔者所调研的某基层人民法院的规定，对于诉前调解管理系统中录入以下事项的，可以使调解期限在原有基础上增加30天，调解期限最长可达到90天。主要包括：一是延长调解期限；二是添加鉴定或者司法委托的期限。可见，对于诉前调解期限，在实践中是原则性与灵活性相结合，总的来说不少于30天。一般来说，诉前调解的纠纷都会用足30天的期限。而较大的灵活性，使诉前调解的期限可以达到简易程序审理案件的期限。

（六）诉调对接机制有待完善

一般来说，诉前调解程序结束，与审判程序的对接有如下几种情况：一种是达成调解协议的，当事人自觉履行并不需要进入到审判程序的，则案结事了，不需要与审判程序对接。第二种是调解期限内完成调解，达成调解协议，但当事人申请获得法院调解书或者撤诉，或者需要法院司法确认调解协议的，则案件进入到审判程序，法院正式立案，并发送审判由调解法官审查出具法院调解书或者撤诉裁定，或者根据分工由其他法官速裁，或者出具司法确认裁定。第三种是调解期限内未达成调解协议的，当事人可以选择是否正式立案，进入审判程序 。一般来说均转立案。2020 年《繁简分流实施办法》第 3 条规定，经人民调解委员会、特邀调解组织或者特邀调解员调解达成民事调解协议的，双方当事人可以自调解协议生效之日起 30 日内共同向人民法院申请司法确认。此外，该《繁简分流实施办法》第 4 条具体规定了司法确认案件管辖规则。可见，在司法解释上是鼓励以司法确认的方式使先行调解协议与审判进行对接的。但实践中，诉调对接存在以下问题：

1. 先行调解与诉讼程序重叠

由于内部考核机制不健全，法院先行调解案件，大量案件进入诉讼中。如前所述，除调解不成的转立案之外，已经先行调解成功的，又立案纳入诉讼以法院调解书，撤诉或者进行司法确认的方式结案。造成这种重叠的重要原因是法院对诉前调解案件数与调撤率的追求。当案件数量不变时，诉前调解与诉讼调解数量存在此消彼长的关系。大量诉前调解成功无需出具调解书或无需出具调解确认书的案件因为不需进入诉讼程序，会影响诉讼调解率的考核结果。因此，部分法院可能会偏重于诉讼调解，或将诉前调解中并不需要进入诉讼的案件，引导当事人立案申请出具调解书，或者进入诉讼进行司法确认，导致诉前调解成为提高诉讼调解率的工具。[1]

---

〔1〕 参见江苏省扬州市中级人民法院课题组等："诉前调解运行现状及其对先行调解制度实施的启示"，载《人民司法》2013 年第 19 期。

先行调解的目的是强化调解在诉前解决纠纷中的作用，从而减少法院立案数量。但根据实践运行效果，我们发现，先行调解案件数量增加，法院立案数量并没有减少，同时也在增加。原因就是，诉前调解与诉讼成果转化上存在的问题，造成了叠加，即大部分的民事纠纷在先行调解后，又进入诉讼中，法院立案后以调解书、撤诉形式结案或者进行司法确认，造成了诉前调解纠纷数量与法院正式立案数量双增加的怪现象以及诉前调解率与法院诉讼调撤率双增加的怪现象。

2. 先行调解不成与诉讼衔接问题。

如前所述，当前司法实践中，法院将一部分适宜调解的纠纷诉前直接引导当事人至人民调解等社会调解组织，由后者独立进行调解，法院并不参与。此种"先行调解"不成时，与诉讼对接存在以下问题：一是诉讼时效问题，即先行调解是否引起诉讼时效中断。二是先行调解中证据资料及当事人认可，诉讼中是否认定。三是是否直接转立案问题。

3. 诉前调解不成的纠纷与诉讼衔接问题

根据调查，一部分法官反映诉前调解与诉讼衔接不畅通影响了诉前调解的实效，特别是对于大量诉前调解不成功需进入诉讼程序的纠纷。虽然当前司法实践中诉前调解不成的直接转立案，较之当事人重新起诉的做法在程序衔接上实现了"无缝"，但仍存在以下问题需要解决：

一是调解不成转立案，起诉时间从何时开始计算的问题。如前所述，当前立法对此没有明确规定，司法实践中的通行做法是从转立案时开始计算，即审理期限重新计算。此种做法，对于当事人，尤其是那些一开始就不愿意诉前调解，相当于在立案前增加一道程序，前期的时间投入白白浪费增加诉累。

二是诉前调解中诉讼资料与诉讼的衔接，尤其是当事人的认可，诉讼中是否有效的问题。一概否定造成前期工作成果付诸东流，而全部承认又不符合诉讼要求。以上问题，均值得重视。

四、先行调解制度的完善建议

（一）明确先行调解的时间界定与性质

笔者同意将先行调解的时间界定在立案前，认为将先行调解的性质定性非讼性质更为精确。法院附设调解模式下的诉前调解，兼具诉讼与非讼性质，但由于具体调解由社会调解组织或调解员来完成，因此，主要还是非讼性质。

无论从先行调解制度在《民事诉讼法》中所处的条文位置来分析，还是从先行调解的出台背景看，应当将先行调解理解为立案前的调解，即立案前的调解优先。而立案后，属诉讼调解范畴，此时的调解，即是调判结合中的"调"。其与立案前的调解，是并列关系，不是包容关系。

将先行调解界定为立案之前的调解，即诉前调解，并与诉讼调解并列，这种分类对于学术研究以及司法实践而言都具有重要意义。两种调解性质上的不同直接导致了调解协议效力上的差异。先行调解发生于立案之前，诉讼程序还没有启动，因此在本质上应该属于非讼性质，调解协议自身缺乏强制执行力，但可通过后续程序而获得。诉讼调解发生于立案之后，属于诉讼性质，当事人达成调解协议后可以通过调解书结案，调解书具有与判决相同的强制执行力。[1]将先行调解界定为立案前，可以解决实践中非讼调解与诉讼调解不分的混乱。实践中，有一部分的法官认为正式立案前，分流进入到诉前调解的先行调解，也属于诉讼调解，而将人民调解等其他非受邀请调解组织的调解视为非讼调解，这里即存在着一个误区。此外，将先行调解界定为立案前，还可以解决先行调解主体的问题，即应当由委派调解组织或调解人来调解，还是由调解法官、助理法官等亲自调解的问题。

此外，立案登记制的事实并没有改变先行调解的时间和性质。如前所述，虽然理论上立案登记制使立案成为时间点，先行调解失

---

[1] 参见李德恩："先行调解制度重述：时间限定与适用扩张"，载《法学论坛》2015 年第 2 期。

去程序空间，但由于实际操作上，法院采用引导当事人直接诉前进入"先行调解"，以及进入法院附设的诉前调解的做法，使先行调解仍可以在立案前存在。

目前，由于《民事诉讼法》尚存在立案审查7天的规定，在先行调解的司法政策鼓励下，加上立案登记制的限制，司法实践中采用预立案或称"诉前调解"的变通做法。例如，笔者所调研的某基层人民法院，则采取直接将适宜先行调解的民事纠纷分流划入诉前调解管理系统的方式，立"诉前调×××号"，以此与正式立案的"民初×××号"相区别。当前，这种做法具有一定的代表性与普遍性。此外，还将一部分纠纷诉前直接分流给社会调解组织，引导当事人"先行调解"。这种是更为纯粹的诉前非讼先行调解。两种做法均在诉前运行。应当说，预立案，或者将适宜先行调解的民事纠纷分流划入诉前调解管理系统的方式，立"诉前调×××号"的做法，消解了立案登记制的要求，同时也消解了7天的立案审查期限限制。司法实践中，许多法院没有将先行调解限制在立案审查的期限内，而是大大超出7天，如前所述，一般限制在30天的时间内。但是，预立案，或者立"诉前调×××号"的做法本身存在很多问题和矛盾。从法理上来说，法院要么立案，要么不立案，不应该存在中间状态。《民事诉讼法》上也没有预立案的规定。司法实践中，预立案或者立"诉前调×××号"的做法造成的负面问题是立案登记制被架空。由于先行调解没有严格的时间限制，因此，在先行调解不成时再立案，往往需要将近1个月的时间，反而客观上造成了立案难，增加当事人的诉累。

（二）明确划定先行调解纠纷范围及条件

如前所述，先行调解范围不明，导致实践中先行调解案件范围扩大化，是当前先行调解突出存在的问题。笔者认为，应从立法上根据纠纷类型以及是否是简单纠纷的标准确定适宜先行调解的范围，并辅之以其他纠纷当事人可选择适用先行调解。然后，在实践中严格贯彻落实。

1. 适宜先行调解的纠纷类型

根据 2003 年《简易程序若干规定》，以及 2017 年《操作规程（试行）》第 9 条规定，结合学界的观点，笔者认为，适宜先行调解的案件类型应当包括：

（1）婚姻家庭纠纷和继承等家事纠纷。

需要指出的是，家事纠纷不仅数量巨大，而且案件类型也日趋多样化，是否都属于先行调解的案件需要进一步加以区分。例如，2019 年，各级人民法院审结一审民事案件中，婚姻家庭、继承纠纷占 13.28%。[1]

（2）劳务合同纠纷。

此类纠纷，在起诉法院前，先经过仲裁前置。起诉法院后，又要先行调解。2019 年，劳务合同纠纷案件在全部民事案件类型中，占 3.47 %。[2]

（3）交通事故和工伤事故引起的权利义务关系较为明确的损害赔偿纠纷。

2012 年 12 月，中国保监会和最高人民法院联合下发《关于在全国部分地区开展建立保险纠纷诉讼与调解对接机制试点工作的通知》，在全国部分地区开展建立保险纠纷诉讼与调解对接机制试点工作。该项工作取得了良好的纠纷解决效果，也确立了我国交通事故纠纷解决中先行调解的工作机制。至 2014 年年底，全国立案前委派调解的案件数量为 2.1 万余件，立案后委托调解的案件数量为 3.2 万余件，调解成功案件数量为 2.7 万余件，调解协议司法确认案件数量为 1.6 万余件。[3]

（4）宅基地和相邻关系纠纷。

此类纠纷发生在熟人之间，一般事实清楚、权利义务关系明确，适宜调解。

---

〔1〕 参见最高人民法院工作报告 2020 年。
〔2〕 参见最高人民法院工作报告 2020 年。
〔3〕 参见赵蕾："先行调解案件的类型化研究"，载《法律适用》2016 年第 10 期。

（5）合伙协议纠纷。

合伙协议纠纷也是普通的案件类型，当事人间关系较为紧密，适宜调解。

（6）诉讼标的额较小的纠纷。

诉讼标的额较小的纠纷即应当适用小额程序的纠纷，适宜先行调解。但是应当注意的是，多地小额诉讼实践已暴露出因为调解结案率高，判决方式遭遇冷落，小额诉讼程序面临被"虚置"的尴尬境地。例如，截至 2013 年 8 月，南京全市法院共受理小额诉讼案件 506 件，以调解方式结案的有 345 件，而判决结案的则仅有 13 件，占结案数的 3%。[1]目前，各地法院司法一站式诉讼服务中心，对于诉讼标的额 5 万以下的小额纠纷，先行调解不成的进入小额程序，由法官直接速裁解决。

（7）物业纠纷。

这类纠纷是 2017 年《操作规程（试行）》新增加适宜委托调解的类型。此类纠纷一般具有事实比较清楚、法律适用简单，权利义务关系较为明确的特点，也适宜先行调解。[2]近年来，物业纠纷案件增加很快，例如，2019 年，物业纠纷案件在全部民事案件类型中，占 2.37 %。[3]

（8）医疗纠纷。

这类纠纷也是 2017 年《操作规程（试行）》新增加委托调解案件类型。从比较法的角度看，一些国家将医疗纠纷纳入先行调解的案件范围。例如，美国加州规定，1993 年 7 月 1 日后发生的有关医疗纠纷，除特殊情况以外必须先行调解，只有调解不成的方可起诉到法院。目前，85%左右的医疗纠纷通过调解方式得到解决。笔者认为，医疗纠纷是否适宜先行调解，应当具体案件具体分析。

---

〔1〕　参见王阁："小额诉讼中诉前强制调解的建构"，载《郑州大学学报》（哲学社会科学版）2015 年第 5 期。

〔2〕　参见范愉："以多元化纠纷解决机制保障司法改革整体目标的实现"，载《人民法院报》2016 年 1 月 20 日，第 5 版。

〔3〕　参见最高人民法院工作报告 2020 年（完整版中图表）。

对于其中是非责任较为清楚、不需要鉴定的医疗纠纷，适宜先行调解。

（9）部分权利义务关系明确的消费者权益纠纷。

此类纠纷也是 2017 年《操作规程（试行）》新增加的委托调解案件类型。应当注意的是，某些消费者权益纠纷，例如，金融消费者保护问题等新类型案件不适合先行调解。[1]

以上九类纠纷，均是普通的民事纠纷，一般来说易于查清事实、分清是非。其中前五种纠纷更是传统的纠纷类型，也为调解组织所熟悉，适宜先行调解。而第七、第八和第九种纠纷，近年来日益普遍。尤其物业纠纷，一般都是简单案件，适宜先行调解。而医疗纠纷和消费者权益纠纷有些复杂，需要具体案件具体分析，不能一概先行调解。此外，以上九类纠纷，在法院受理案件类型中所占的比重大约在 20% 以上，案件绝对数量是巨大的。完全可以满足先行调解数量上的需要，甚至可以缓解先行调解"案多人少"的问题。因此，以上九类纠纷作为先行调解纠纷类型较为适宜，不应再盲目扩大。

2. 适用先行调解的应当是事实清楚、争议不大的简单民事纠纷

以上是适宜先行调解的纠纷类型，但这并不意味着属于以上纠纷类型的，都适宜先行调解。适宜先行调解的案件，除属于以上纠纷类型外，笔者认为，还应当符合简单民事纠纷的要求：

基本事实存在重大争议的纠纷不适宜先行调解。首先，这类纠纷不属于可适用简易程序的案件。既然这类纠纷需要适用普通程序，由合议庭进行审理，在起诉与受理阶段就委托给诉讼外的机构或者由立案庭的法官来调解解决明显不合适。其次，从调解的实际效果看，此类纠纷很难调解成功。调解人需要把握纠纷的基本事实后才有可能在事实清楚的基础上对双方当事人进行调解，而先行调解，难以做到查明纠纷的基本事实。对此类纠纷，如果尝试先行调解，

---

〔1〕 参见赵蕾："先行调解案件的类型化研究"，载《法律适用》2016 年第 10 期。

反而会增加当事人对法院的不信任甚至反感，先行调解也会由于当事人的反对而无功而返。最后，从社会效果看，这类纠纷调解解决的社会效果往往也并不好。

以此为标准，笔者同意李浩教授的观点，认为近年来最高人民法院颁发司法文件，强调需要重点调解的某些案件类型，基本上不适合先行调解。例如，2007 年 3 月，最高人民法院在《关于进一步发挥诉讼调解在构建社会主义和谐社会中积极作用的若干意见》要求法院重点做好以下案件的调解工作：一是涉及群体利益，需要政府和相关部门配合的案件；二是人数众多的共同诉讼、集团诉讼案件；三是案情复杂，当事人之间情绪严重对立，且双方都难以形成证据优势的案件；四是相关法律法规没有规定或者规定不明确，在适用法律方面有一定困难的案件；五是敏感性强、社会关注程度大的案件；六是申诉复查案件和再审案件。同样道理，2010 年 6 月，最高人民法院发布了《关于进一步贯彻"调解优先、调判结合"工作原则的若干意见》增加了一些新的案件种类，很多亦不适宜先行调解。包括：一是事关民生的案件，涵盖的范围比较宽，其中可能包括适合先行调解的案件；二是可能影响社会和谐稳定的群体性案件，为群体性纠纷，起诉到法院后如果法院不先立案，矛盾纠纷可能会进一步激化，立案之后，不经过法院的审理也很难调解；三是破产案件；四是判决后难以执行的案件；五是当事人情绪激烈、矛盾激化的再审案件、信访案件。后三类，均明显不属于在立案阶段可以先行调解的案件。[1]

实践中，源于案多人少的压力，一些法院扩大先行调解范围，将案件标的作为唯一标准，或者只看案件类型，并不区分案件难易程度而一律将纠纷划入先行调解范围的做法，导致先行调解纠纷数量庞大，以至于调解力量难以承受，大量纠纷搁置，超期后重回法院立案。此外，调解成功率低，效果也不好。因此，应在立法及实践上，均将先行调解纠纷类型限制在以上优先范围，并附加属于简

---

〔1〕　参见李浩："先行调解制度研究"，载《江海学刊》2013 年第 3 期。

单纠纷的条件。

3. 当事人可以选择先行调解

除以上适宜先行调解的纠纷外，对于其他纠纷，只要不属于不适合先行调解的纠纷，基于当事人自愿选择的前提下，也可以先行调解。例如，2017年《操作规程（试行）》第9条，在列出了应当引导当事人委托调解的纠纷之外，还规定，其他适宜调解的纠纷，也可以引导当事人委托调解。对这类纠纷能否实行先行调解，关键在于当事人的意愿，如果双方当事人都同意先行调解，甚至主动申请先行调解，当然可以运用先行调解的方式解决。不过，由于这类纠纷不是适合先行调解的纠纷，法官的引导应在较低程度内，在当事人没有调解意愿时，不应当反复劝说。

通过前述比较研究可见，我国台湾地区对于诉前先行调解的范围，亦规定了任意调解，即非属强制调解事件，当事人亦得于起诉前申请调解。[1]笔者认可，赋予当事人先行调解选择权，一方面贯彻调解自愿原则，另一方面也符合当前鼓励诉前分流、多元解决纠纷的政策取向，值得借鉴。

总之，确定适合先行调解案件的范围，应当注意先行调解所处的程序阶段。法院实施先行调解时，还不具备深入了解原告、被告之间争议的条件，所以适合先行调解的案件，在范围上小于可以调解的案件、需要重点调解的案件。[2]应当限于普通的案件类型和简单的民事案件。此外，还有学者提出采用类型化思维确定先行调解的案件范围，认为适宜调解的纠纷通常存在以下要素：一是双方当事人通常具有熟人关系；二是双方当事人之间的关系在未来一段时间内仍将存续；三是双方当事人之间的力量较为平衡；四是纠纷所涉及的标的额相对较小；五是双方权利义务关系较为明确。[3]无论

---

〔1〕 参见杨建华原著、郑杰夫增订：《民事诉讼法要论》，北京大学出版社2013年版，第336页。

〔2〕 参见李浩："先行调解制度研究"，载《江海学刊》2013年第3期。

〔3〕 参见廖永安、陈海涛："构建调解前置程序的路径选择"，载《石河子大学学报》（哲学社会科学版）2018年第4期。

何种观点，共同之处均强调先行调解的范围应当在立法上予以限制，以遏制实践中先行调解扩大化，甚至运动化的问题。

此外，鉴于立案登记制实行后，先行调解理论已失去存在的时间，以及预立案，或者立"诉前调×××号"等均是一种不规范的做法，亦具有架空立案登记制以及侵犯当事人诉权之嫌，笔者认为，理论上，先行调解具有过渡性，而立案后开庭审理前的诉讼调解，应当成为主流。因此，从这一发展趋势上看，笔者认为，不宜扩大先行调解的案件范围，相反，应当在现有类型范围内逐步缩小先行调解的适用。但是，基于当前先行调解立法的存在，对优先调解政策的强调与错误解读，以及实践中预立案或"诉前调解"等变通做法，当前立案前各种形式的先行调解仍将在一定时期内存在，而相应的，先行调解的范围也将会处于不断扩大的趋势。

（三）在先行调解过程中充分保障当事人的权益

1. 尊重当事人自愿原则，是否选择先行调解，当事人自愿

《民事诉讼法》先行调解的规定，将当事人的选择，改为了"当事人拒绝调解的除外"。说明法院对于适宜调解的，优先决定先行调解，但是，需要征得当事人的同意。当事人明确表示拒绝的，不能以任何理由、任何形式予以强迫。

但是实践中，法院将认为适宜调解的纠纷直接分流划入诉前调解，而不征求起诉人意见的做法，显然与民事诉讼法规定相违背。此外，实践中还应当正确理解合理引导，限制任何形式的"隐性强迫"反复诱导。针对实践中法院通过较为隐蔽的方式、通过各种形式诱导"隐性强迫"取得双方当事人自愿而进行的先行调解，对于法院引导当事人调解，应当予以限制。笔者认为，可以采用统一的书面告知方式，列明调解与判决各自在时间、费用、程序等方面的特点，交由当事人自己权衡选择。法官不再个案进行口头劝说、做工作，以此遏制"隐性"或"显性"的强制调解。

2. 关于诉前强制性调解问题

诉前强制性调解，是当前法院调解改革中的热门话题。如前所述，2015年12月，中共中央办公厅、国务院办公厅印发的《关于

完善矛盾纠纷多元化解机制的意见》，要求推动有条件的基层法院对家事纠纷等适宜调解的案件进行调解程序前置的探索。2016 年《多元化机制改革意见》探索建立调解前置程序。规定有条件的基层人民法院对家事纠纷、相邻关系、小额债务、消费者权益、交通事故、医疗纠纷、物业管理等适宜调解的纠纷，在征求当事人意愿的基础上，引导当事人在登记立案前由特邀调解组织或者特邀调解员先行调解。司法实践中，法院探索开展了调解前置程序并出现扩大调解前置范围、将诉前调解等同于调解前置的问题。

当前，有学者从价值评判的角度出发，认为当事人的裁判请求权作为一项基本人权，虽然不可被剥夺，但可因正当且必要的事由予以合理限制。[1]也有的学者认为，诉前强制调解的强制只是针对调解的启动环节，并不禁止当事人诉诸法院，因此只是对当事人裁判请求权的暂时限制而非剥夺。[2]

笔者对于强制性调解前置持限制意见，但鉴于当前案多人少的形势以及实践中调解前置已成普遍做法的现实，笔者认为，可以采取权宜之计。即立法上可以确立调解前置程序，但同时必须严格限制，即调解前置的适用范围须在案件类型及难易上严格限制。

之所以严格限制强制性调解，理由如下：

（1）诉前强制性调解不具有合法依据。

先行调解存在的合法性依据在于当事人的自愿。由于法院立案前，案件并不属于法院，因此，法院不能依职权强制当事人调解，或者将案件委派社会调解组织进行调解。但在当事人自愿的前提下，无论是否立案，均可以调解解决纠纷。因此，先行调解程序能否启动的关键因素是考察当事人自愿的条件是否得到满足。按照《民事诉讼法》第 122 条的规定，当事人明确拒绝的情况下是不能启动先行调解程序的，足以说明，先行调解不能违背当事人意志，必须以

---

〔1〕 参见廖永安、陈海涛："构建调解前置程序的路径选择"，载《石河子大学学报》（哲学社会科学版）2018 年第 4 期。
〔2〕 参见王阁："小额诉讼中诉前强制调解的建构"，载《郑州大学学报》（哲学社会科学版）2015 年第 5 期。

当事人自愿为前提。对此，有学者指出，作为主动调解的限制性因素，当事人的拒绝权参与了主动调解的正当化过程，一旦当事人行使调解拒绝权，调解即丧失可能性，应当终止。[1]

实践中将先行调解等同于强制调解的做法，即凡是在先行调解范围内的案件一律强制调解的做法是错误的。正如学者指出的，将先行调解等同于强制调解是一种误解。先行调解的规定不符合强制调解的要件，不仅未设定当事人和法官的强制性义务和法律责任，也没有作为独立程序或审级的意义，只是一种无强制力的一般条款。[2]

（2）诉前强制性调解有悖于当事人调解自愿原则。

调解自愿原则，包括是否选择调解这一程序选择权的自愿性。如前所述，学者所持有的诉前强制调解只是针对调解的启动环节，是对当事人裁判请求权的暂时限制而非剥夺的观点，分割了调解自愿原则内涵的完整性，不能成立。虽然诉前强制性调解可能会节约诉讼成本，却给程序正义带来巨大伤害。根据法院调解的价值理念，在程序正义与效率之间，应当以程序正义优先，而不能舍本求末。

正如有学者指出的，先行调解虽然可以由法院发动，但适用这一调解仍然需要遵循《民事诉讼法》为法院调解所确立的自愿、合法的调解原则。调解中的自愿，首先是指选择调解这一纠纷解决方式的自愿。就民事纠纷的解决而言，当事人可以选择诉讼外的方式，也可以选择诉讼的方式，这是处分原则赋予纠纷当事人的权利。尤其是，向法院提起诉讼和请求裁判是法治国家赋予国民的一项基本权利，原告既然已经向法院提起诉讼，这就表明原告已经决定采用诉讼方式来实现其权利。法院在审查原告的起诉后，认为纠纷更适合采用调解方式解决，虽然可以向原告提出先行调解的建议，但一定要尊重当事人的选择权。如果原告明确表示拒绝调解时，法院应

---

〔1〕　参见杨翔、奉鑫庭："民事调解主动调解机制论"，载《湘潭大学学报》（哲学社会科学版）2019年第1期。

〔2〕　参见范愉："委托调解比较研究——兼论先行调解"，载《清华法学》2013年第3期。

当及时立案。如果法院一味坚持先行调解，不在法律规定的期间内立案，先行调解的适用不但会与法院调解的基本原则相抵触，而且也与2012年修订《民事诉讼法》解决起诉难问题的立法宗旨相矛盾。[1]

（3）立法上对于诉前强制调解的矛盾态度。

如前所述，2016年《多元化机制改革意见》，一方面提出探索建立调解前置程序，对家事纠纷、相邻关系、小额债务、消费者权益、交通事故、医疗纠纷、物业管理等适宜调解的纠纷，诉前强制调解。但另一方面又表示，对以上纠纷要在征求当事人意愿的基础上，引导当事人在登记立案前由特邀调解组织或者特邀调解员先行调解。可见，对于是否诉前强制调解，立法上也持反复、矛盾的态度。

此外，2017年《操作规程（试行）》又明确了先行调解的非强制性。根据该《操作规程（试行）》第7条，案件适宜调解的，应当出具先行调解告知书，引导当事人先行调解，当事人明确拒绝的除外。可见，先行调解并不是强制性调解。

（4）实践中存在的诉前强制调解问题严重。

如前所述，当前，司法实践中强迫调解问题严重，并存在先行调解扩大化，即将诉讼调解范围等同于先行调解范围以及先行调解等同于强制调解等严重问题，极大程度地限制甚至变相剥夺当事人的诉权。此外，强制诉前调解与诉讼重叠，"口袋案""抽屉案"等造成当事人诉累，立案登记制被架空，立案难问题重演。有鉴于此，应当重申调解自愿原则，包括是否选择先行调解的自愿。当务之急是对实践中存在的诉前强制调解严重的问题予以矫正，需要"灭火"，而不是"火上浇油"。此外，实践中强制诉前调解所带来的问题，使其与所追求的效益相悖。

但如前所述，基于当前案多人少的形势，以及当事人主动选择先行调解意愿低下，人民法院事实上已经普遍采取诉前调解前置的

---

[1]　参见李浩："先行调解制度研究"，载《江海学刊》2013年第3期。

现实，笔者认为可以采取权宜之计。即以司法解释的形式确立调解前置程序，同时严格限制调解前置程序适用的案件类型。对此，笔者认为，调解前置程序适用的纠纷类型上应以前述适宜调解的纠纷类型中的前七种为宜，且附加限于事实清楚、权利义务关系明确的简单纠纷。

（四）推广法院附设调解模式

笔者认为，法院附设调解模式，利于解决前述先行调解中存在的诸多问题。如法院与调解组织间关系、诉调对接、调解社会化、调审分离以及调解质量问题，因此，应当大力推广。

所谓法院附设调解模式，是指在司法机关主导下，可与司法程序衔接的非诉讼调解，这是一种准司法模式。美国的法院附设调解模式最为典型。我国先行调解探索中许多法院即借鉴了该模式。当前司法实践中的"诉前调解"，在调解员选任、调解程序上，做法与该模式极为相似。同时，也有适当变通。具体来说，我国当前先行调解采用的法院附设调解模式做法是：法院吸收社会调解组织或者调解员作为特邀调解或者特邀调解员，在立案前建议当事人选择启动非诉讼调解，经当事人同意后，由法院委派的特邀调解组织或者特邀调解员独立进行调解，调解协议具有非讼性质的合同效力，但可以通过司法程序，包括司法确认、法院调解书等方式产生诉讼中生效判决的效力。在这种模式中，法院起主导作用，但不是具体调解的主力，而是对委派的调解组织进行指导、监督，并负责诉调衔接，具体调解主要由附设于法院之下的调解组织或者调解员完成。

英美国家以及我国台湾地区的法院采用的即是这种法院附设调解模式。如前所述，当前实践中先行调解主体多样，存在法官成为先行调解的主要主体，委派主体范围广，但动力不足，以及律师在先行调解中作用尚未发挥等问题。笔者认为，解决先行调解主体问题，出发点在于坚持确立先行调解制度的立法初衷，以防止制度偏离。确立先行调解，目的是要解决案多人少的问题。其制度的两个主要支点：一是引入社会力量，二是端口前移。引入社会力量，即委派调解，以缓解法院员额不足的问题。端口前移，即调解于立案前进行，降低法院立案率，并以此与立案后的诉讼调解相区别。

因此，笔者不赞成实践中由法官承担先行调解的做法，认为偏离了先行调解制度的初衷，起不到缓解法院案多人少压力的作用，亦不符合先行调解的非讼性质。此外，由法官担当先行调解的端口前移，不过是诉讼调解的前移而已，且又产生许多理论上的矛盾和实践中的异化。正如有学者指出的，由法官自己先行调解实际上就是先调后立。预立案并不能在法院与当事人之间真正产生诉讼法律关系。在法院与当事人之间尚未发生诉讼法律关系之际，法院就作为调解人介入纠纷的处理，难免会被认为是一种不规范的行为。[1]而法官调解与委托调解相结合，应当是诉讼调解的主体模式，不适宜于先行调解。因此，在先行调解阶段、应以社会调解组织或调解员为调解主体，但为强化调解质量和效果，须将法院的司法力量与社会调解力量相结合。以特邀方式使二者间进行合作，使社会调解力量附设于法院之下，便于法院指导调解，提升社会调解质量和权威，也利于诉调对接，实现调解成果的司法转化。

以此为出发点，在众多的先行调解模式中，笔者认为，应当借鉴并且推广采用法院附设调解的准司法模式。其合理性具体分析如下：

1. 符合先行调解的立法初衷与性质

如前所述，先行调解的立法初衷是引入社会力量，在诉前进行调解分流纠纷，因此，应当主要由社会力量承担具体调解工作。此外，由社会力量进行调解，在性质上也更能突出和体现先行调解非讼的特点。如前所述，虽然诉前调解由于法院的参与而兼具诉讼性质，但主要还是非讼性质。法院仅限于指导和诉调对接上发挥作用，具体的调解应由社会调解组织或调解员独立完成。法院不直接进行具体的先行调解工作，不需要法院在先行调解环节增设大量人员，不会加大法院人员紧张的压力，这在法官员额本就紧缺的现状下，具有现实合理性。

---

〔1〕 参见李浩："先行调解制度研究"，载《江海学刊》2013 年第 3 期。

2. 可以提升社会调解组织及人员调解能力与权威

在我国社会主体在纠纷解决中对法院处理高度依赖，而人民调解以及其他社会调解组织存在自身调解能力不足、公信力不足等问题。如前所述，实践中，当事人普遍倾向于法官主持的调解，不愿意接受单一的社会组织调解。因此，在目前司法和社会现状下，法院附设调解模式，即由司法机关以特邀社会调解组织与特邀调解人形式，委派社会调解力量调解，在操作和效果方面似乎更佳。一方面，通过法院对特邀调解指导，包括全程指导、专业指导和常态指导等，有利于提升社会调解组织的调解能力；另一方面，调解组织附设于法院之下，具有一定准司法性质，也有利于弥补单一社会调解权威性不足。这一模式实际上与美国法院附设和"多通道"政策相似，即由法院作为建构和推动多元化纠纷解决机制的主导力量。

3. 社会调解组织已初具规模，调解能力和资质不断提高

经过若干年的发展，我国社会调解组织已经具备一定规模并呈多元化，调解能力和资质不断提高，调解质量亦有所提高，有能力承担先行调解分流纠纷的作用。委派调解主体更加多元化，除人民调解外，各种新型调解组织和个人越来越多地参与其中，法院将更多具有不同社会身份、受过培训的专业人员纳入特邀调解人队伍，以保证其社会经验、专业知识、个人身份地位和调解技能的结合。此外，建立起多种类、多专业的特邀调解组织，可以根据不同的纠纷类型如家事纠纷、小额纠纷、物业纠纷、环境纠纷、劳动争议、交通事故、医疗纠纷等，有针对性地分别委派不同的特邀调解组织或者特邀调解人进行类型化调解。近年来，特邀调解组织与特邀调解员队伍迅速建立并发展壮大，调解案件数量庞大。根据官方数据资料，至 2017 年，全国法院建立特邀调解组织近 2 万个，吸纳特邀调解员 6 万多人。[1] 2019 年，线下调解工作室超 7000 个，线上调

---

[1] 参见周强："最高人民法院关于人民法院全面深化司法改革情况的报告——2017 年 11 月 1 日在第十二届全国人民代表大会常务委员会第三十次会议上"，载《人民法院报》2017 年 11 月 2 日，第 001 版。

解组织 2.8 万家，调解员 10.8 万人，日均调解案件 13 095 件。[1]

4. 有利于诉调对接

社会调解组织附设于在法院有利于诉调对接。据笔者在某基层法院调研所知，当前诉前调解中最大的问题，是法院与其他调解组织间沟通不畅，归根到底体现为一种利益之争。该基层法院立案庭负责人介绍，所有先行调解涉及各不同单位间、不同部门间的协调中出现的障碍，都是出于背后的利益之争。各调解组织及有关机关市场化追求严重，各个单位都在追求利益，互相之间没有行政隶属关系，各自为政，并不会出于大局需要而对法院的先行调解工作进行配合。例如，某司法局领导公然说，对法院分流出的案子，要进行挑选，不挣钱的案子不接不做不调。为此，该负责人不得不动用私人关系，与相关部门进行沟通，将大量的时间和精力用在与相关部门的沟通与协调上。而采用法院附设先行调解模式可以解决以上问题。首先，解决了法院与社会调解组织在资源、权力分配和部门利益上的冲突权力利益之争导致的制度混乱，例如，法院与人民调解组织间为了显示工作业绩而争案件的问题，以及人民调解调解成功的案件，也进入法院受理审结案件的统计，并被法院和人民调解司法局分别重复计算等问题。其次，社会调解组织附设于在法院，既便于法院对该组织的指导，又便于当事人利用社会调解，同时也可以用最快捷的方式移送案件材料，节约案件材料在法院与调解组织之间转移所需的时间。最后，方便调解结果与诉讼对接。调解成功的，当事人可以依据调解协议申请司法确认，以及立案后法院调解书等方式与诉讼衔接，产生诉讼上的强制执行效力。在调解未果的情形下，法院可以立即启动立案程序。

5. 客观上实现了调审分离

由社会调解组织进行调解，没有裁判权，而由法官专司裁判，客观上实现了调审分离。此外，由专职调解法官负责指导先行调解，也避免调解不成进入诉讼后，可能产生的由同一法官进行审理的调

---

[1] 最高人民法院工作报告 2020 年。

审合一问题。

6. 法院附设调解的实践证明，这一模式是可行的

近年来，各地法院先行调解创立了委派调解模式，其中，不少法院采用了法院附设调解方式。包括法院附设人民调解以及法院附设其他类型调解方式。例如，江苏省各级法院与社会矛盾调处中心、司法行政机关密切配合，普遍推行在全省各基层法院及其派出法庭设立人民调解工作室。通过委派调解方式，实现调审分离。调解主体是人民调解等社会调解组织或个人，适用的程序是与诉讼不同的调解程序，与审判主体和程序完全不同，是较为彻底的调审分离。实践中，这种模式运行的效果较好。再如，2012 年南京市两级法院开展了调审适度分离的试点工作，其中在立案阶段进行调审分离的模式，即在立案庭设立的诉讼服务中心进行诉前调解，调解不成及时转审判庭审判，得到了基层法院的法官普遍赞同〔1〕。2012 年，江苏省扬州全市基层法院民商事案件进入诉前调解程序的有 16 328件，调解成功 8270 件，诉前调解成功率为 50.6%；诉前调解案件成功数占同期新收一审民事案件总数比为 28.34%。按诉前调解的方式分，法院附设的调解工作室调解结案 4860 件，占诉前调解结案数的29.8%。〔2〕

而在笔者调研的上海市某基层人民法院，其诉前将纠纷分流至法院附设的专业调解组织或调解员，由后者展开相对独立的调解，即为法院附设调解模式。在 2020 年该院在诉讼服务中心开设"先行调解"窗口，将约占 10% 的可分流至诉前调的纠纷引导至人民调解，由后者完全独立进行非讼调解以前，该院全部采用的是法院附设调解模式。法院与特邀调解组织建立起了稳定合作关系，诉调对接顺畅，调解质量较高，调解成功率稳定在 30% 左右。

总体上看，各地法院基本上采用法院附设调解模式，经验成熟，

---

〔1〕 参见田平安、杨成良："调审分离论：理想图景与双重背反——兼与李浩教授商榷"，载《湖南社会科学》2015 年第 5 期。

〔2〕 参见江苏省扬州市中级人民法院课题组等："诉前调解运行现状及其对先行调解制度实施的启示"，载《人民司法》2013 年第 19 期。

效果稳定，也已为当事人所熟悉。虽然该模式也存在一些问题，但总体上看，法院附设调解的实践效果较好，值得肯定与推广。

7. 从比较法角度，法院附设调解是较为成功的模式

英美法系语境中的法院调解主要是指"法院附设调解"（court-annexed mediation）。作为法官管理案件的一种措施，这是一种"审判的前置程序司法 ADR"，主要在审前证据开示即将结束时进行，调解虽然是在法院进行，但调解人不是本案的审判法官，而是由退休法官、社会调解机构或者经过调解专门训练的律师组成的调解委员会单独进行，当事人接受的调解方案，经法官审查批准，调解人就可以作出具有法律效力的决定。调解未果，案件转入正式的法庭审理（trial）。如前所述，美国、英国、澳大利亚等国家以及我国台湾地区均采用这种法院附设调解模式，是较为成功的模式。

应当注意的是，在先行调解中推广法院附设调解，面临一些配套问题需要解决。主要包括：

一是法院的经费保障问题。目前法院聘任的从事诉前调解工作的社会人员工资主要由人民法院自行承担。在诉前调解案件本身不收费或只在调解成功时收取少量调解费的基础上，又要法院自己承担调解员的工资，使得基层法院原本就很有限的办案经费更加捉襟见肘，这也是实践中多数法院主要是由本院法官自行调解的原因，也是先行调解结案后转化为诉讼调解结案的原因。此外，诉讼费在很多地区仍是地方财政的重要来源，相当多的法院财政对诉讼费的依赖程度依然较高。推行法院附设先行调解，本身会使法院失去一部分案源，减少诉讼费收入，因此，为推行先行调解，国家财政上应当给予法院经费支持与保障。正如有学者指出的，要想根本上扭转先行调解结案转化为诉讼调解结案的现象，还应该辅以彻底改变法院经费与收案数、诉讼费相参照的法院经费保障机制最终加以实现。进一步从财政上解决法院的财政压力，法院应当摆脱作为"创收"机关的地位，不再以诉费收益为目标。法院没有财政上的后顾之忧，才能调动其先行调解的积极性，从而真正成为多元化纠纷解

决机制的核心。[1]可喜的是，当前党委领导的多元解纷机制建设中，政府对调解经费给予了一定财政支持与保障，从而有利于推动法院附设调解的开展。

二是社会调解组织的培养与完善问题。当前我国多元纠纷化解机制尚在建设中，人民调解组织民间性质淡化，调解职能弱化、存在与基层政府组织混同的倾向，行政调解也未成为政府机构的刚性职能，调解纠纷的数量微乎其微，而行业调解组织刚刚兴起，也远没有实现专业化。调研中，基层法院反映委派调解最大的问题是缺乏专门的富有效力的调解组织接受委派调解。因此，应当进一步壮大社会调解组织及调解人队伍，并使调解主体更加多元化。法院应当吸收更多以及各类调解组织及调解人进入特邀调解组织及特邀调解人名册，从而不断提高社会组织调解能力和调解质量，使其有能力承担先行调解，发挥先行调解分流纠纷的作用。此外，高校、法院、司法行政机关等应尽快建立调解培训和人才培养的固定机制。

（五）明确法院在先行调解中的地位

针对前述诉调对接不畅、法院指导不力等问题，应当明确法院在法院附设先行调解中居于主导地位，在与附设的社会调解组织以及其他特邀调解组织与调解人的关系上，法院发挥指导、监督作用。而在非法院附设的其他行政机关、社会组织及调解人主持的先行调解模式中、法院与后者各自独立，法院提供业务指导，处于参与地位。

1. 法院在先行调解中的主导地位具有立法支持

2004 年《调解规定》要求法院支持和加强指导人民调解。2016年《特邀调解规定》强调法院加强特邀调解指导，提高特邀调解分流能力。一是做好全程指导。建立纠纷解决告知程序，规范导诉行为。调解程序开始之前，特邀调解员应当告知双方当事人权利义务、调解规则、调解程序、调解协议效力、司法确认申请等事项；调解过程中，要规范调解员应当遵循的规则、方法；在纠纷的终止阶段，

〔1〕参见李喜莲、裴义芳："先行调解法治化运行的困境及出路——以 H 县人民法院为分析样本"，载《怀化学院学报》2014 年第 10 期。

规范特邀调解与法院诉讼的衔接程序，赋予调解结果以执行力。二是加强专业指导。指导调解组织建立调解员综合素质评价标准体系，推动特邀调解专业化发展。实践中，可以依据纠纷的类型，选定不同类型的调解员或者调解员的组合，或者邀请医疗、质检等专业人员参与调解或者委派调解，建立各类纠纷特点的证据收集指引规则。三是完善常态指导。通过建立和管理特邀调解名册，吸引社会纠纷解决力量进入法院；加强指导与培训，全面提高特邀调解员的综合素质。同时，充分发挥类型化调解的示范作用，提高专业调解能力。法院不对调解活动进行实体性的干涉，对于调解中存疑、虚假等问题，法官可作出相应的实体法律指引。

可见，在特邀调解这种典型的法院附设调解模式中，法院在与特邀调解组织、调解人的关系中，居于主导地位。此外，这种主导地位不仅通过以上立法规定的法院全程指导、专业指导、常态指导来体现，而且，在诉前调解的启动上，以及特邀调解组织案件来源上，均体现了法院的主导地位。

2. 多元化纠纷解决机制以法院为依托

如前所述，在诸多民事纠纷多元化解决机制中，以法院诉讼为中心。诉至法院的民事纠纷，先行调解不是法院一推了之，而是引导当事人选择适宜的方式解决，但这一切，是以法院作为国家化解纠纷的职责主体为依托的。定分止争是法院的首要职责，法院对调解、仲裁、行政处理等非讼化解决起到引领、支持和保障作用。"引领"作用体现在通过诉调对接、效力赋予、人才培养等途径，让更多的纠纷通过非诉讼渠道解决。"推动"作用体现在法院鼓励和支持社会各方面参与，让多元的纠纷解决方式共同发挥作用，实现政府治理和社会自我调节。"保障"作用体现在人民法院对调解协议的司法确认，对特邀调解组织建设的完善，对特邀调解员的技能培训和行为规范的约束等，为纠纷解决机制提供司法保障。[1]前述解

---

〔1〕 参见龙飞："多元化纠纷解决机制立法的定位与路径思考——以四个地方条例的比较为视角"，载《华东政法大学学报》2018年第3期。

决的结果需要与诉讼对接以获得司法效力。最终，在前述多元解纷不成，仍可诉诸法院，由司法最终解决。因此，法院在多元解纷机制中居于依托地位，是最后一道屏障。

3. 法院在法院附设先行调解中居于主导地位，也是实践的需要

实践中，明确法院在法院附设先行调解中的主导地位，有利于避免特邀调解组织或调解员走形式、随便敷衍等消极对待委派调解的问题，防止出现"抽屉案"，真正发挥社会调解的作用，同时，也避免法官不得不亲自调解等现象产生。

4. 正确理解与把握法院在大调解中的地位

应当明确的是，法院在法院附设先行调解中的地位与法院在大调解中的地位是不同的。在党委领导的大调解中，法院是其中重要的参与者，但并不是领导者。法院附设调解模式，只是先行调解的主要模式，在并不排斥党委领导下，法院参与对临时性个案的调解。例如，在涉及公共利益、政策、道德、大规模侵权、弱势群体、环境问题、不正当竞争、消费者权益的重大新型案件或特殊个案中，法院可以在诉前参与案件协调、业务指导等工作，也可以在案件诉至法院后特邀适合进行调解的主体，包括民间组织和行政机关、人大代表、政协委员、相关专家学者或知名社会人士、退休法官等进行调解。

法院主动将司法置于"大调解"格局中，是一种积极参与社会管理、服务大局的姿态。在大调解中法院担负指导服务的使命，依据其专业性对调解协议进行司法确认，并承担对其他调解主体的法律咨询、适当的法律培训等。[1]但同时，正如有学者指出的，法院积极参与大调解时，应当注意能动司法的限度。[2]

此外，推广法律附设先行调解，也不排斥法院将纠纷引导至其他独立的调解组织，例如，人民调解、行业调解、专业调解组织等

---

〔1〕　参见洪冬英："论多元化纠纷解决体系中法院调解的定位"，载《苏州大学学报》（哲学社会科学版）2013 年第 1 期。

〔2〕　参见吴英姿："'调解优先'：改革范式与法律解读——以 O 市法院改革为样本"，载《中外法学》2013 年第 3 期。

进行调解。在这种先行调解中，法院与后者共处"大调解"中，承担指导服务的职能，居于参与地位。

（六）进一步发挥律师在先行调解中的作用

如前所述，当前律师在先行调解中发挥的作用有限，鉴于当前社会调解组织调解动力不足、能力不足以及社会性不足等问题，笔者认为，有必要发挥律师在先行调解中的作用。理由如前所述，主要包括：律师具有比较彻底的社会主体身份；律师具有较强的专业能力和调解能力；律师队伍不断扩大为先行调解提供人力支持；国外律师在先行调解中的作用明显且效果好等，在此不再赘述。

近年来，律师在先行调解中的作用逐渐得到立法上的认同及司法上的重视。2016年《多元化机制改革意见》要求，积极吸纳律师加入人民法院特邀调解员名册，支持律师加入各类调解组织担任调解员，探索建立律师调解工作室，鼓励律师充分发挥专业化、职业化优势，参与纠纷解决。司法实践中，法院更重视发挥律师作为法律职业共同体的专业优势，在特邀调解中，更多法院与律师组织合作，对诉前纠纷进行专业调解。

实践中，律师参与调解效果较好。尤其在协助解决一些较为重大疑难案件方面，律师发挥了其独特的专业优势。例如，2019年最高人民法院公布的典型案例"贵州省人民政府、息烽诚诚劳务有限公司、贵阳开磷化肥有限公司生态环境损害赔偿协议司法确认案"，这是一起涉及公益侵权损害赔偿纠纷的案件，涉案标的额大，复杂、疑难，影响也较大。本案中，贵州省人民政府在贵州省律师协会指定律师的主持下，就大鹰田废渣倾倒造成生态环境损害事宜，与息烽劳务公司、开磷化肥公司进行磋商并达成《生态环境损害赔偿协议》。2017年1月22日，上述各方向清镇市人民法院申请对该协议进行司法确认。本案首创了由第三方主持磋商的制度，即由省律师协会主持、赔偿权利人与义务人展开磋商程序，并促成赔偿协议的达成。双方磋商过程中，律师作为第三方介入，有助于维持程序中立、促进当事人沟通、协助当事人发现其利益需求，最终促成了当事人和解协议的达成，取得了较为圆满的解决效果，值得大力推广。

需要强调的是，先行调解中的律师，以非纠纷当事人的代理律师为宜。如前所述，本案代理律师，实际上是反对先行调解的，因为先行调解与其存在利益冲突。因此，参与先行调解的律师，应当是本纠纷代理律师之外的律师。此外，为避免如前所述特邀律师调解可能产生的调解员固化、影响法官与律师职业关系的问题，应当严格调解员随机抽取程序并赋予当事人选择权、保障当事人申请回避权，等等。

如同特邀调解组织与调解人一样，律师参与先行调解，尤其是经验丰富的律师参与先行调解，实践中同样存在一个动力不足的问题。因此，大调解中，如何解决社会力量参与先行调解的动力问题、建立一套常规化参与激励机制，直接关系到委托调解或者特邀调解等调解社会化机制能否顺利运行。律师成为先行调解的主体需要司法行政机关的配合与推动。在党委领导下的大调解中，如何鼓励和推动律师在先行调解中发挥作用，例如，如何采用国家购买服务的形式调动律师参与调解的积极性，也是需要解决的问题。

（七）进一步完善诉调对接机制

1. 统一限定先行调解时间

针对前述实践中存在的先行调解时间普遍较长且灵活性较强，甚至可以达到90天、拖延当事人诉讼的问题，笔者认为，应当统一限定先行调解的时间，即30日内，且该期间为不变期间。理由如下：

一是先行调解制度的初衷是快速分流，提高效率，因此，应当设定一个相对短的期限。

二是先行调解的案件范围，应是简单的民事纠纷，或者是小额民事纠纷，本身审理期限就比较短。例如，最高人民法院2020年《繁简分流实施办法》规定小额诉讼程序的审理期限是2个月，而先行调解不同于判决，期限应比判决短。[1]一般来说，调解成功所

〔1〕 参见任国凡："先行调解面临的司法困境与出路——以保障当事人程序选择权为中心"，载《法律适用》2013年第12期。

用的时间，相对调解不成的较长。此外，经过若干年来特邀调解制度以及诉调对接机制等的完善，这一期间也具有进一步缩短的现实基础。

三是将先行调解限定为不变期间，有利于防止实践中变相增加先行调解期限的问题。实践中先行调解期限存在较大的灵活性，例如，对于需要鉴定或者司法委托的案件，先行调解期限可以延长。对此，笔者认为，先行调解的适用对象本应是简单的民事纠纷，如果涉及需要鉴定或者司法委托，则意味着该纠纷应当进入到审判程序进行审理，即正式立案并适用简易程序或者是普通程序审理。

四是将先行调解统一界定在 30 天时间，且是不变期间，有利于督促法院及相关调解组织抓紧时间，积极开展调解工作。这对于遏制实践中先行调解时间过长，法院与调解组织消极扯皮，增加当事人诉讼时间成本与诉累，是十分必要的。此外，严格限定先行调解时间，也有利于督促法院立案分流时认真分辨哪些纠纷适宜先行调解，哪些不适宜先行调解，从而确定合理的诉前调解范围，遏制司法实践中将先行调解范围扩大化的现象。即将凡诉讼到法院的，均先行调解，或者将适宜诉讼调解范围等同于先行调解范围，将先行调解等同于强制调解，在立案前又增一道程序等极端化、运动化的错误做法。

2. 调解成功的，由当事人选择是否进入审判程序

如果案件调解成功后，再通过立案进入诉讼程序，以法院调解书、撤诉等形式结案，会发生程序重叠的问题。如前所述，司法实践中存在先行调解与立案数量同时上升以及诉前调解率与法院诉讼调撤率同时上升的现象：一方面，先行调解案件数量上升，先行调解达成协议的数量上升；另一方面，法院的立案数量和调撤率也在逐年上升。先行调解似乎并没有达到分流纠纷、减少法院受案数量的目的。也无法解释为什么诉前调解解决了那么多，案中、诉讼中还会有那么高的调解、撤诉率？究其原因，主要在于一个纠纷既经过先行调解解决，之后又要进入诉讼调解解决；既经过非讼程序，又经过诉讼程序。由此，案件数量重复统计，法院以及相关调解组

织工作业绩、调撤率等都在提升。此外，也与法院依赖于诉讼费有关。因此，如前所述，要想从根本上扭转先行调解结案转化为诉讼调解结案的现象，调解成功的纠纷是否需要进入到审判程序，即是否需要再立案对调解协议进行确认，以及是否需要再立案由法院下发法院调解书，应当尊重当事人自愿选择。对于调解协议达成后，当事人及时履行的，没有必要再立案进入审判程序。当然，要改变实践中诉前调解与正式立案程序重叠问题，根本还在于改变对诉调率的追求和完善绩效考评机制，再辅以彻底改变法院经费与收案数、诉讼费相参照的法院经费保障机制等。

3. 调解不成起诉的，应将诉前调解登记时间视为起诉时间

实践中，对于起诉来法院的当事人，法院通常预立案或者进行诉前调解登记，引导当事人先行调解，调解不成时再立案。此种做法实际上延长了起诉立案的时间。因此，协调不成需要进入诉讼程序的，应当将原告申请或同意先行调解的行为视为起诉，将法院预立案或者诉前调解登记时间作为起诉时间。预立案或者诉前调解登记直接发生与立案同等效力，自预立案或者诉前调解登记之时计算诉讼期间和诉讼时效。对此，除如前所述的理由之外，还有如下理由：一是能有效避免调解不能或不成时，原告需要再次向人民法院提起诉讼，增加原告诉讼成本。二是有效破解了被告借先行调解拖延诉讼的难题，打消原告担心先行调解耽搁权利实现的顾虑。三是有效避免法院内部"抽屉案"的发生，诉讼期间自预立案或者诉前调解登记之时计算，促使法院内部先行调解部门与业务庭必须尽最大可能缩短先行调解案件转入诉讼的时间，保障当事人的诉讼期间利益。[1]

从比较法的角度，我国台湾地区法院附设调解程序亦有类似规定。例如，对于当事人两造于期日到场而调解不成立者，法院得依一造当事人之申请，按该事件应适用之诉讼程序，命即为诉讼之辩

---

[1]　参见任国凡："先行调解面临的司法困境与出路——以保障当事人程序选择权为中心"，载《法律适用》2013 年第 12 期。

论。已经一造当事人申请即为言词辩论者，为免当事人权利因逾除斥期间或消灭时效期间而受影响，视为调解之申请人自申请时已经起诉。此外，调解不成立进入起诉程序后，于调解程序中，调解委员或法官之劝导及当事人所为之陈述或让步，不得采为裁判之基础。[1]

4. 建立无争议事实记载机制，诉调内容对接

如前所述，先行调解或诉前调解不成，进入诉讼程序的，前期当事人举证、质证以及认可如何处理存在问题。对此，笔者认为，应当建立无争议事实记载机构，以实现诉调内容对接，避免前期工作付诸东流。其实，《试点总体方案》对此已有提及。当事人在先行调解或诉前调解中没有争议的事实，调解员在征得各方同意后，可以采取书面形式予以记载，经双方签名后，该事实在后续诉讼过程中予以认定，当事人无需再对其进行举证。实践中，一些法院也采取了这一做法，避免了诉累，提高了诉讼效率。

5. 先行调解应视为引起诉讼时效中断

实践中，诉前调解视为引起诉讼时效中断，但对于法院引导至社会调解组织所进行的"先行调解"是否引起诉讼时效中断，尚处于探索阶段。笔者认为"先行调解"同样是因起诉人主张权利而引起，并且该"先行调解"是缘于法院引导，因此，应当与诉前调解一样发生诉讼时效的中断。

（八）完善与先行调解有关司法绩效考评体系

任何制度，如果在考核指标下形成运动式的推行，必然出现极端问题，使制度实施背离初衷，出现变形与走样，先行调解也不例外。实践中，由于考核指标的设置以及以指标作为对照标准的奖惩规定使得诉前调解在法院内部的推进一定程度上呈现扩大化、运动化趋势，背离先行调解制度初衷，效果大打折扣。因此，笔者主张，取消先行调解率，降低或取消调撤率。

---

[1] 参见杨建华原著、郑杰夫增订：《民事诉讼法要论》，北京大学出版社2013年版，第346页。

1. 先行调解率是造成先行调解范围扩大化以及诉前强制调解的原因之一

为追求先行调解率，法院势必扩大先行调解范围。实践中出现了将先行调解范围扩大化，即凡诉讼到法院的，均先行调解，或者将适宜诉讼调解范围等同于先行调解范围等问题，就是证明。此外，为追求先行调解率，也必然会造成对当事人自愿选择调解的强迫。实践中，将先行调解等同于强制调解，以及各种各样的诱导、反复劝说、拖延立案时间等或明或暗的强迫，也说明有必要取消先行调解率。

2. 调撤率是造成先行调解与诉讼程序重叠以及强迫调解的原因之一

如前所述，先行调解中存在先行调解与诉讼程序重叠，从而出现诉前调解案件数与法院正式立案数同步增加，以及诉前调解率与调撤率双增加的怪现象，原因即是考核指标的作用。

诉前调解成功的，一部分不需要进入诉讼，必然影响到法院的立案数及调撤率。调撤率的考核不仅针对法官个人，也是上级法院对下级法院质效考核的主要依据之一。如果将诉前调解成功的案件都从法院收案数中剥离，必然导致法院调撤率指标大幅下滑。此外，收案数减少，诉讼费用也随之减少，法院办案经费也会相应缩减，直接影响到法院工作的正常运转。调查中发现，90%以上诉前调解成功的案件都再次进入诉讼，以诉讼调解的形式结案，这样一来，就解决了收案数、调撤率、诉讼费用等一系列问题，这即是导致诉前调解结案数大幅上升，但法院总收案数不降反升的主要原因。

可见，先行调解率与立案数及调撤率的存在本身是不科学的，同时，二者并存又互相排斥、互相矛盾，造成法官无所适从和混乱，以及实践中的程序重叠问题。因此，为配合先行调解制度的推行，应当取消先行调解率，并将案件调撤率从质效考核指标中取消或是降低该指标的考核权重，增加调解结案进入执行率作为考核指标的权重，从结果上保证案件诉前调解和诉讼调解的效果。调研中发现，在办案、信访双重压力下，法官天然喜好以调解、撤诉方式结案，即使取消对调撤率的考核也不会引起调撤率大幅下滑。增加调解结案进入执行率的考核权重，从结果上，可以起到鼓励法官由追求调解数量向专注调解案件的效果转变。当调撤率不再成为衡量法官办案效果的主要依据时，法官就有更多精力专注于公正裁判上，先行调解工作在法院内部遇到的阻力也能迎刃而解，先行调解的案件通过司法确认的形式使结案数也会相应提升。[1]

法官受到的考核激励以及错案责任等压力，势必将以一定方式释放。释放的方式，就是向下传导，向当事人转移。例如，面对案多人少的压力，法官会通过扩大适用简易程序、速裁程序以及扩大独任制等方式释放。在案多人少以及法官责任制的压力下，法官会通过扩大调解的适用，模糊案件事实以及法律适用，谋求快速解决及规避职业风险。在先行调解率的考核指标下，法官必然会强迫、诱导当事人进行调解，侵蚀当事人自愿原则，侵犯当事人诉权。如果法官完成先行调解后，还要考虑到立案数、调撤率等考核指标，就可能会重复程序，引导当事人再立案进入诉讼程序，以法院调解书、撤诉等形式结案。由此导致程序重叠，制度变异。从根本上来说，非但没有提高诉讼效率，减轻当事人负担，反而多了一道程序，多设机构和人员，降低诉讼效率，增加诉累。更深层次的弊端是对程序正义的侵害，是对当事人诉讼权利的侵害。而完善司法绩效考评体系，有利于减少法院在纠纷解决中利己思想和狭隘认识的影响，合理确定先行调解的案件范围，尊重当事人程序选择权，使先行调解发挥应有的作用。

综上所述，本章首先在对先行调解的提出背景进行分析的基础上，通过对我国先行调解的立法与实践的历史梳理，客观描述了先行调解立法与实践现状。在肯定先行调解取得成绩的同时，提出先行调解立法以及实践中存在的主要问题，包括：先行调解时间界定与性质不明；适宜先行调解的纠纷范围不明；当事人诉权保障不足；

---

[1] 参见江苏省扬州市中级人民法院课题组等："诉前调解运行现状及其对先行调解制度实施的启示"，载《人民司法》2013年第19期。

法院逐渐成为先行调解主力，委派调解主体范围宽泛但调解动力不足以及调解能力不强，律师诉前调解效果不明显，先行调解中法院与特邀组织间的关系模糊等先行调解主体问题；先行调解程序不规范；诉调对接机制存在程序重叠，调解不成纠纷与诉讼衔接不畅；先行调解中的调审不分问题等。对以上问题，笔者从学理上，结合学界的看法，分析产生的原因，并在比较研究相关制度的基础上，结合我国先行调解的实践，有针对性地提出先行调解制度的完善建议，主要包括：明确先行调解的时间界定与性质，即将先行调解的时间界定在立案前，先行调解的性质主要是非讼性质；从划定适合先行调解的纠纷类型、不适宜先行调解的纠纷类型以及可以先行调解的纠纷类型三个方面明确先行调解的纠纷范围；强调在先行调解过程中充分保障当事人的权益，尊重当事人调解程序选择权，严格限制强制性先行调解；建议推广法院附设调解模式，法院起主导作用，但不是具体调解人，具体调解工作由法院委派的特邀调解组织或者特邀调解人独立进行，法院起指导、监督以及诉调衔接作用；增加特邀调解组织及特邀调解人力量，提升社会调解组织及人员调解能力；发挥律师在先行调解中的作用；进一步完善诉调对接机制；调整与先行调解有关司法绩效考评体系等。总之，先行调解制度的实践结果与制度设立的初衷存在一定差距和变形，其完善应当回归制度设立的初衷，在追求效率的同时，兼顾程序正义的基本要求，保障当事人的程序选择权。

第七章 诉讼调解

我国《民事诉讼法》经过 2012 年 8 月 31 日修订后，共规定了三种类型的法院调解：先行调解、庭前调解和庭审开始后的法院调解，三种类型的调解也是在诉讼不同阶段进行的调解。先行调解是 2012 年《民事诉讼法》修改新增加的调解制度，是立案前所进行的调解。本章探讨的是后两种调解方式，即立案后案件交给审判庭后，在审前准备阶段所进行的庭前调解以及开庭审理后的调解。这两种调解是我国传统上所称的法院调解，也是一种审判方式。为与先行调解相区别，称之为诉讼调解。本轮法院调解制度改革，主要集中于先行调解和法院调解社会化之上，对于立案后的诉讼调解，改革较小。但先行调解与法院调解社会化，均对后续的诉讼调解产生影响，也使诉讼调解的样态发生了某种改变。

本章探讨的诉讼调解，既包括第一审普通程序、简易程序、小额诉讼程序的调解，也包括第二审程序的调解，其中，以第一审普通程序为典型。

《民事诉讼法》对于诉讼调解的原则，以及法院调解范围，已有明确规定，在此不赘。本章着重探讨的是法院调解改革以来诉讼调解出现的新问题以及需要重新认识的一些问题。

一、庭前调解

庭前调解，指的是立案后正式开庭前所进行的法院调解。细分之下，又包括立案后由立案庭进行的调解，以及案件移送审判庭后，由审判庭在开庭前准备阶段所进行的调解。前一种实践中也称为立案调解，后一阶段的调解也称为庭前准备阶段的调解。

（一）立案调解

1. 立案调解的时间界定与性质

关于立案调解，由于司法实践中，在先行调解提出前，立案庭只负责立案，立案审查后立案的，即移送审判庭进行审理，并没有调解职能。调解以及判决等审理活动是审判庭的职责。在这种方式之下，并不存在立案调解。

在先行调解提出后，伴随司法实践中立案庭的改革，立案庭职能扩大，不仅负责立案审查，还可以进行调解。正因为如此，有学者提出先行调解，应当包括立案调解。的确，与过去案件移送到审判庭后，方能开始调解相比，立案阶段进行调解，的确是将调解提前了。

但如前所述，如果将立案后由立案庭所进行的调解，与立案前所进行的调解，均称为先行调解的话，实际上存在自身无法自圆其说的矛盾。立案前的调解，案件尚未系属于法院，属于非讼性质。而立案后的调解，案件已属于诉讼调解。先行调解自身无法横跨，或者说兼容既是诉讼调解又是非讼调解的两大截然不同的性质。此外，如前所述，学者们通过溯本清源，探寻立法原意，最终得出几乎一致的结论，即先行调解应是指立案前的调解。因为立案后的调解，基于法院调解原则的贯穿始终性，本就是应有之义，并无另行规定的必要。

由此，学者们对于立案调解与先行调解，在其时间界定与性质上的区分，达成了一致看法。即立案调解是立案后的法院调解，性质上属诉讼调解。

实践中，绝大多数法院对适宜调解的案件，均在立案前进行了诉前调解，即本书第六章所述的先行调解。但如前所述，经诉前调解成功的案件，绝大部分转立案，分别由立案庭指导法官或审判庭指导法官审查，以法院调解书、撤诉或司法确认等方式结案。这种情况下会发生立案前的先行调解与立案后诉讼调解并存、延续的情况。但由于调解工作已在前期完成，转立案后审查和下发调解书等法律文书的过程通常在几天内即可完成。诉前调解不成的，则转立案由立案庭速裁法官速裁，或者发送到审判庭，由审判庭进行审理，立案庭主持的调解已经结束。因此，先行调解的推行压缩了立案调解的时间。实践中，未经先行调解而是立案后直接由立案庭法官进行的立案调解已不多见。

2. 立案调解的主体

（1）立案庭法官（或者法官助理）主持调解。即立案庭法官（或者法官助理）受理立案后，即展开调解工作。在没有实行先行调解，或者没有试行委托调解的法院，仍沿袭这种传统的做法。由立案庭法官调解的法院，通常案多人少问题不突出，尚未采取改革措施，实践中已是少数。

实践中，立案庭法官主持调解，也有不同做法。例如，在实行调解法官专职制度的法院，无论是立案阶段调解，还是庭前准备阶段的调解，均由法院专职的调解法官进行。在这里，有必要了解一下调解法官专职制度。

（2）专职调解法官（或者专职调解法官助理）负责调解。即由法院专职从事调解的法官或者司法辅助人员，在立案后负责调解。调解法官可以是立案庭的法官，也可以是审判业务庭的法官。

调解法官专职制度，是法院调解改革的一项举措，属新生事物。其目的主要是实现调审分离，调解与审判职能区分，且由不同的主体来完成，避免了过去诉讼调解由同一审判法官进行、一身兼二职的调审合一问题。其次，调解法官专职制度，也有利于促进调解职能向专业化、职业化的升级换代改造，以推进法院调解改革的现代化。

调解法官专职制度，是指法院安排具有较强调解能力的法官或司法辅助人员在诉前与诉中专门指导调解业务、管理调解事务、从事调解工作的司法制度。关于调解法官专职制度，已有司法解释予以明确。2007年最高人民法院《关于进一步发挥诉讼调解在构建社会主义和谐社会中积极作用的若干意见》第11条规定，法官助理等审判辅助人员受人民法院指派也可以调解案件。2010年最高人民法院《关于进一步贯彻"调解优先、调判结合"工作原则的若干意见》第 21 条提出，建立健全以调解案件分类化、调解法官专业化、调解方法特定化为内容的类型化调解机制。2012 年最高人民法院《试点总体方案》第 5 条规定，试点法院探索建立法院专职调解员队伍，由调解能力较强的法官或者司法辅助人员依托诉调对接中心或者有关审判庭专职从事立案前或者诉讼过程中的调解工作。2016年最高人民法院《多元化机制改革意见》第 18 条、第 35 条、第 36条规定了专职调解员的任职部门、任职条件、人员组成、工作职能、达成调解协议后的处理方式、管理机制与培训机制等问题，正式确立了调解法官制度。

笔者赞同调解法官专职制度。一是将擅长调解的"经验派"法官单独设置序列，向专职方向发展，有利于实现司法资源的优化配置。二是设置法院专职调解员开展调解工作，使调解者与审理者分离，是实现好法院调解这一照管性司法活动的要求。三是调解法官可以通过指导法院外的其他调解主体的委托调解等工作，引导当事人选择适宜的纠纷解决方式，促使纠纷分层递进式解决。四是实践证明法官调解制度是可行的。员额制改革后，一部分原本从事审判工作的法官没有入额，但由于这些法官具有较强的办案能力和经验，专任调解法官较为合适。而招录法院工作的其他法官助理均有较强法学背景要求，在实践中，能够担当胜任法院调解工作。

随着调解法官专职制度立法推进，司法实践中，进行了法院专职调解员的大量探索，已形成独具特色的"地方性知识"。例如，在调解法官人员上，有的地方由立案庭及业务庭中任命部分法官担任专职调解员，命名为调解法官。有的法院由司法辅助人员担任专职调解员，命名为调解助理员。调解法官既负责诉前调解指导、又在转立案后，负责调解协议审查、制发法院调解书、撤诉裁定等工作。具体来说，调解法官的工作分为调解工作、程序性工作与监督指导工作。调解型助理员的工作是自己主持调解或与特邀调解员对接调解。在机构安排上，调解室与审判庭分离。法院专职调解员的工作机构在诉讼服务中心或诉调对接中心，与审判庭相分离。程序设置上，调解程序与审判程序分离。将调解程序尽量在立案前与立案后开庭审理前由法院专职调解员进行，而庭审阶段主要进行判决工作。[1]

（3）特邀调解组织或调解员进行调解

如前所述，法院调解社会化改革，吸收社会调解力量参加法院调解。不仅仅在诉讼前的先行调解中，法院可以通过称之为委派调解的方式，由特邀调解组织或调解员对诉前分流至调解的纠纷进行调解，而且在立案后、诉讼中，也可以通过称之为委托调解的方式，由特邀调解组织或调解员对案件进行调解。

如前所述，委派或委托调解的案件范围，并不同于法院调解的案件范围，只是法院调解案件范围的一部分，法院认为适宜调解的，可以委托调解。主要包括两类：一是《操作规程（试行）》第9条所规定的家事纠纷；相邻关系纠纷；劳动争议纠纷；交通事故赔偿纠纷；医疗纠纷；物业纠纷；消费者权益纠纷；小额债务纠纷；申请撤销劳动争议仲裁裁决纠纷。二是以上纠纷类型之外，其他适宜调解的纠纷，也可以引导当事人委托调解。此外，必须强调的是，委托调解，必须征得当事人同意，法院不能依职权委托调解。

据笔者的调研显示，实践中，正式立案进入审判后，再发送委托调解的案件极少。如前所述，先行调解和委托调解的推行，促使绝大多数法院在立案前将绝大部分案件委派给特邀组织或调解员调解。调解成功转立案的，只需调解法官审查调解协议，制作法院调解书，或者下发准予撤诉裁定，并不需要委托调解。调解不成转立案的，由于前期已进行了委派调解，亦无再发送委托调解的必要。据法官介绍，一般来说，对于法官调不成的案件，社会调解组织也很难调成，甚至更调不成。而当事人一般也不愿意在进入正式诉讼后，再将案件委托给社会调解组织进行调解解决。对于诉讼中的委托调解，有的法院也规定了委托调解流程。例如，上海市某区人民

---

[1] 参见赵毅宇："法院专职调解员制度：根据、实践与完善"，载《法律适用》2019年第5期。

法院统一规范化调解流程，由审判发送到调解的案件，调解期限同于诉前调解登记案件的委托调解期限，即自编号日期起算调解期限，默认为 30 天。审判发送调解的，没有征询被起诉人意见以及分案与排期等中间程序，而是直接进入具体的调解工作。调解结束有两种结果：一是调解完成达成调解协议，需要法院下发法院调解书的，发送审判；二是调解不成，或者调解超期的，自动发回审判，重新回到审判程序。

综上，可见立案调解的主体，具有多样性，但以调解法官为主。此外，三种调解主体调解方式均较好地实现了调审分离，贯彻了调审分离的原则。

3. 立案调解的原则

法院调解必须坚持自愿原则，这是法院调解正当性基础，也是法院调解程序正义的基本要求，如前所述，在此不赘。需要说明的是，立案阶段调解自愿，主要强调的是当事人具有是否选择委托调解以及选择由何特邀调解组织、调解员调解的自愿。如前所述，委托调解应当尊重当事人选择权。除此之外，对自愿原则的坚持，在立案调解阶段与本章所述的所有诉讼调解阶段并无二致。

此外，立案阶段调解，应当坚持事实清楚、分清是非原则。但对立案阶段这一原则的要求，应灵活掌握。较之诉前调解阶段的要求略高，因为已经进入到了诉讼阶段，且有前期的认识过程积累。但是，相对于其后的审前阶段和庭审阶段的调解，对这一标准的要求相对较低，即达到基本事实清楚，是非初步分清。这是因为，由于立案阶段诉讼刚刚开始，法官对案件事实的把握主要来源于当事人诉辩材料和立案证据，这个时期对案件"事实与是非"能够做到的只能是初步查明。

应当明确的是，立案调解自愿原则和事实清楚、分清是非原则，同样适用于特邀调解组织或调解人主持的调解。但是，特邀调解组织或调解人调解中，对于事实清楚、是非分清原则的标准，应当低于法官调解中的要求。因为特邀调解组织或调解人的调解，本质上属于民间调解，与诉讼调解不同。一是其对事实的调查权受限，二是其调解依据主要是情、理，而不是法。对这一点区别，不仅在立案调解阶段，也适用于其他诉讼调解阶段。

4. 立案调解程序

由于立法上对调解程序并无具体规定，实践中，调解程序呈现非常多样化、灵活的特点。对于普通法官实施的调解程序，在此不赘。在此分析一下专职调解法官立案调解程序。

实践中，专职调解法官立案后调解的具体运行程序主要包括：一是在案件启动程序上，调解法官可以挑选具有调解适合性的案件在移送业务庭之前，交由法院专职调解员办理。在先行调解成功转立案的情况下，立案调解自动启动，由原指导法官对调解协议进行审查、制发法院调解书，或者核发准予撤诉裁定，或者进行司法确认，完成诉调对接，也即立案调解工作。二是调解期限通常为15日。三是在调解结束程序上，达成调解协议后，由调解法官出具法院调解书，或当事人申请撤诉；调解不成的案件，交由审判庭判决。[1]

此外，特邀调解组织或调解员调解的程序，主要包括：一是接受法院委托，法院指定或特邀调解组织指定具体特邀调解员负责某一具体案件的调解工作。一般来说，由一名特邀调解员主持调解。二是接受法院移送来的案件后，具体开展调解工作，一般来说，调解员独立进行调解，法官并不参与。三是调解期限由法院指定，特邀调解一般要在期限内完成。特殊情况下，调解员也可以与法官沟通要求延长。四是调解达成协议的，将调解协议移交法院，由法官出具法院调解书，或者当事人申请撤诉。调解不成的案件，亦将调解中形成的材料移送法院，法院继续进行诉讼程序。

综上所述，由于诉前调解后达成协议的，基本上转立案，再主要以法院调解书的方式结案，因此，诉前调解并没有影响到立案后诉讼调解的案件数量。此外，由于调解工作已在诉前完成，因此，

---

〔1〕 参见赵毅宇："法院专职调解员制度：根据、实践与完善"，载《法律适用》2019年第5期。

转立案后基本在很短时间内即可完成审查、制作调解书的活动，极大压缩了诉讼调解的时间。例如，有的转立案后，当天完成调解。由此，诉讼调解也基本上是在立案阶段完成。

（二）庭前准备阶段的调解

庭前准备阶段调解的案件，主要是没有经过诉前调解和先行调解的案件，以及虽经诉前调解和先行调解，但没有达成调解协议的案件。此外，还有少数诉前调解不成，没有采用速裁解决，而转入业务庭的案件。显而易见，法院调解改革后，经过层层过滤，庭前准备阶段调解的案件已大为减少。

1. 调解主体

（1）审判庭法官主持。在没有试行专职调解法官制度的法院，庭前仍然是由审判庭法官主持调解。调解不成，进入庭审程序，仍由同一法官负责。这种情况下，负责调解与审判的法官是同一人，没有实现调审分离。实践中，已是少数。

（2）专职调解法官或者调解法官助理调解。实践中，绝大多数法院实行了专职调解法官制度，庭前准备阶段诉讼调解由法院业务庭专职调解法官或法官助理完成。

具体做法是，案件交到审判庭后，案件交由调解法官或法官助理负责调解。调解法官专司调解工作。而调解法官助理有的还需要同时做好开庭前的准备工作。即一方面做好开庭前其他准备工作，另一方面在与当事人接触的过程中，摸清当事人的想法，双方当事人都有调解意向的，由法官助理进行调解。调解不成的，再交给法官。在实行法官助理制度的法院，不少法院都把主持庭前调解作为法官助理的职责之一。司法实践中，调解法官助理发挥的作用日益重要。

（3）专门的庭前调解庭（组）负责调解。有些法院划定调解法官分类，审判庭专门设立调解庭（组），把那些生活阅历丰富、调解能力强的法官挑选出来，成立庭前调解庭（组），专门负责庭前调解工作，另一些法官则专门从事审判，调解庭（组）与审判庭分立。庭前调解庭（组）法院配备法官助理和书记员。调解法官只有调解权而无裁判权。案件如未能调解成功，则交由审判法官审理。[1]

（4）特邀调解组织或调解员进行调解。庭前准备阶段，如法院认为有委托调解必要的，经征求当事人意见，可以将案件委托给特邀调解组织或调解员进行。但如立案调解已极少委托调解一样，庭前准备委托调解较少，主要集中在未经先行调解直接立案的案件上。

2. 庭前准备阶段调解原则

庭前准备阶段的法院调解应当遵循自愿原则，内容基本同于立案调解阶段的要求，在此不赘。对于事实清楚、证据充分原则的把握上，这一阶段，应当比立案调解时要求的标准更高。

3. 庭前准备阶段调解程序

如前所述，由于立法上对法院调解程序并无具体规定，这一阶段的调解程序亦如立案调解一样，呈现非常多样化、灵活的特点。对于普通法官实施的调解程序以及专职调解法官调解程序，前面立案调解中已有论述，在此不赘。

二、开庭后的调解

我国《民事诉讼法》规定的法院调解，贯彻于民事诉讼的整个过程。经庭前调解不成的，进入庭审阶段，还可以进行调解。根据《民事诉讼法》规定，庭审过程中以及庭审结束后，仍然可以进行法院调解。《民事诉讼法》第142条规定，法庭辩论终结，应当依法作出判决。判决前能够调解的，还可以进行调解，调解不成的，应当及时判决。

实践中，根据最高人民法院庭审程序规范，第一审普通程序法庭开庭通常包括以下几个阶段：宣布开庭、法庭调查、法庭辩论、法庭调解、评议与宣判。法庭辩论结束后，主持庭审的法官会询问当事人是否同意调解，当事人同意后，可以当庭调解。当庭调解不成，如果法官觉得有进一步调解的必要，也可以宣布休庭或者闭庭，

---

〔1〕 参见张宽明、邹小戈："南京中院民商二审程序创建'调判适度分离'模式"，载《人民法院报》2012年12月18日，第1版。

另外选定时间或者地点进行庭后调解。最终调解成功的，法官制作法院调解书，或者当事人调解成功后申请撤诉的，法官制作准予撤诉裁定结案。如果觉得双方调解意见差距很大，没有继续调解必要和调解可能的，法官通常会宣布调解结束，休庭或者是闭庭，进入评议与宣判程序。简易程序或小额程序，调解可不依以上阶段，灵活适时进行。

庭后调解一般仍由同一合议庭或法官主持。个别案件法官认为有必要的情况下，可以将案件委托给特邀调解组织或者调解员进行调解。特邀调解组织或者调解员在法官指定的一定期限内进行调解，调解不成，将案件移送法院，法院继续进行审判程序。委托调解成功的，将调解协议移送法院，由法官制作法院调解书结案，或者当事人申请撤诉情况下，以准予撤诉裁定结案。

可见，开庭后的调解主要由审判法官主持，在调解不成情况下，进行判决。此阶段，再由前期调解法官调解会导致程序倒流，不现实、不可能。此外，如前所述，经过先行调解、立案调解、庭前调解的层层过滤，到此阶段，可调解的案件已极少，调解的必要性下降，主要转以判决结案。最后，同样道理，此阶段委托调解的需求和必要性也已极低，因此实践中开庭后的调解基本上是法官主持的。

三、诉讼调解存在的主要问题

（一）专职调解法官制度运行中存在的问题

实践中发现法院专职调解员制度的运行困境主要有以下几方面：一是宏观层面上，缺少法律法规的具体规定与地方经验推广机制。二是微观层面上，人员组成与程序设置存在不足。例如，缺乏调解培训，胜任法院专职调解员这一角色的人员较少，专职调解员的选任缺乏标准。再如，专职调解员人数少，工作量大，"案多人少"问题严重。笔者调研上海市某层人民法院，该院立案诉调团队共有 6 名专职调解员，加之 13 个业务庭及派出法庭各有 1 名专职调解员，总计专职调解员 19 人。而院 2019 年诉前调解案件立案数91030 件，人均年承办案件 4791 件，月承办 399 件。而以该院约30% 的调解成功率计算，约有 27309 件案件转立案进入诉讼调解，则人均承办 1437 件/年，120 件/月。以上仅是立案阶段的诉讼调解数量。可见，法院专职调解"案多人少"十分严重。

再如，在外部衔接上，法院专职调解员与接受委托委派调解的调解员之间的衔接不畅。具体包括：（1）法院专职调解员对外部调解员或调解组织的指导较少，仅与派驻法院的调解员建立了稳定的指导关系。（2）法院专职调解员与特邀调解员对接不畅。对特邀调解案件的监督与跟踪往往流于形式。[1]

（二）诉讼调解原则把握中存在的问题

1. 自愿原则上存在的问题

一是调解选择权上违反当事人自愿问题比较突出。当前，由于对优先调解政策的不当解读，民事纠纷立案后，法院也理解为应当调解优先，从而加剧了要求当事人首先接受调解解决纠纷的倾向，甚至成为实践中的普遍做法。此外，由于强调调解社会化，为扩大委托调解范围，对于是否选择委托调解上，实践中也出现了较为严重的强迫问题。对于调解案件，不管当事人是否同意，都先交给特邀调解组织或调解员进行调解。把诉讼调解变成了委托调解。

二是在调解协议的内容达成上，仍然存在着以拖促调等强迫调解、"背对背"等调解技术运用时选择性提供信息带来的欺骗性调解，以及各种形式的诱导暗示对当事人造成隐性强迫等问题。

2. 基本事实清楚、是非分清原则上存在的问题

一是弱化基本事实清楚、是非分清原则。如前所述，实践中存在调解"和稀泥""各打五十大板"等不问事实不顾是非，只追求调解达成协议等做法，在此不赘。

二是一刀切地理解基本事实清楚、是非分清原则。不分阶段，不分案件、不分主体，均按照同一标准理解事实清楚、是非分清原则，既不科学，也不具有现实可能性。

（三）诉讼调解程序上存在的主要问题

我国调解制度的构建和运作，过分偏重于对诉讼效率，以及实

---

〔1〕 参见赵毅宇："法院专职调解员制度：根据、实践与完善"，载《法律适用》2019 年第 5 期。

体正义的追求，而轻视调解程序的公正。无论在立法还是司法实践中，均存在着诉讼调解程序规范缺失、调解技术落后，对当事人程序保障严重不足等问题。

1. 调解程序规范缺失

概括起来，诉讼调解中的程序规范缺失主要表现在以下几方面：一是有关法院调解规定基本上属于原则性的规范，缺乏细致的调解规则。二是没有规定法官信息公开传递。三是法官提出调解方案时，没有要求法官必须公开心证过程。

2. 调解技术落后

调解技术落后的主要表现：一是我国法院调解仍然是沿袭传统家父式调处思路。依靠法理型权威实现的压服式调解，或者是"马锡五式"的道德动员，采用反复多次劝说等方式，以拖促调。

二是"背对背"调解方式。我国法院调解允许法官采取"背对背"等灵活方式在调解中更为积极地介入。而实践中，背对背调解极为普遍，甚至成为法官调解的"法宝"、"经验"与"技术"。但这种"背对背"调解中，容易出现法官对双方当事人有选择地传递不一样的案件信息，"欺骗调解"的问题。这既损害了调解的自愿性，也有违法官的中立立场。这种方式已不能适应法治社会当事人诉讼主体地位以及对于诉讼的法理性需求，需要进行升级。

3. 对当事人程序保障不足

通过以上分析可见，我国诉讼调解制度的构建和运作，过分偏重于对诉讼效率和实体正义的追求，而轻视调解制度公正程序的机能和作用。在当事人程序保障方面，除了并不彻底的、笼统的自愿原则要求，基本上没有其他方面对当事人程序保障的制度与程序规定。例如，立法上没有规定当事人异议权，对于法院强制适用调解的，当事人没有适当制度途径寻求救济。

在当前优先调解的司法政策的指导下，法官追求调解热情高涨，加之没有实现调审分离，法官同时握有调解权与裁判权，尤其需要对法官调解予以程序上的规制，以保障当事人的诉讼权利。

（四）诉讼调解中的委托调解问题

诉讼中的委托调解问题，如前所述，主要表现在以下几个方面：

一是法院委托调解主体方面：可供委托的社会调解组织与调解人资源不足；受委托的特邀调解组织与调解人参与调解积极性不高，不配合法院调解、消极对待法院委托；社会调解组织与调解人调解能力不强；委托或特邀调解主体社会性不强。二是委托调解案件范围不明确、随意性较大。三是委托调解规范缺失，对当事人程序保障不足。四是法院在特邀调解与委托调解中的地位不明确。五是诉调对接衔接不畅，专职调解法官对特邀调解案件监督不足等。此部分内容已在第五章"法院调解社会化"中进行了详细论述，在此不赘。

（五）诉讼调解没有重点阶段

如前所述，当前，在立案后的不同诉讼阶段，即立案阶段、庭前准备阶段、开庭审理中，以及开庭审理结束后判决作出前，均可以进行调解。实践中，对不同诉讼阶段的诉讼调解没有主次之分。这也带来了一系列问题：一是是否应当区分不同的诉讼阶段，对不同阶段予以不同的功能目标，或者说，不同阶段重点不同。在以上诸阶段中，尤其是到了开庭后审理阶段，调解与判决并行，适用同一程序，由同一主体实施，同质化非常严重，也严重地挤兑了判决的空间，同时也加重了我国"调解型"审判模式。

四、诉讼调解完善建议

（一）法院专职调解员制度的完善路径

一是制定关于法院专职调解的具体规定，有效推广法院专职调解员制度的地方经验。二是完善法院专职调解员制度的人员结构。包括：优化法院专职调解员的选任；转变法院专职调解员的工作理念；建立法院专职调解员管理机制；完善培训机制、考核机制，建立等级评价机制。三是增加专职调解法官，配强专职调解队伍。如前所述，当前专职调解法官制度运行中出现了严重的"案多人少"问题，制约了法院调解改革的推进，并形成其他诸如法官指导不足，监督流于形式等问题，因此，当务之急是抽调、选派更多的专职调解人员、充实专职调解队伍。受制员额有限，可以增派专职调解法官助理。实践表明，法官助理有能力、有热情，可独立进行调解工作，是应加强培养的法官后备力量。因此，应加大力增派法官助理充实专职调解队伍。四是健全法院专职调解员制度的运行程序。畅通法院专职调解员与接受委托委派调解的调解员的对接。法院专职调解员应赋予当事人自主选择调解员的权利，并通过交流、协助、培训、审查等方式对委托委派的调解进行指导与监督。[1]

（二）坚持调解自愿原则，正确把握基本事实清楚、是非分清原则

1. 坚持调解自愿原则

诉讼调解应当坚持调解原则，尤其是当前强调调解优先的政策下，更应当坚持调解自愿原则的完整意义。既要坚持调解选择权的自愿性，包括是否选择调解的自愿、是否选择委托调解的自愿和选择具体特邀调解组织或调解员上，也应当一定程度上尊重当事人的意愿。同时又要坚持调解协议的达成尊重当事人自愿。对此，本书第四章已有详细论述，在此不赘。

2. 正确把握基本事实清楚、是非分清原则

（1）区分不同诉讼阶段，基本事实清楚、是非分清标准不同

在不同诉讼阶段，由于审判权的介入度不同，对基本事实清楚、是非分清这一标准的高低要求也有所不同，呈由低到高的标准差异。如前所述，在立案调解中，法官根据当事人诉辩和立案证据，对案件"事实与是非"进行初步审查，对这一标准的要求较低。到庭前调解阶段，调解法官可以通过庭前调查取证和组织质证，充实证据内容、鉴别质证意见，作初步认证结论，对这一标准的要求有所提高。而到了开庭后调解阶段，通过庭审调查辩论，严格意义上符合程序规范的"事实与是非"审查已经完成。此时，对这一标准的要求已与判决标准接近。由此，随诉讼调解阶段不同，根据认识规律及客观条件，对基本事实清楚、是非分清标准，区别要求。

（2）区分不同的调解主体，基本事实清楚、是非分清标准不同

---

[1] 参见赵毅宇："法院专职调解员制度：根据、实践与完善"，载《法律适用》2019年第5期。

根据事实调查能力和手段的不同，以及调解性质的区别，笔者认为，法官主持的调解对事实清楚、分清是非标准应高于特邀调解组织或调解人所进行的调解。

笔者认为，法院调解区别于委托调解、特邀调解等社会调解。法院调解性质上是诉讼行为，属于法院行使审判权的一种方式，不同于社会调解。此外，众所周知法院作为司法机关拥有的调查、收集证据权，明显强于社会调解组织，因此，法院调解对于基本事实清楚、分清是非的原则标准，要求应该高于社会调解。

（3）区分不同案件，基本事实清楚、是非分清标准不同

例如，对于当事人争议比较激烈、"事实与是非"的查明要求强烈的案件，法院要在条件许可的情况下，尽可能查明争议的基本事实，分清责任，以促进调解。但对于当事人在调解过程中已达成协议的，且对"事实与是非"没有强烈查明要求的，可以降低事实清楚、分清是非标准。

再如，对于关系修复型、弱者救济型、事实不明型、影响稳定型等案件，可适当淡化事实清楚、分清是非标准。前面已有详细论述，在此不赘。[1]

（三）规范法院调解程序、提高调解技术

现代调解制度认可程序公正决定实体公正，实体公正是由程序公正来达成的。因此，现代调解制度应当注重程序的公正性建设，尤其要重视当事人在程序中的选择权。是否重视程序公正、是否将正当的法律程序理念贯穿于调解过程中，是现代型调解与传统型调解的分水岭。

虽然法院调解不同于审判，不要求严格依法定程序进行，但是法院调解作为诉讼行为，不同于其他非讼解决机制，应当具有一定的规范性特点。如前所述，世界各国诉讼上的和解均设有程序保障，不同程度地对法官予以规制。在他们看来，诉讼上和解中法官的积

---

[1] 参见陆晓燕："'裁判式调解'现象透视——兼议'事清责明'在诉讼调解中的多元化定位"，载《法学家》2019年第1期。

极介入也似一把"双刃剑"，需要对法官在诉讼上和解中的裁量权设定必要的限度，对法官的劝告和解予以程序规制。而我国法院调解，在当前优先调解司法政策的背景下，法官追求调解热情高涨，加之没有实现调审分离，法官同时握有调解权与裁判权，实践中强迫调解严重。因此，尤其需要对其法官调解予以程序上的规制，以保障当事人的诉讼权利。

1. 法官应当及时向双方当事人公开传递案件信息，以促进当事人和解协议的达成

法官在调解中所起的作用是促成当事人达成和解，而法官能否公正、公平地开示并传递相关案件信息，是当事人能否形成"自由合意"的关键。通过比较研究发现，在西方各国诉讼上和解中，法官对信息必须公开开示。法官的作用主要在于为当事人提供沟通的契机，正确公正地开示有关预测判决的信息。例如，德国审判法官促进和解虽然与中国法官实施调解在形式上十分相似，但在程序上存在实质差异，主要区别在于德国审判法官在促进和解时强调程序的规范性。德国法官促进和解，采用对席方式，在双方当事人均到场的情况下，公开向双方当事人传递案件信息，不能选择性传递信息，或者不传递案件信息。再如，美国法院的大部分民事纠纷之所以能在庭外获得解决，是因为其设置了完备的证据开示程序，当事人在该阶段必须全面披露证据和事实真相，案件事实在审前阶段就得到充分呈现。

如前所述，我国法官在调解时常常模糊"事实和是非"，法官是否向双方当事人传递案件信息随意性很大。程序正义要求当事人有效参与，而有效参与要求当事人了解"事实与是非"，并在此基础上作出理性处分。法官不能传递案件信息，不公开心证过程，使当事人无法有效参与到程序中，有违程序正义的要求。

按照波斯纳的和解定理，为促进双方达成和解，解决办法之一是法官升级调解技术，以缓解双方当事人间信息不对称的难题。这包括解决双方囿于对抗性诉讼立场而无法进行有效报价的和解信息不对称问题；引导当事人提出合理的和解方案，防范选择过于强硬

的调解方案。然而实践中，我国法官调解仍简单沿袭职权主义下的家父式调处思路，采用压服式调解、感召式的道德动员，寻求魅力型权威以达成教谕式调解。缺乏调解技术升级的法院调解，仅依靠加大法官调解工作频次，加剧了不同程序阶段法官额外的工作负担，造成司法效率低下问题。而诉诸科层制下指标化管理调解绩效考核制度，也使法官在激增的案件和绩效要求面前无所适从，加剧了法官乃至当事人的反感，最终在体制层面形成法院调解工作既不能化解案件压力，解纷效果又不佳的局面。

有学者通过分析数据的 Logistic 回归结果发现：在审限内调解，越早进行调解，成功率越高。而案件证据充分对调解效果具有正向关联。[1]我国法院调解贯彻民事诉讼整个过程，开始得也较早，但始终没有建立庭前发达的证据开示程序，法院调解信息不透明，公开不对称，法院调解程序缺乏公正设计规范。因此，在不同阶段所进行的调解，应当提前完成案件调解效果信息披露，及时向双方当事人传递案件信息，引导当事人提出合理的和解方案，避免双方当事人为克服信息不对称博弈而提出强硬和解方案。由此，促进当事人和解协议的达成。

2. 调解方案应当一定程度上受实体法拘束

法院调解与普通的非讼调解不同，要求法官提出和解方案基本是以预测的判决为基础，也即受实体法的拘束，而不能脱离或者违背实体法的基本要求。这是因为法官调解是在国家审判程序中行使职权的审判行为，而审判行为必须遵守实体法的规定。法院调解虽然不同于审判行为，不必严格遵守实体法，但也应以实体法为基础。而法官中立也要求法官在提出调解方案时，应当以预测的判决为基础，以保证调解协议的公正。正因为如此，各国均要求法官提出和解协议，应当公开心证，以使当事人将其与预测判决进行比较权衡利弊，作出选择。例如，德国法官劝告和解以法官的心证开示为基

---

〔1〕 参见陈慰星："法院调解悖论及其化解——一种历时性大数据的分析进路"，载《法律科学》（西北政法大学学报）2018 年第 2 期。

础，法官心证开示是促进和解的当然前提。日本在诉讼实务中，法官在劝告和解之际也常常要提供和解方案，但也强调法官开示心证是劝告和解的前提。法官提出和解协议但不公开心证被认为是强制和解的典型。

而如前所述，我国法官提出调解方案时是否公开事实与理由，随意性很大。因此，有必要对此进行限制，要求法官以预测的判决为基础，审慎提出调解方案，并向当事人公开提出该调解方案所依据的事实和理由，以便于当事人做出适当处分。

3. 法官调解原则上采用对席方式

针对前述法院调解中存在的"欺骗调解"问题，笔者认为，应当升级调解技术，法官调解原则上应当采用对席方式，特殊情况下，经当事人同意，可以采用"背靠背"等灵活方式。

通过比较域外相关制度可见，德国法官劝告和解通常是在当事人对席时进行的，法官应当命令各方当事人亲自出席和解辩论，并可对不出席的当事人处以违警罚款，且应当在双方当事人均不出席时命令程序休止。德国法官在和解辩论中可动用一切积极主动的调停技术，但不得与当事人进行个别谈话，不得超出正当限度追求争议的消解。日本法官调停过去通常是在和解室通过交替传唤当事人进行商量的所谓交替面谈方式来进行，但这种方式受到强烈的批评，近年来，在劝告和解中重视对席价值的理论与实务受到广泛支持。采取与当事人单方接触及单独传唤证人的方式被认为是程序违法而被禁止。对此，可以提起再审之诉请求撤销，也可以提起无效确认之诉与异议之诉，还可以申请回避。[1]以上做法，值得借鉴。

当然，对于"背对背"调解并不能一概否定。实践中，有时候当事人双方情绪对立激烈，这时，"背对背"调解有避免冲突加剧，缓和情绪，将双方拉回谈判桌重回理性对话的作用。笔者认为，"背对背"调解的适用应当予以限定。一是在特殊情况下进行，并

〔1〕　参见江伟主编：《民事诉讼法专论》，中国人民大学出版社 2005 年版，第301~309 页。

经过双方当事人同意。二是法官已将案件信息向双方当事人进行了公开的传递，"背对背"调解时，不能再向某一方传递对方不知道的案件信息，以防止隐瞒和欺骗性调解。

此外，在调解技术上，我国法院调解仍然是沿袭"传统家父式"调处思路，依靠法理型权威实现的压服式调解，或者是"马锡五式"的道德动员，采用反复多次劝说、背对背等方式，已不适应法治社会当事人诉讼主体地位以及对于诉讼的法理性需求，需要进行升级。现代型调解要求调解者应以平等者的姿态积极参与其中，依程序规范在纠纷主体之间进行信息传递和意见沟通，同时还要借助其法律知识和社会经验，对纠纷主体适时进行引导，使双方当事人逐渐地缩小分歧，达成一致。

（四）完善诉讼中的委托调解

针对如述诉讼中委托调解存在的问题，笔者认为，应当从以下方面入手予以完善：

一是立法上明确构建多元、合理的委托调解及特邀主体范围。包括：丰富委托调解主体，特邀调解组织与调解人多元化、专业化；特邀委托有权机关调解注意必要性、限度与规范性；培育发展以律师为主体的社会调解力量；建立调解员资格标准和培训制度。

二是明确委托调解的案件范围，采用类型性、原则性划分方式确定适宜委托调解案件范围，一般限于传统、简单的民事案件，特殊情况下是涉及专业事项的民事案件。此外，辅之以当事人同意交付委托调解的其他案件。

三是完善委托调解程序规范，加强对当事人的程序保障。

四是理顺法院与委托调解和特邀调解组织间的关系，在立法上明确并正确理解法院在委托调解中的主导地位。

五是完善诉调对接机制，加强调解法官对特邀调解组织的指导与监督。

以上内容，本书在前面第五章"法院调解社会化"中已有详细论述，在此不赘。

（五）诉讼调解以庭前准备阶段为主要阶段

如前所述，诉讼调解存在不区分阶段，没有重点和侧重点，由此带来调解程序重叠、调解泛滥，审判与判决同质化等问题，对此，笔者认为，应当对诉讼调解作阶段性划分，并明确主要阶段。即区分不同的诉讼阶段，不同阶段侧重不同的功能目标，分清重点，加以区别。如此才能实现审判资源的优化，提高诉讼效率，同时，也有助于平衡调解与判决间的关系，实现在不同诉讼阶段的"调判结合"，进而优化我国的审判模式，脱离传统"调解型"审判模式，真正实现"该调则调，当判调判"。

具体来说，笔者认为，诉讼调解，应当以庭前准备阶段为中心，并被视为主要阶段。理由如下：

1. 调解是审前准备阶段的重要工作

调解一直是审前准备工作的主要内容。根据最高人民法院《民诉解释》的规定，审前准备阶段可以通过组织证据交换、召集庭前会议等方式进行，该《民诉解释》第225条，具体规定了庭前会议可以包括下列内容：一是明确原告的诉讼请求和被告的答辩意见；二是审查处理当事人增加、变更诉讼请求的申请和提出的反诉，以及第三人提出的与本案有关的诉讼请求；三是根据当事人的申请决定调查收集证据，委托鉴定，要求当事人提供证据，进行勘验，进行证据保全；四是组织交换证据；五是归纳争议焦点；六是进行调解。可见，调解作为审前准备工作的主要内容，符合立法规定，也是司法实践中的通常做法。

2. 庭前准备阶段具备相对优势的调解条件

一是调解时间相对充足。诉前准备程序灵活，独立性强，期限较长，空间较大。

二是调解主体更加专业，也能实现调审分离。如前所述，庭前调解主要由审判庭抽调出具有丰富审判经验的法官，专职调解工作，较立案庭法官以及社会调解员来说，调解更加专业，调解能力也更强。此外，由法官助理主持的调解，由于调解与诉讼准备活动对司法主体的分工要求也基本相同，在必要和适当的司法职能分工基础上，诸多实质性工作都可以由司法辅助人员完成，不需要法官过深涉足，也有助于实现调审分离。

三是调解所要求的事实条件基本具备。从立案进入这一阶段，案件事实逐渐展现出来。如前所述，庭前准备阶段法院的主要工作是：明确原告诉讼请求和被告的答辩意见，可以根据当事人的申请决定调查收集证据，委托鉴定，要求当事人提供证据，进行勘验，进行证据保全，组织交换证据，归纳争议焦点等。可见，通过以上工作，客观上具备达到基本事实清楚、是非分清的条件，有利于促成调解的达成。

四是诉前准备阶段工作与调解契合。除少量需裁决的事项外，诉讼准备工作多为程序性的事务，一般不会涉及裁判权的运用，调解与其大体相似。

五是诉讼准备程序目标与调解程序目标相似，二者都以促使庭审实质化、提高庭审质量和效率、减少审判法官负担为目的，两种程序相结合，不会出现程序目标相互干扰的现象。[1]

六是通过比较分析，可以发现，国外法院调解基本上也是在这一阶段达成的。例如，美国诉讼上的和解，基本上都是在这一阶段完成的。

3. 庭前准备阶段的案件调解必要性大

一是可供调解的案件总量仍然可观。如前所述，庭前准备阶段可供调解的案件较改革前，经诉前调、立案调以及速裁等层层过滤，已经大力减少，但绝对数量上仍然是可观的，因此，调解必要性仍很大。

二是此阶段可供调解的案件在此前阶段未经过调解。例如，未经诉前先行调解直接正式立案的案件，将在此阶段进行调解，因此，具有调解必要性。

三是此阶段的调解主要由法官主持，调解质量较高。对于前期不愿选择委托调解的当事人，以及经委托调解不成的当事人来说，富有吸引力。

---

〔1〕 参见郑金玉："调审分合的尺度把握与模式选择——兼论《民事诉讼法》修正后诉讼调解制度的演进方向"，载《河南大学学报》（社会科学版）2015年第1期。

综上，将庭前准备阶段作为诉讼调解的主要阶段是必要、可行、适宜的。

以上通过正面分析，论述了诉讼调解应当主要在庭审前准备阶段进行的理由，接下来，从反面论述其他阶段不适宜开展诉讼调解的原因，即立案阶段以及开庭后不宜作为调解的主要阶段。

4. 立案阶段不宜作为调解的主要阶段

一是时间有限。立案后，移送到审判庭的时间非常有限。根据《民事诉讼法》第125条的规定，人民法院应当在立案之日起5日内将起诉状副本发送被告，被告应当在收到之日起15日内提出答辩状。人民法院应当在收到答辩状之日起5日内将答辩状副本发送原告。也就是说，立案阶段可能进行调解的时间，一般限于25日内。案件不应在立案庭滞留过长时间，否则影响到审判庭在审限内完成案件的审理，实践中，一般也都要求立案后在将相关起诉状、答辩状送达并收齐后，快速移送到审判庭。可见，立案阶段，留给调解的时间有限。

二是不具备调解所需要的事实清楚、分清是非条件。从前述立案阶段的工作内容可见，这一阶段尚未进入查明案件事实，是非责任自然也难以分清。除非案情简单、当事人争议不大的案件，一般来说，这一阶段难以做到事实清楚、是非分清，只能初步查明。

三是先行调解推行，使立案调解工作虚化。如前所述，先行调解成功转立案后，调解工作已实质性完成。法官只是审查调解协议，制发法院调解书，完成后续的诉调对接工作。这一过程基本几天内即完成。

综上可见，立案阶段可以解决一些案情清楚、当事人争议不大的简单案件，但并不是调解的主要阶段。尤其是先行调解推行后，立案调解虚化，实质上调解工作已在诉前完成。因此，立案调解不宜作为诉讼调解的主要阶段。

而开庭后，笔者认为，诉讼活动应当以判决为主，诉讼调解弱化直至退出，具体阐述如下。

5. 开庭后以判决为原则，弱化开庭后调解

如前所述，开庭后的法院调解，存在着调审合一的问题。对此，学者提出，庭审过程中，如果双方当事人申请调解或者法官认为适合调解且当事人也同意调解，审理案件的法官可以中止诉讼程序，把案件交给调解法官调解。调解成功的，纠纷就此解决；调解不成的，案件再回到审判法官。此外，还有一种做法是，庭审程序后，法院调解采用委托调解或者特邀调解的方式，由社会调解组织进行调解，调解不成的，法官继续审判。

笔者认为，以上两种做法虽然可以解决调审合一问题，但是程序上未免存在程序重叠、诉讼资源浪费、诉讼拖延等问题，实践中效果也不好。笔者认为，进行到法庭审理阶段，应当以判决为主，不再主动进行法院调解。如果当事人自愿达成和解，可以向法院申请撤诉，或者请求法院确认制发调解书。理由如下：

一是有利于实现调审分离。进入法庭审理阶段后，以判决为目的，不再进行调解，自然实现了调审分离。此外，在诉讼的不同阶段也实现了调审分离。例如，英美法国家严格区分庭前与法庭审理阶段，调解在庭前进行，案件进入正式庭审后，法庭在此阶段绝不会就是否对案件进行调解再加考虑，因此，当案件一旦进入审理阶段，就完全排除了对案件进行调解的可能性。

二是有利于处理好调解与判决的关系。不同阶段，调解与判决间的重点不同。即使是贯彻调解优先，立案前的先行调解、立案阶段的诉讼调解以及立案后法庭审理前的调解，都是以调解为主。那么到了法庭审理阶段，则应该以判决为主。其实，从法理上以及程序机制上而言，一旦进入正式庭审阶段，法院就不宜再依职权主动介入以最终排除采用裁判的方式解决纠纷的任何企图，而应当致力于采用裁判的方式解决当事人的纠纷，这是自罗马法以来实行"无原告则无法官"的格言及定律的必然结果。这是因为，一方当事人提起诉讼寻求公力救济的主要目的，系要求法院通过裁判的方式解决纠纷，这通常是当事人在借助私力救济方式最终仍无法解决纠纷之后的无奈之举。可以说，法院通过裁判方式解决纠纷是对当事人

诉权和程序选择权的尊重。将审判程序和调解程序的运用放置在适当而合理的范畴和空间领域，才有助于收到并行不悖、异曲同工、事半功倍的效果。[1]

三是"调解烦"已经成为一个新问题。在我国目前的解纷机制下，虽然法律没有明文规定调解前置，但是同一纠纷一般都已经过了协商和解、先行调解、诉前调解等过程才能进入正式诉讼程序。特别是在诉调对接机制完成后，很多容易调解的案件都已经调解解决了。进入诉讼程序后，必须经立案调解，庭前准备阶段调解，直至庭审调解，甚至庭审后调解等全程调解，当事人还可以进行诉讼和解后申请制作调解书。在这样的纠纷解决模式下，"调解烦"已经成为一个影响司法形象的新问题。[2]因此，应当区分诉讼的不同阶段，对调解与判决重点作出区分。

四是避免调解与判决程序叠加，损害司法效率。庭审中再设置调解与判决两套人员，两种程序，势必造成诉讼资源的重复与浪费，和诉讼的拖延。

实证表明，庭审后调审分离的实践不受欢迎，效果并不好。实践中，有的法院在业务庭内部将法官分为调解组及裁判组，调解组法官负责庭前准备工作，并承担结案前的全部调解职责，即在裁判组法官作出裁判前对案件进行全程跟踪调解。裁判组法官只负责作出裁判，原则上不参与调解。结果表明，运行结果并不理想。在审判庭内部调审分离浪费审判资源，发生重复劳动，加剧案多人少的矛盾，在审判庭内部"架床叠屋"，违反当事人主观愿望。

其实，经过先行调解、立案阶段的调解，以及庭审前的调解，调解程序已经进行得很充分了，该调成的也调成了。在大调解机制下，进入诉讼程序特别是庭审程序的案件可能实际上已经过了层层调解过滤，容易调解的案件大多已先行解决，剩下的案件都是调解

---

[1] 参见毕玉谦："对我国民事诉讼中审判与调解同质化现象的反思与检讨"，载《法律适用》2019年第23期。

[2] 参见田平安、杨成良："调审分离论：理想图景与双重背反——兼与李浩教授商榷"，载《湖南社会科学》2015年第5期。

难度相对较大的"硬骨头"。也就是说，在大调解机制特别是诉讼程序中的全程调解模式下，纠纷的调解难度在整体趋势上看是呈现出递增态势的，越到程序后期调解难度越大，到庭审阶段时调解难度已经很大了。从另一方面看，在能够调解的案件数量方面则呈现出递减态势，越到后期能够调解的案件数量越少，到庭审阶段时能够调解的案件就更少了。此时，达不成调解协议的，也再无调解的必要。[1]

五是符合分层递进思想。德国葛莱格教授提出纠纷解决的"分层递进"思想，即适合调解的纠纷应当尽量在进行法院程序之前通过法院外调解手段予以解决；在进入诉讼阶段后，适合调解的案件应尽早转入法院调解程序中；只有在穷尽了这些调解手段后，才应考虑程序进程中的法院调解。[2]笔者认为，庭审后不再进行法院调解符合分层递进的思想。经过了起诉前、立案阶段以及庭前阶段的，已经穷尽了所有的调解手段。而进入庭审后，已经具备了作出判决的条件，当判则判。

综上所述，在不同的审判阶段，调解与审判的重点不同。应将审判程序和调解程序的运用放置在适当而合理的范畴和空间领域。庭审前，调解优先，进入庭审后，以判决为主，不再进行法庭调解，但不排除当事人和解。由法院在立案后、开庭审理前相对集中、统一地展开调解活动，是改革诉讼调解程序比较理想的模式选择。在当前《民事诉讼法》规定的框架内，可以通过司法解释的方式，指导法院在庭审后弱化诉讼调解，以判决为主。

综上，本章对于诉讼调解在先行调解及法院调解社会化改革的背景之下，分阶段进行了考察，包括立案阶段、庭前准备阶段以及开庭后阶段，具体从调解主体、调解原则、调解程序等方面进行了

---

〔1〕 参见田平安、杨成良："调审分离论：理想图景与双重背反——兼与李浩教授商榷"，载《湖南社会科学》2015年第5期。

〔2〕 Reinhard Greger, Gerichtsinterne Mediation, RabelsZ 2010, S. 789; Reinhard Greger, Justiz und Mediation-Entwicklungslinien nach Abschluss der Modellprojekte, NJW 2007, S. 3262.

考察分析。在此基础上，具体指出诉讼调解在不同阶段表现出来的普遍性问题以及特殊问题，并逐一进行分析，寻找解决问题的具体对策与建议。在普遍性的分析后笔者发现，由于纠纷经先行调解后基本转立案进入审判程序，诉讼调解的案件数并未明显减少，而立案调解实际上是由指导法官继续完成前期委派调解达成的调解协议的诉调对接工作，即转化为法院调解书，具体的调解工作已在前期完成，调解的时间极度缩短。相比之下，庭前准备阶段的调解更富有实际内容及意义。笔者提出，应当将庭前准备阶段作为诉讼调解的主要阶段，充实专职法官调解力量。而开庭后应致力于判决，弱化调解。由此优化审判提高诉讼调解效率的同时，利于实现"该调则调，当判则判"，从而使法院调解实现全方位改革，优化我国的审判模式。

主要参考文献

1. 江伟主编:《民事诉讼法专论》,中国人民大学出版社 2005 年版。

2. 张卫平:《诉讼构架与程式:民事诉讼的法理分析》,清华大学出版社 2000 年版。

3. 常怡主编:《比较民事诉讼法》,中国政法大学出版社 2002 年版。

4. 范愉:《非诉讼纠纷解决机制研究》,中国人民大学出版社 2000 年版。

5. 齐树洁主编:《民事司法改革研究》,厦门大学出版社 2004 年版。

6. 王亚新:《社会变革中的民事诉讼》,中国法制出版社 2001 年版。

7. 章武生主编:《民事诉讼法新论》,法律出版社 2002 年版。

8. 陈瑞华:《刑事审判原理论》,北京大学出版社 1997 年版。

9. 何兵:《现代社会的纠纷解决》,法律出版社 2003 年版。

10. 章武生:《民事简易程序研究》,中国人民大学出版社 2002 年版。

11. 强世功主编:《调解、法制与现代性:中国调解制度研究》,中国法制出版社 2001 年版。

12. 肖建国:《民事诉讼程序价值论》,中国人民大学出版社 2000 年版。

13. 汤维建:《美国民事司法制度与民事诉讼程序》,中国法制出版社 2001 年版。

14. 黄鸣鹤:《调解员培训简明教程》,中国法制出版社 2014 年版。

15. 杨建华原著、郑杰夫增订:《民事诉讼法要论》,北京大学出版社 2013 年版。

16. [日] 棚濑孝雄:《纠纷的解决与审判制度》,王亚新译,中国政法大学出版社 1994 年版。

17. [日] 谷口安平:《程序正义与诉讼》,王亚校、刘荣军译,中国政法大学出版社 2002 年版。

18. [日] 兼子一、竹下守夫:《民事诉讼法》,白绿铉译,法律出版社 1995 年版。

19. ［日］小岛武司、伊藤真编:《诉讼外纠纷解决法》,丁婕译,中国政法大学出版社 2005 年版。

20. ［日］伊藤真:《民事诉讼法》,东京有斐阁 2000 年版。

21. ［日］滋贺秀三、寺田浩明等:《明清时期的民事审判与民间契约》,王亚新等译,法律出版社 1998 年版。

22. ［美］理查德·A·波斯纳:《法律的经济分析》,蒋兆康译,中国大百科全书出版社 1997 年版。

23. ［美］斯蒂芬·B·戈尔德堡等:《纠纷解决:谈判、调解和其他机制》,蔡彦敏等译,中国政法大学出版社 2004 年版。

24. ［美］戈尔丁:《法律哲学》,齐海滨译,三联书店 1987 年版。

25. Reinhard Greger, Gerichtsinterne Mediation, RabelsZ 2010, S. 789; Reinhard Greger, Justiz und Mediation – Entwicklungslinien nach Abschluss der Modellprojekte, NJW 2007, S. 3262.

26. J. Bentham, The Principles of Judicial Procedure, in 2 Works of J. Benthaml, 6 (J. Bowring ed. 1838–1843).